LE LIVRE DE LA MÉDITATION ET DE LA VIE

J. Krishnamurti (1895-1986) peut être considéré comme le premier maître spirituel « laïc ». En effet, il ne cessa de parcourir le monde pour dispenser à tous un message de sagesse et pour encourager les hommes à se libérer de toute croyance. Sage de renommée internationale, ses conférences et écrits sur la liberté, la souffrance, le désir, l'amour, la mort, la créativité, la méditation restent, pour des millions d'auditeurs et de lecteurs, une source vive d'inspiration. Environ vingt-cinq ouvrages de J. Krishnamurti ont été publiés en France parmi lesquels *Se libérer du connu*, *L'Eveil de l'intelligence*, *Commentaires sur la vie*, *Le Temps aboli* (entretiens avec David Bohm, professeur de physique théorique).

J. KRISHNAMURTI

Le Livre de la Méditation et de la Vie

TRADUIT DE L'ANGLAIS PAR COLETTE JOYEUX

STOCK

Titre original :

THE BOOK OF LIFE
DAILY MEDITATIONS WITH KRISHNAMURTI
(Harper's San Francisco, 1995)

Note de l'éditeur :

On trouvera en fin d'ouvrage les références aux emprunts à des textes de Krishnamurti déjà traduits en français.

Pour tous renseignements complémentaires, s'adresser à :

Pour la France
Association culturelle Krishnamurti
7, rue du Général-Guilhem 75011 Paris. Tél. 01 40 21 33 33

Pour la Grande-Bretagne :
Krishnamurti Foundation Trust Ltd.
Brockwood Park, Bramdean, Hampshire, SO24 OLQ.U.K.

Pour les États-Unis :
Krishnamurti Foundation of America
PO Box 1560
Ojai, CA 93024 USA

SOMMAIRE

INTRODUCTION

« Pourquoi, demandait Krishnamurti en 1934, préférez-vous l'étude des livres à celle de la vie? Découvrez ce qui est vrai et faux dans votre environnement, avec toutes les oppressions et toutes les cruautés qui s'y manifestent, et vous découvrirez alors la vérité. » Krishnamurti n'a cessé de souligner que le « livre de la vie », où tout bouge perpétuellement, où tout est animé d'une vitalité que la pensée est impuissante à brider, est le seul livre qui soit digne d'être « lu » — les autres n'offrant que des informations de seconde main. « L'histoire de l'humanité — l'immense expérience, les peurs et les angoisses aux racines profondes, la douleur, le plaisir et toutes les croyances accumulées par l'homme depuis des millénaires —, cette histoire est en vous. Ce livre, c'est vous. »

Le Livre de la Méditation et de la Vie s'inspire, dans sa présentation, de la manière dont Krishnamurti ordonnait ses causeries et conférences. Il commençait généralement par expliquer ce qu'écouter veut dire, et quelle est la relation entre l'orateur et son auditoire, avant d'aborder finalement les questions qui font naturellement surface lorsque notre vie est enfin en ordre et que des choses plus profondes commencent alors à affleurer à la conscience. C'est dans la dernière période de sa vie, en 1985 et 1986, que Krishnamurti évoqua la question de la créativité, et de l'avènement possible d'un mode de vie

11

radicalement nouveau. Divers extraits de l'ouvrage que nous présentons ici abordent ces sujets.

Dans l'enseignement de Krishnamurti, certains thèmes sont récurrents. C'est selon une vision très large qu'il s'est livré à l'observation du panorama complet de la condition humaine, dans laquelle tous les aspects de la vie sont en interconnexion. *Le Livre de la Méditation et de la Vie* présente une série de thèmes — un thème pour chaque semaine de l'année — dont le sujet est développé sur sept jours. Les références des extraits cités sont répertoriées dans l'Index bibliographique. Les lecteurs désireux d'explorer certains thèmes de manière plus approfondie sont invités à se référer au texte complet des ouvrages d'où sont extraits les passages cités.

C'est en 1929 que Krishnamurti commença à s'exprimer en public, d'une voix qui, selon Aldous Huxley, témoignait d'une « autorité intrinsèque ». Cette exploration magistrale de la nature de la vérité de la liberté qu'a choisi d'entreprendre Krishnamurti a finalement abouti à la publication de ses causeries, entretiens et dialogues, traduits en plus de quarante langues, et dont le tirage atteint aujourd'hui des millions d'exemplaires.

Bien qu'il fût timide et réservé, Krishnamurti ne cessa de dispenser inlassablement des milliers de conférences, s'exprimant toujours sans notes ni préparatifs, avec un thème essentiel et récurrent, à savoir que la Vérité est à la portée tous, que sa découverte peut s'effectuer sans l'assistance d'aucune autorité de référence — et dans l'instant, à l'image de la vie éternellement présente au cœur de chaque seconde. Krishnamurti aborde dans ses entretiens tout l'éventail des conflits et des préoccupations qui agitent l'individu et la société. L'observation, dans toutes ses dimensions, de notre comportement tel qu'il se révèle d'instant en instant, devient l'action indispensable à notre transformation, comme à celle de la société. Un de ses auditeurs lui ayant demandé, lors d'une intervention publique, les raisons qui le poussaient à s'exprimer, et les objectifs qu'il se proposait d'atteindre, Krishnamurti répondit : « J'ai certaines choses à vous dire ; dire, peut-être, quel est le moyen de découvrir ce qu'est la réalité vraie — un moyen qui ne se réduise pas à un système, mais qui soit une manière de faire, une attitude. Et si vous pouvez découvrir vous-même tout cela, il n'y aura plus un orateur unique, mais une parole partagée entre nous tous, exprimant par la voix de tous cette réalité présente en notre vie, où que nous soyons... Nul ne peut en aucun cas accumuler la vérité. Ce qu'on accumule est toujours détruit, et se fane. La vérité ne se fane jamais, car on ne la découvre que d'instant en instant, dans chaque pensée, chaque relation, chaque mot, chaque geste, le temps d'un sourire, d'une larme. Et si vous et moi pouvons la découvrir et la vivre — et la vivre c'est en même temps la découvrir — alors, loin de devenir des propagandistes, nous serons des êtres humains créatifs — pas des êtres parfaits, mais des êtres créatifs — et la différence est immense. Voilà, je pense, la raison pour laquelle je m'exprime, et, peut-être, la raison pour laquelle vous êtes ici à m'écouter. »

« Seul compte le problème : il n'y a pas de réponse à attendre. Car c'est dans la compréhension même du problème qu'est sa dissolution. » Lorsqu'on lui posait une question, Krishnamurti répondait souvent : « Découvrons ensemble ce que nous entendons par... », et il examinait ainsi la question et la décortiquait en détail, plutôt que de donner une réponse immédiate. Pour Krishnamurti, l'exploration de toute question, de tout problème, passe d'abord par un examen exhaustif de ceux-ci, plutôt que par la simple recherche logique et intellectuelle d'une réponse. Les extraits cités dans cet ouvrage sont présentés au lecteur comme autant de questions qui auraient pu lui être posées, mais sans l'inciter à attendre une réponse immédiate.

Krishnamurti insistait sur le fait que le dialogue qui s'instaurait avec l'auditoire au cours des entretiens publics n'était pas intellectuel, n'était pas ancré dans la pensée ou l'idéal. « En définitive, disait-il, le but de tous Ces entretiens est d'établir entre nous une communication — et non de vous imposer un certain ensemble d'idées. Jamais les idées ne changent quoi que ce soit à l'esprit, elles ne provoquent jamais en lui de transformation radicale. Mais si nous pouvons communiquer individuellement les uns avec les autres dans un même instant et à un même niveau, peut-être y aura-t-il alors une compréhension qui ne soit pas une simple propagande... Ces entretiens n'ont donc pas pour but de vous dissuader ni de vous persuader en aucune façon, que ce soit par des voies directes ou subliminales. »

Dans la plupart de ses causeries et dialogues publics, Krishnamurti utilisait les termes l'« humanité » ou l'« homme » pour désigner l'ensemble de l'espèce humaine Mais dans les dernières années de sa vie, il s'interrompait fréquemment pour dire à ses auditeurs : « Attention, lorsque je dis "l'homme, les hommes", cela inclut aussi les femmes; alors, ne vous fâchez pas. »

Krishnamurti parlait avec une simplicité extraordinaire, et non comme un gourou ou comme un guide spirituel ayant un enseignement annexe à transmettre, ou un vocabulaire spécial, ou des liens avec une organisation ou une secte. Au fil de ses voyages à travers le monde, l'engouement pour son enseignement limpide et authentique ne fit que croître. De 1930 à sa mort en 1986, son public ne cessa de s'élargir, en Europe, en Amérique du Nord, en Australie, en Amérique du Sud et en Inde.

Cet ouvrage contient des extraits d'entretiens et d'écrits — certains déjà publiés, d'autres inédits — datant des années 1933 à 1968, parmi lesquels on peut citer le premier ouvrage à succès de Krishnamurti, *De l'éducation (Education and the Significance of Life)*, qu'il rédigea à l'ombre d'un grand chêne à Ojai en Californie, et qui fut publié en 1953 aux États-Unis par les éditions Harper & Row, qui continuèrent par la suite à publier ses œuvres en

Amérique pendant plus de trente ans. L'ouvrage suivant, *Première et Dernière Liberté (The First and Last Freedom)*, fut également publié par Harper & Row en 1954 avec une longue préface d'Aldous Huxley, qui était un ami de Krishnamurti.

Les *Commentaires sur la vie* furent écrits entre 1949 et 1955, d'un premier jet, sur des feuillets sans marges, et sans corrections ni ratures. Aldous Huxley avait encouragé Krishnamurti à écrire, et le manuscrit, édité par D. Rajagopal, fut publié en 1956. Il s'agit essentiellement d'une chronique des entretiens individuels entre Krishnamurti et des personnes désireuses de l'approcher et de lui parler, et ces pages ont le frémissement d'une rencontre entre deux amis qui parlent et qui explorent ensemble, sans hésitation ni crainte. Les chapitres, dans ces ouvrages, s'ouvrent souvent sur une brève description évoquant un paysage ou un climat, ou des animaux se trouvant à proximité. La simplicité de cet univers naturel permet, par une transition facile, d'entrer au cœur d'un autre paysage — intérieur, celui-là — de confusion, d'angoisse, de croyances — au cœur des préoccupations, générales et individuelles, évoquées par les interlocuteurs venus rencontrer Krishnamurti. Certains entretiens, qui n'avaient pas été publiés dans les trois premiers volumes de *Commentaires sur la vie*, paraissent ici pour la première fois. Dans certains d'entre eux, inédits à ce jour, Krishnamurti parle de « pensée-perception », ou de la faculté de « penser-ressentir », pour décrire la mobilisation simultanée de toutes nos facultés perceptives.

Life Ahead (Face à la vie) et *Think on These Things* (inédit en français) furent édités par Mary Luytens, une amie de Krishnamurti, en 1963 et 1964, et publiés par Harper & Row. Ces deux ouvrages rassemblent une sélection de questions et réponses extraites de causeries destinées à un jeune auditoire, et reçurent un accueil si enthousiaste qu'ils sont considérés à l'heure actuelle comme un classique de la littérature spirituelle et de la littérature tout court.

Ils furent suivis d'une série de plus de cinquante ouvrages.

Krishnamurti estimait n'avoir aucune importance à titre personnel, et n'être en rien indispensable au processus de compréhension de la vérité, ou à l'acquisition d'une vision lucide de nous-mêmes. Il se compara un jour à un téléphone, à un appareil, mis à la disposition de l'auditeur. « Ce que dit l'orateur, expliquait-il, a très peu d'importance en soi. La seule chose qui compte vraiment, c'est que l'esprit soit suffisamment vigilant — mais sans effort — pour être en perpétuel état de compréhension. Si, au lieu de comprendre, nous ne faisons qu'écouter des mots, nous repartons invariablement avec une série de concepts ou d'idées, et ainsi nous instaurons un modèle auquel nous nous efforçons ensuite de nous adapter dans notre vie quotidienne ou soi-disant spirituelle. »

Il ne serait sans doute pas inutile, au fil de la lecture, d'être attentif à la manière dont Krishnamurti considérait la relation entre deux personnes à la recherche de la vérité. Voici ce qu'il disait en 1981 : « Nous sommes comme deux amis, assis dans le parc par une belle journée, parlant ensemble de la vie, de nos problèmes, examinant dans le détail la nature même de notre existence, et nous demandant sérieusement pourquoi la vie est devenue si problématique, pourquoi, bien que nous soyons intellectuellement très sophistiqués, notre existence quotidienne est un tel cauchemar, dénué de toute signification, hormis la survie — celle-ci étant d'ailleurs d'une certitude assez douteuse. Pourquoi l'existence, la vie quotidienne, s'est-elle transformée en une pareille torture ? Nous pouvons aller à l'église, suivre tel leader politique ou religieux, la vie quotidienne n'en est pas moins un tourbillon désordonné ; même s'il y a, à l'occasion, des périodes de joie, de bonheur, il pèse toujours sur notre existence un nuage de ténèbres. Et ces deux amis, comme nous — vous et l'orateur —

le faisons, devisent en toute amitié, peut-être avec affection, avec attention, avec le souci de l'autre, afin de savoir s'il existe, en définitive, une possibilité de vivre notre vie quotidienne sans un seul problème. »

Janvier

ÉCOUTER

APPRENDRE

L'AUTORITÉ

LA CONNAISSANCE DE SOI

ÉCOUTER SANS EFFORT

Vous est-il déjà arrivé de rester là, assis dans le plus grand silence, sans que votre attention soit fixée sur rien, sans faire aucun effort de concentration, mais en ayant l'esprit très calme, vraiment silencieux? Alors, on entend tout, n'est-ce pas? Les bruits lointains comme les plus proches, jusqu'aux plus immédiats — ce qui signifie que l'on est vraiment attentif à tout. Votre esprit n'est plus confiné à une unique voie étroite. Si vous savez écouter ainsi, sans effort, sans contrainte, vous verrez s'opérer en vous un changement extraordinaire, un changement qui vient sans volonté délibérée, sans sollicitation; et dans ce changement il est une grande beauté, et une immense profondeur de vision.

SE DÉFAIRE DES ÉCRANS

Comment écoutez-vous? Est-ce avec vos propres projections, à travers vos ambitions, vos désirs, vos peurs, vos angoisses, est-ce en n'entendant que ce que vous voulez bien entendre, ce qui vous satisfait, vous agrée, vous rassure, allège momentanément vos souffrances ? Si vous écoutez à travers l'écran de vos désirs, alors, de toute évidence, c'est votre propre voix que vous écoutez : vous écoutez vos propres désirs. N'y a-t-il pas une autre manière d'écouter ? N'est-il pas important de découvrir comment écouter non seulement ce qui se dit ici en ce moment même, mais toute chose : les bruits de la rue, le babillage des oiseaux, le bruit du tram, le fracas des vagues, la voix de votre époux, de votre femme, de vos amis, du bébé qui pleure ? Écouter n'a d'importance que si ce n'est pas à travers la projection de ses propres désirs que l'on écoute. Nous est-il possible d'écarter tous ces écrans à travers lesquels nous écoutons — et d'écouter vraiment ?

3 janvier

AU-DELÀ DU BRUIT DES MOTS

Écouter est un art qu'il n'est pas facile d'acquérir, mais il y a là une grande beauté et une grande source de compréhension. Nous écoutons aux divers niveaux de notre être, mais notre écoute se fait toujours à partir d'idées préconçues ou d'un point de vue particulier. Nous n'écoutons pas simplement ; l'écran de nos pensées, de nos conclusions, de nos préjugés vient toujours s'interposer entre nous et ce que nous écoutons... Il faut, pour écouter, un calme intérieur, un renoncement à tout effort d'acquérir, une attention détendue. Cet état passif et cependant vigilant est apte à entendre ce qui est au-delà de la conclusion verbale. Les mots sont source de confusion ; ils ne sont qu'un lien de communication extérieur ; mais pour communier au-delà du bruit des mots, il faut écouter avec une passivité vigilante. Ceux qui aiment peuvent écouter ; mais il est extrêmement rare de rencontrer quelqu'un capable d'écouter. Nous courons presque tous après des résultats, la réalisation d'objectifs ; nous triomphons, nous conquérons sans trêve, et ainsi nous n'écoutons pas. Ce n'est qu'en écoutant que l'on entend la chanson des mots.

4 janvier

ÉCOUTER EN L'ABSENCE DE TOUTE PENSÉE

Je ne sais si vous avez jamais écouté un oiseau. Pour écouter, il faut que l'esprit garde le silence — pas un silence mystique, simplement le silence. Je vous parle : pour m'écouter vous devez être calme, tranquille — et non avoir l'esprit bourdonnant d'idées de toutes sortes. Lorsque vous regardez une fleur, que ce soit sans la nommer, sans la classifier, sans dire qu'elle appartient à telle ou telle espèce ; si c'est ce que vous faites, alors vous ne regardez plus la fleur. C'est pourquoi je dis qu'écouter est l'une des choses les plus difficiles — écouter le communiste, le socialiste, le député, le capitaliste, n'importe qui, votre femme, vos enfants, votre voisin, le contrôleur du bus ou l'oiseau —, simplement écouter. Ce n'est que lorsque vous écoutez en l'absence de toute idée, de toute pensée, que vous êtes en contact direct : alors, vous comprendrez si ce que dit l'orateur est vrai ou faux ; toute discussion sera désormais pour vous inutile.

ÉCOUTER EST SOURCE DE LIBERTÉ

Est-ce écouter, lorsque c'est au prix d'un effort qu'on écoute ? Cet effort n'est-il pas en soi une distraction qui empêche d'écouter ? Avez-vous besoin de faire un effort lorsque vous écoutez quelque chose qui vous enchante ?... Vous n'êtes pas conscient de la vérité, pas plus que vous ne voyez le faux pour ce qu'il est, tant que votre esprit est occupé d'une façon ou d'une autre par l'effort, la comparaison, la justification ou la condamnation...

Écouter est en soi un acte complet ; cet acte porte en lui-même sa propre liberté. Mais cherchez-vous à écouter, ou à calmer votre tumulte intérieur ? Si vous écoutiez vraiment, en ce sens que vous seriez conscients de vos conflits et de vos contradictions, sans tenter de les faire entrer de force dans un schéma de pensée particulier, cela suffirait peut-être à les faire cesser. C'est que, voyez-vous, nous essayons sans cesse d'être ceci ou cela, d'atteindre à un état particulier, de nous agripper à tel genre d'expérience et d'éviter tel autre, de sorte que l'esprit est sans cesse pris par quelque chose ; qu'il n'est jamais dans l'état de silence nécessaire à l'écoute du bruit de ses propres luttes, de ses propres souffrances. Tâchez d'être simple... et n'essayez pas de devenir quelque chose ou de figer une expérience.

ÉCOUTER SANS EFFORT

En ce moment, vous m'écoutez tout simplement, sans aucun effort particulier d'attention. Et s'il y a quelque vérité dans ce que vous entendez, vous verrez se produire en vous un changement remarquable, un changement qui n'est ni prémédité ni attendu, une transformation, une révolution totale où régnera en maître la seule vérité, et non des créations de votre esprit. Et, si je puis le suggérer, c'est ainsi que vous devriez écouter toute chose ; non seulement ce que je dis, mais aussi ce que disent les autres, le chant des oiseaux, le sifflement de la locomotive, le bruit de l'autobus qui passe. Vous verrez qu'à mesure que votre écoute s'élargit à toute chose, le silence en vous se fait plus grand ; et le silence qui naît alors n'est pas rompu par le bruit. Le conflit ne survient que lorsque vous résistez, lorsque vous dressez une barrière entre vous-même et ce que vous refusez d'entendre.

7 janvier

S'ÉCOUTER SOI-MÊME

Interlocuteur : Quand je suis ici, à vous écouter, j'ai l'impression de comprendre, mais dès que je m'éloigne, je n'y comprends plus rien, malgré tous mes efforts pour mettre en pratique ce que vous dites.

Krishnamurti : ... Ici, c'est à l'écoute de vous-même, et non de l'orateur, qu'il faut vous mettre. Si vous écoutez l'orateur, il devient votre maître à penser, la voie à suivre pour pouvoir comprendre — ce qui est une horreur, une abomination, car vous aurez alors instauré la hiérarchie de l'autorité. Donc, ce qu'il faut faire ici, c'est vous écouter vous-même. Regarder le portrait que peint l'orateur, qui est votre propre portrait et non le sien. Si tout est bien clair pour vous — à savoir que c'est bien vous-même que vous regardez —, vous pouvez parfaitement dire : « Je me vois tel que je suis, et je n'ai pas envie d'y changer un iota » — dans ce cas c'est terminé, nous en restons là. Mais si vous dites : « Je me vois tel que je suis, et un changement s'impose », alors vous commencez à agir à partir de ce que vous avez compris par vous-même — et c'est tout autre chose que d'appliquer servilement ce que dit l'orateur... Mais si, tout en écoutant l'orateur, vous êtes simultanément à l'écoute de vous-même, alors cette écoute est source de lucidité, de sensibilité ; l'esprit puise dans cette écoute force et santé. N'étant ni en position d'obéissance ni en situation de résistance, il devient intensément vivant. Et seul un être humain de cette espèce-là est en mesure d'engendrer une génération nouvelle, un univers neuf.

8 janvier

REGARDER INTENSÉMENT

... Il me semble qu'apprendre, de même qu'écouter, est chose incroyablement ardue. Nous n'écoutons jamais véritablement, parce que notre esprit n'est pas libre ; nous avons les oreilles rebattues de tant de choses déjà connues de nous qu'il devient extrêmement difficile d'écouter. Je crois — ou plutôt c'est un fait — que, si l'on sait écouter de tout son être, avec toute sa vigueur et sa vitalité, alors cet acte même a un effet libérateur, mais malheureusement jamais on n'écoute vraiment, n'ayant jamais appris à le faire. En définitive, on n'apprend qu'en étant passionnément impliqué. Quand on se passionne pour les mathématiques, on apprend, mais lorsqu'on est dans un état conflictuel, qu'on apprend sous la contrainte, sans en avoir envie, alors ce n'est plus qu'un simple processus d'accumulation. Apprendre, c'est comme lire un roman aux personnages innombrables : il requiert toute votre attention, pas une attention contradictoire. Si l'on veut apprendre ce qu'est une feuille — une feuille de printemps ou une feuille d'été —, il faut la regarder vraiment, en voir la symétrie, la texture, saisir sa nature de feuille vivante. Il y a tant de beauté, de vigueur, de vitalité dans une simple feuille. Ainsi, pour apprendre à connaître la feuille, la fleur, le nuage, le coucher de soleil, ou un être humain, il faut les regarder avec une intensité extrême.

9 janvier

POUR APPRENDRE,
L'ESPRIT DOIT ÊTRE SILENCIEUX

Pour découvrir le neuf, l'on doit partir tout seul, complètement démuni de tout, surtout de connaissances ; car il est très facile, au moyen de connaissances et de croyances, d'avoir des expériences ; mais celles-ci, n'étant que le produit de nos projections personnelles, sont absolument irréelles, fausses. Si vous voulez découvrir le neuf, ne vous chargez pas du fardeau du vieux, surtout de connaissances, des connaissances d'un autre ; même s'il est très grand. Vos connaissances vous servent de protection, de sécurité : vous voulez être tout à fait sûr de participer aux expériences du Bouddha, du Christ ou de X... Mais l'homme qui ne cesse de s'abriter derrière des connaissances n'est pas un chercheur de vérité...
La découverte de la vérité n'a pas de chemin... Lorsque vous voulez découvrir le neuf, lorsque vous expérimentez dans quelque domaine que ce soit, votre esprit doit être très tranquille ; car s'il est encombré, rempli de faits et de connaissances, tout ce bagage est un obstacle au neuf. La difficulté est que, pour la plupart d'entre nous, l'esprit est devenu si important, a acquis une valeur si prédominante,

qu'il intervient chaque fois que se présente une chose neuve qui pourrait exister simultanément avec le connu. Ainsi les connaissances et le savoir sont un obstacle pour ceux qui voudraient chercher, pour ceux qui voudraient essayer de comprendre ce qui est intemporel.

10 janvier

APPRENDRE NE RELÈVE PAS DE L'EXPÉRIENCE

Le mot *apprendre* est chargé de sens. Il existe deux manières d'apprendre. Pour la plupart d'entre nous, apprendre signifie accumuler des connaissances, des expériences, maîtriser une technologie, un savoir-faire, une langue étrangère. Il y a également un apprentissage d'ordre psychologique, qui passe par l'expérience — soit les expériences immédiates de la vie, qui laissent certaines traces résiduelles, soit celles liées à la tradition, à la race, à la société. Il y a donc deux manières d'apprendre les choses de la vie : l'une psychologique, l'autre physiologique ; un savoir-faire intérieur et un savoir-faire extérieur. Entre les deux, il n'y a pas de ligne de démarcation bien nette ; ils sont imbriqués. Nous laisserons de côté pour l'instant le savoir-faire issu de la pratique, le savoir technologique acquis grâce à l'étude, pour nous intéresser de plus près à cet apprentissage psychologique que nous avons acquis au cours des siècles ou dont nous avons hérité sous forme de tradition, de savoir, d'expérience. Pour nous, c'est cela, apprendre. Or je conteste qu'apprendre soit de cet ordre-là. Je ne remets pas en cause l'acquisition d'un savoir-faire, d'une langue étrangère, d'une technique ; mais psychologiquement parlant, je doute que l'esprit apprenne jamais. L'esprit a appris au fil du temps, et c'est avec ce bagage qu'il affronte les défis de la vie. Il ne cesse de traduire la vie ou d'interpréter chaque nouveau défi en fonction de ce qu'il a appris. C'est ce que nous faisons tous. Mais est-ce bien cela, apprendre? Cela ne suppose-t-il pas plutôt quelque chose de neuf, d'inédit, que j'ignore — et qu'en ce moment même j'apprends? Si je ne fais rien d'autre qu'ajouter à ce que je sais déjà, ce n'est plus apprendre.

11 janvier

APPRENDRE : QUAND EST-CE POSSIBLE ?

S'enquérir et apprendre, telle est la fonction de l'esprit. Cela ne signifie pas, à mes yeux, cultiver simplement la mémoire ou accumuler des connaissances; apprendre est la capacité de penser clairement, sainement et sans illusions, c'est se fonder sur des faits et non sur des croyances et des idéologies. On n'apprend rien, lorsque la pensée se fonde sur des conclusions. Acquérir simplement des informations ou des connaissances n'est pas apprendre. Apprendre, c'est aimer comprendre, c'est aimer faire une chose pour la chose elle-même. Apprendre n'est possible qu'en l'absence de toute contrainte. Et la contrainte a de multiples visages, n'est-ce pas? Elle s'exerce à travers l'influence, à travers l'attachement ou la menace, à travers les encouragements persuasifs, les formes subtiles de récompense.

On croit généralement que la comparaison incite à apprendre, alors que c'est l'inverse qui est vrai. La comparaison donne lieu à des frustrations et ne fait qu'encourager une certaine forme de jalousie qu'on appelle la compétition. Comme d'autres formes de persuasion, la compétition empêche d'apprendre et engendre la peur.

APPRENDRE N'EST JAMAIS D'ORDRE ACCUMULATIF

Apprendre est une chose, acquérir des connaissances en est une autre. Apprendre est un processus continu, pas un processus additif, dans lequel on accumule, pour agir ensuite sur ces bases. La plupart d'entre nous engrangeons les connaissances dans notre mémoire, sous forme d'idées, nous les stockons sous forme d'expérience, et c'est sur ces bases que nous agissons. Autrement dit, nous agissons sur la base du savoir — du savoir technologique, du savoir en tant qu'expérience, en tant que tradition, du savoir lié aux tendances particulières qui nous sont propres; c'est à partir de cet arrière-plan d'expérience, de tradition, de savoir accumulés que nous agissons. Rien ne s'apprend par un tel processus. Apprendre n'est jamais un processus d'accumulation; c'est un mouvement perpétuel. Je ne sais si vous vous êtes déjà vraiment demandé ce qu'est apprendre, acquérir des connaissances. Apprendre n'est jamais d'ordre accumulatif, ce n'est pas stocker des connaissances comme si c'étaient des marchandises, pour en faire ensuite le support de l'action. On apprend en chemin, à mesure que l'on avance. Il n'y a donc jamais un instant de régression, de détérioration ou de déclin.

13 janvier

APPRENDRE SANS PASSÉ

La sagesse, c'est à chacun de nous qu'il appartient de la découvrir; elle n'est pas le résultat du savoir. Sagesse et savoir ne font pas bon ménage. La sagesse advient quand la connaissance de soi est à maturité. Si l'on ne se connaît soi-même, l'ordre est impossible, il n'y a donc point de vertu.

Apprendre à se connaître et accumuler un savoir sont deux choses différentes... Un esprit engagé dans l'acquisition du savoir n'apprend jamais : il engrange des informations, des expériences sous forme de savoir, et c'est sur ces bases accumulées qu'il vit des expériences, qu'il apprend — donc, en définitive, jamais il n'apprend réellement, il ne fait toujours que connaître, savoir, acquérir.

Apprendre, cela se passe toujours dans le vif du présent : ce savoir-là est sans passé. Dès que vous vous dites : « J'ai appris », vous avez basculé dans le champ du savoir, et sur la base de ce savoir vous pouvez accumuler, traduire, mais plus apprendre. Seul l'esprit qui ne cherche pas à acquérir, mais qui apprend toujours, peut comprendre dans sa globalité ce que nous appelons le « moi », l'ego. Je dois me connaître moi-même, connaître les structures, la nature, la signification de cette entité globale, mais cela m'est impossible si je suis encombré de savoir acquis, d'expérience passée, ou si mon esprit est conditionné — alors je n'apprends pas, je ne fais qu'interpréter, traduire, et regarder les choses d'un regard déjà voilé par le passé.

14 janvier

L'AUTORITÉ EMPÊCHE D'APPRENDRE

Nous apprenons le plus souvent grâce à l'étude, aux livres, à l'expérience ou à l'enseignement qui nous est dispensé. Ce sont les voies usuelles par lesquelles on apprend. Ce qu'il convient de faire ou de ne pas faire, de penser ou de ne pas penser, comment il faut percevoir, réagir — nous nous en remettons à la mémoire pour stocker toutes ces notions. Grâce à l'expérience, à l'étude, à l'analyse, à l'investigation, à l'introspection, nous stockons des connaissances sous forme de mémoire, puis cette mémoire intervient en réponse à d'autres défis, d'autres exigences, à partir desquels on apprend encore et toujours... Ce qui est appris est confié à la mémoire en tant que savoir, et ce savoir fonctionne chaque fois qu'un défi se présente, chaque fois qu'il nous faut agir.

En vérité, je crois qu'il existe une tout autre manière d'apprendre, et je vais en parler un peu ; mais pour comprendre, et pour apprendre de cette façon différente, il faut s'affranchir complètement du joug de l'autorité ; sinon, vous ne ferez que subir une instruction et répéter ce qu'on vous a dit. C'est pourquoi il est très important de comprendre la nature de l'autorité. L'autorité empêche d'apprendre — si l'on admet qu'apprendre n'est pas l'accumulation d'un savoir devenu mémoire. La mémoire répond toujours en fonction de schémas établis : toute liberté est absente. Celui qui ploie sous le poids du savoir, des directives, de toutes les connaissances acquises, n'est jamais libre. Il peut être fort érudit, pourtant tout ce savoir accumulé l'empêche d'être libre, il est donc incapable d'apprendre vraiment.

15 janvier

DÉTRUIRE C'EST CRÉER

Pour être libre, il faut faire l'examen critique de l'autorité jusque dans ses structures, et mettre en pièces cette abomination. Pour cela, il faut de l'énergie — une énergie non seulement tangible, physique, mais aussi psychologique. Or cette énergie est gaspillée, détruite, lorsque nous sommes en conflit...

C'est donc lorsque intervient la compréhension de tout ce processus du conflit intérieur, et qu'il cesse enfin, que l'énergie coule en abondance. Alors, on peut aller de l'avant, ayant abattu l'édifice bâti par l'homme au fil des siècles, et qui n'a pas le moindre sens.

Car en fait, détruire, c'est créer. Il faut détruire, non les bâtiments, ni le système économique et social — comme cela se fait quotidiennement — mais notre environnement psychologique, avec ses défenses conscientes et inconscientes, nos systèmes de sécurité individuels, forgés de façon rationnelle, tant au niveau profond que superficiel. Nous devons nous dépouiller de tout cela pour nous retrouver tout à fait sans défense, parce qu'il faut être sans défense pour éprouver de l'affection, pour aimer. Alors on voit et l'on comprend ce que sont l'ambition, l'autorité, et l'on commence à saisir dans quel cas et à quel niveau l'autorité est nécessaire — celle du policier suffit, et rien de plus. Il n'y a plus alors d'autorité se fondant sur la connaissance, le savoir, l'aptitude, plus d'autorité liée à une fonction qui se mue en statut social. Pour comprendre l'autorité sous toutes ses formes — celle des gourous, des maîtres et des autres —, il faut avoir l'esprit très acéré, et un cerveau qui ne soit pas engourdi, mais lucide.

16 janvier

LA VERTU EST ÉTRANGÈRE
À TOUTE AUTORITÉ

L'esprit peut-il s'affranchir de toute autorité, c'est-à-dire être libéré de la peur, afin de ne plus être en mesure de s'y soumettre ? Si tel est le cas, cela met fin à l'imitation qui devient mécanique. Car en définitive la vertu, l'éthique ne consistent pas dans la répétition du bien. Toute vertu cesse d'en être une dès qu'elle devient mécanique. La vertu, de même que l'humilité, ne peut survenir que d'instant en instant. L'humilité ne se cultive pas, et un esprit dénué d'humilité est incapable d'apprendre. Donc, la vertu est étrangère à toute autorité. La morale sociale est au contraire parfaitement immorale, puisqu'elle admet la compétition, la voracité, la corruption : la société encourage donc l'immoralité. La vertu transcende la moralité. Sans vertu, il n'y pas d'ordre ; et l'ordre n'obéit ni à une formule ni à un modèle préétablis. L'esprit qui se soumet à une formule préétablie, en s'astreignant à une discipline pour accéder à la vertu, se crée ainsi lui-même ses propres problèmes d'immoralité.

Lorsque l'esprit s'efforce de comprendre ce qu'est la vraie vertu, toute autorité extérieure — exception faite de la loi — que l'esprit objective, par exemple sous la forme de Dieu ou d'une morale, devient destructrice. Nous avons aussi notre propre autorité intérieure — celle de l'expérience, du savoir, à laquelle nous nous efforçons d'obéir. Et il y a cette perpétuelle répétition, cette imitation constante qui nous sont familières. L'autorité psychologique — pas celle de la loi, pas celle des policiers chargés du maintien de l'ordre, mais celle qui est en chacun de nous — finit par détruire la vertu, car la vertu est une chose qui vit, qui bouge. Et, de même que l'humilité — pas plus que l'amour — ne peut se cultiver, de même il est impossible de cultiver la vertu, et il y a en cela une grande beauté. La vertu est tout sauf mécanique, et sans vertu il n'est pas de fondement solide pour une pensée claire et lucide.

LE VIEIL ESPRIT EST SOUMIS À L'AUTORITÉ

Tel est donc le problème qui se pose : un esprit qui a été ainsi conditionné, façonné par une multitude de sectes, de religions, et par tant de superstitions et de peurs, est-il capable de s'arracher à lui-même et de donner naissance à un esprit neuf?... Le vieil esprit, c'est essentiellement celui qui est soumis à l'autorité. Je n'emploie pas ici le mot *autorité* au sens légaliste du terme; j'entends par là l'autorité sous forme de tradition, de savoir, d'expérience; l'autorité en tant que moyen de trouver la sécurité, tant sur le plan extérieur qu'intérieur, car en définitive tout ce que veut l'esprit, c'est se sentir rassuré, à l'abri de toute perturbation. Cette autorité, nous pouvons nous l'imposer nous-mêmes, sous forme d'idées, d'idéaux ou de cette prétendue notion de Dieu, qui n'a aucune réalité pour toute personne vraiment religieuse. L'idée n'est pas un fait réel mais une fiction; certes, on peut y croire, mais ce n'en est pas moins une fiction. Dieu est une fiction; vous pouvez y croire, pourtant c'est toujours une fiction. Mais pour rencontrer Dieu, il faut anéantir la fiction, car le vieil esprit est celui qui craint, qui est ambitieux, qui a peur de mourir mais aussi de vivre, que les relations effraient et qui, toujours, consciemment ou inconsciemment, est en quête de permanence, de sécurité.

LIBRES DÈS LE DÉBUT

Si nous parvenons à comprendre la force secrète qui sous-tend notre désir de domination ou de soumission, alors peut-être serons-nous libérés des effets mutilateurs de l'autorité. Nous sommes rongés par le désir d'avoir des certitudes, d'avoir raison, d'atteindre le succès, de savoir; et cette soif de certitude, de permanence, assoit peu à peu en nous-mêmes l'autorité de notre propre expérience, cependant qu'à l'extérieur cette même soif engendre l'autorité de la société, de la famille, de la religion, etc. Mais ignorer simplement l'autorité et se débarrasser des symboles extérieurs n'a guère de sens.

Rompre avec une tradition et se conformer à une autre; abandonner un maître et en suivre un autre; tout cela n'est que gestes superficiels. Si nous voulons être conscients de tout le processus de l'autorité; si nous voulons en voir toutes les implications d'ordre intérieur; si nous voulons comprendre et dépasser la soif de certitude — nous devons alors mettre en jeu une perception élargie, une lucidité pénétrante, nous devons alors être libres, pas aux derniers instants, mais dès le début.

19 janvier

SE LIBÉRER DE L'IGNORANCE
ET DE LA SOUFFRANCE

Nous écoutons avec un espoir mêlé de crainte; c'est d'autrui que nous attendons la lumière, mais nous n'avons pas cette vigilance passive qui permet de comprendre. Si celui qui a atteint la libération semble répondre à nos désirs, nous l'acceptons ; sinon, nous poursuivons notre quête, à la recherche de qui les comblera ; ce que désirent la plupart d'entre nous, c'est la satisfaction à différents niveaux. L'essentiel n'est pas de savoir reconnaître celui qui a atteint la libération, mais de savoir se comprendre soi-même. Nulle autorité, pas plus ici-bas que dans l'au-delà, ne peut vous apporter la connaissance de ce que vous êtes ; sans la connaissance de soi, nul ne peut être libéré ni de l'ignorance ni de la souffrance.

20 janvier

POURQUOI SOMMES-NOUS SOUMIS ?

Pourquoi acceptons-nous, pourquoi sommes-nous soumis ? Nous nous soumettons à l'autorité d'un autre, à l'expérience d'un autre, pour en douter ensuite. Cette quête de l'autorité et ses conséquences — la désillusion — sont un processus douloureux pour la plupart d'entre nous. Nous critiquons, nous blâmons ce que nous acceptions naguère, l'autorité, le chef, le maître, mais nous ne faisons pas l'examen critique de notre propre soif d'une autorité susceptible de diriger notre conduite. Dès que nous comprendrons cette soif, nous saisirons pleinement la signification du doute.

21 janvier

L'AUTORITÉ CORROMPT LE MAÎTRE ET LE DISCIPLE

La connaissance de soi est ardue, et comme la plupart d'entre nous préférons la voie de la facilité, de l'illusion, nous créons l'autorité qui façonne notre vie et lui offre un modèle. Cette autorité peut être la société, l'État; elle peut être l'individu, le maître, le sauveur, le gourou. Toute autorité, quelle qu'elle soit, empêche de voir, de penser lucidement; et comme la plupart d'entre nous trouvons la pensée lucide douloureuse, nous nous abandonnons à l'autorité. L'autorité engendre le pouvoir, et le pouvoir devient toujours centralisé, et de ce fait totalement corrupteur : il corrompt non seulement celui qui exerce le pouvoir mais aussi celui qui s'y soumet. L'autorité du savoir et de l'expérience ne peut que pervertir, qu'elle vienne du maître, de son représentant ou du prêtre. C'est votre vie, ce conflit apparemment sans issue, qui est importante, et non le modèle ou le leader. L'autorité du maître et du prêtre vous détourne du problème fondamental, qui est le conflit à l'intérieur de vous-même.

22 janvier

PUIS-JE ME FIER À MA PROPRE EXPÉRIENCE?

En général, l'autorité nous satisfait parce qu'elle nous procure un sentiment de continuité, de certitude, de protection. Mais celui qui veut vraiment comprendre les implications de cette révolution psychologique profonde doit être affranchi de toute autorité. Il ne peut en aucun cas être assujetti à une autorité, qu'elle émane de lui-même ou qu'elle lui soit imposée du dehors. Mais cela est-il possible ? M'est-il possible de ne pas me fier à l'autorité de ma propre expérience ? Même lorsque j'ai rejeté toutes les expressions extérieures de l'autorité — les livres, les maîtres, les prêtres, les Églises, les croyances —, j'ai toujours le sentiment que je peux au moins me fier à mon propre jugement, à mon expérience personnelle, à ma propre analyse. Mais sont-ils vraiment fiables ? Mon expérience n'est que le résultat du conditionnement auquel j'ai été soumis, et il en va de même pour vous. N'est-ce pas exact ? J'ai pu être élevé dans la tradition musulmane, bouddhiste, ou hindoue ; mon expérience va dépendre du milieu culturel, économique, social et religieux dans lequel j'ai vécu ; et vous êtes dans une situation identique. Puis-je donc me fier à tout cela ? Y trouver un guide, un espoir, une vision, qui me donnera foi en mon propre jugement, qui lui-même n'est que le résultat d'une accumulation de souvenirs, d'expériences, et un conditionnement dans lequel passé et présent se rejoignent ?... Alors, quand j'en ai fini de me poser toutes ces questions et que je prends conscience du problème, je vois qu'il n'existe qu'un seul état dans lequel la réalité, le neuf, puisse se faire jour — et cela suscite en moi une révolution. Pour que cet état soit, l'esprit doit être totalement vidé de tout passé ; il n'y a plus alors ni analyseur, ni expérience, ni jugement, ni autorité d'aucune sorte.

23 janvier

LA CONNAISSANCE DE SOI
EST UN PROCESSUS

Ainsi, pour comprendre les innombrables problèmes auxquels est confronté chacun d'entre nous, n'est-il pas essentiel de se connaître soi-même ? La connaissance de soi — qui ne signifie pas que l'on s'isole, que l'on reste à l'écart — est l'une des choses au monde les plus difficiles. De toute évidence, il est fondamental de se connaître soi-même, mais cela ne suppose nullement de se tenir à l'écart de toute relation. Et ce serait assurément une erreur de penser que l'on puisse se connaître de manière significative, pleine et entière, en s'isolant, en s'excluant, ou en s'adressant à quelque psychologue ou à quelque prêtre ; ou de croire que la connaissance de soi puisse s'apprendre dans un livre. Cette connaissance est bien sûr un processus, pas une fin en soi, et pour se connaître, il faut être conscient de ce que l'on est dans ses actions mêmes — c'est-à-dire dans ses relations. Ce n'est ni dans l'isolement ni dans le repli que l'on découvre sa vraie nature, mais dans les liens de relation — ceux qu'on a avec la société, avec sa femme, son mari ou son frère, avec l'humanité. Mais pour connaître ses propres réactions, ses propres réflexes, il faut faire preuve d'une vigilance d'esprit, d'une acuité de perception hors du commun.

24 janvier

UN ESPRIT LIBRE DE TOUTE ENTRAVE

Se transformer soi-même, c'est transformer le monde, parce que le moi est à la fois le produit et une partie intégrante du processus total de l'existence humaine. Pour se transformer, la connaissance de soi est essentielle ; si vous ne vous connaissez pas, votre pensée n'a pas de base. Il faut se connaître tel que l'on est, et non tel que l'on désire être ; l'on ne peut transformer que *ce qui est*, tandis que ce que l'on voudrait être n'est qu'un idéal, une fiction, une irréalité. Mais se connaître tel que l'on est exige une extraordinaire rapidité de pensée, car *ce qui est* subit de perpétuels changements et, si l'esprit veut adhérer à cette course, il ne doit évidemment pas commencer par s'attacher, par se fixer à un dogme ou à une croyance. Pour vous connaître, il vous faut avoir l'agilité d'un esprit libéré de toutes les croyances, de toutes les idéalisations, lesquelles pervertissent la projection en projetant sur elle leurs colorations particulières. Si vous voulez vous connaître tel que vous êtes, n'essayez pas d'imaginer ce que vous n'êtes pas : si je suis avide, envieux, violent, mon idéal de non-violence aura bien peu de valeur... La compréhension déformée de ce que vous êtes — laid ou beau, malfaisant, ou élément de désordre — est le commencement de la vertu. La vertu est essentielle, car elle confère la liberté.

25 janvier

LA CONNAISSANCE DE SOI PASSE
PAR L'ACTION

Sans la connaissance de soi, l'expérience engendre l'illusion; avec la connaissance de soi, l'expérience, qui est la réponse face à un défi, ne laisse pas derrière elle ces sédiments accumulés que sont les souvenirs. La connaissance de soi est la découverte, d'instant en instant, du mécanisme de l'ego, de ses intentions et de ses visées, de ses pensées et de ses appétits. Jamais il ne peut y avoir d'un côté « votre expérience » et de l'autre « mon expérience »; l'expression même de « mon expérience » prouve l'ignorance et l'acceptation de l'illusion.

LA CRÉATIVITÉ PASSE PAR
LA CONNAISSANCE DE SOI

... Il n'y a donc pas de méthode pour se connaître soi-même. La recherche d'une méthode implique invariablement le désir d'aboutir à un certain résultat — c'est cela que nous voulons tous : nous nous soumettons à l'autorité d'une personne, d'un système ou d'une idéologie —, nous désirons obtenir un résultat qui nous fasse plaisir et qui nous apporte la sécurité. En vérité, nous ne voulons pas nous connaître, comprendre nos impulsions, nos réactions, tout le processus conscient et inconscient de notre pensée ; nous préférons adopter un système qui nous garantisse un résultat. Cette poursuite est invariablement engendrée par notre désir de trouver une sécurité, une certitude, et le résultat n'est évidemment pas la connaissance de soi. Une méthode implique l'autorité d'un sage, d'un gourou, d'un Sauveur, d'un Maître — qui se portent garants de la satisfaction de nos attentes ; mais cette voie n'est pas celle de la connaissance de soi.

L'autorité, au contraire, nous empêche de nous connaître. Sous l'égide d'un guide spirituel nous pouvons éprouver temporairement un sens de sécurité et de bien-être, mais qui n'est pas la connaissance du processus total de nous-mêmes. L'autorité, de par sa nature, nous empêche d'être lucides quant à notre être intérieur et détruit de ce fait la liberté, la liberté en dehors de laquelle il n'y a pas de création. L'état créateur n'existe qu'en la connaissance de soi.

UN ESPRIT SILENCIEUX ET SIMPLE

Lorsque nous avons conscience de ce que nous sommes, tout le mouvement de la vie n'est-il pas une voie vers la découverte du « moi », de l'ego, de notre être profond ? L'ego est un processus très complexe qui ne peut se découvrir que dans les rapports de relation, dans nos activités quotidiennes, notre façon de nous exprimer, de juger, de calculer, de condamner les autres et nous-mêmes. Tout cela est révélateur de l'état conditionné de notre pensée, il est donc important d'être conscient de tout ce processus, ne croyez-vous pas ? Ce n'est qu'en prenant conscience seconde par seconde de ce qui est vrai qu'a lieu la découverte de cette réalité hors du temps, éternelle. Sans la connaissance de soi, l'éternel ne peut être. En l'absence de cette connaissance de nous-mêmes, l'éternel se réduit à un simple mot, à un symbole, une spéculation, un dogme, une croyance, une illusion dans laquelle l'esprit peut trouver une échappatoire. Mais si l'on commence à comprendre le « moi » dans toutes ses activités, jour après jour, alors grâce à cela, et sans qu'aucun effort soit nécessaire, survient l'indicible, l'intemporel, l'éternel. Mais l'intemporel n'est pas la récompense qui viendrait couronner la connaissance de soi. Ce qui est éternel ne peut faire l'objet d'aucune quête ; l'esprit ne peut pas l'acquérir. Il survient lorsque l'esprit est silencieux et tranquille, et il ne peut l'être que s'il est simple, s'il a cessé d'emmagasiner, de condamner, de juger, de peser. Seul un esprit simple est apte à comprendre le réel, mais s'il est empli de mots, de connaissances, d'informations, il en est incapable. L'esprit qui analyse, qui calcule, n'est pas un esprit simple.

CONNAIS-TOI TOI-MÊME

Si l'on ne se connaît pas soi-même, quoi qu'on fasse, il ne peut y avoir d'état de méditation. J'entends par « connaissance de soi » celle de chaque pensée, de chaque état d'âme, de chaque sentiment — et non la connaissance de l'être suprême, de l'entité supérieure, qui n'existe pas ; car l'être supérieur, l'atma, fait toujours partie intégrante de la pensée, qui est le résultat de votre conditionnement, la réponse de votre mémoire — immédiate ou ancestrale. Et vouloir méditer sans instaurer d'abord, de manière profonde, irrévocable, cette vertu qui naît de la connaissance de soi, est une démarche tout à fait fallacieuse et parfaitement inutile.

Je vous en prie : il est essentiel pour ceux dont la démarche est sérieuse de comprendre cela. Parce que, sinon, il y aura divorce, fracture entre votre méditation et votre vie réelle — une fracture si profonde que même si vous méditez et pratiquez sans fin des postures, toute votre vie durant, vous ne verrez jamais plus loin que le bout de votre nez ; vos postures et tout ce que vous pourrez faire seront dénués de toute signification.

... Il est essentiel de comprendre ce qu'est cette connaissance de soi : c'est simplement prendre conscience — sans la moindre notion de choix — du « moi » qui a sa source dans un paquet de souvenirs — en avoir simplement conscience, sans interprétation, en observant simplement le mouvement de l'esprit. Mais cette observation est bloquée quand on ne cesse, à force d'observation, d'accumuler des notions — ce qu'il faut faire ou ne pas faire, ce qu'il faut réussir ; en agissant de la sorte on met fin à ce processus vivant du mouvement de l'esprit qui constitue le moi. Autrement dit, ce que je dois observer et regarder, c'est le fait réel, la réalité brute, *ce qui est*. Si je l'aborde avec une idée préconçue, avec une opinion — du type « je dois » ou « il ne faut pas », qui sont des échos de la mémoire —, alors le mouvement de *ce qui est* se trouve gêné, bloqué ; et dans ce cas on n'apprend rien.

29 janvier

LA VACUITÉ CRÉATRICE

Ne pouvez-vous écouter tout simplement, comme la terre s'ouvre à la graine, et voir si l'esprit est capable d'être libre, vide ? Il ne peut être vide que s'il comprend l'ensemble de ses projections, de ses activités, et s'il les observe non pas de temps en temps mais jour après jour, seconde après seconde. Alors vous aurez la réponse, alors vous verrez que le changement vient sans qu'on le sollicite, que l'état de vacuité créatrice ne se cultive pas — il est là, il survient, sans qu'on l'y invite, dans le secret et le mystère, et ce n'est que dans cet état que deviennent possibles le renouveau, la nouveauté, la révolution.

30 janvier

LA CONNAISSANCE DE SOI

La pensée juste va de pair avec la connaissance de soi. Sans elle, votre pensée n'a aucune base, sans elle, ce que vous pensez n'est pas vrai.

Vous et le monde n'êtes pas deux entités séparées, avec des problèmes distincts. Vos problèmes et ceux du monde ne font qu'un. Vous pouvez être le produit de certaines tendances, de certaines influences liées au milieu, vous n'êtes cependant pas fondamentalement différents les uns des autres. Sur le plan intérieur, nous avons quantité de ressemblances; nous sommes tous mus par l'avidité, la malveillance, la peur, l'ambition et ainsi de suite. Nos croyances, nos espoirs, nos aspirations ont une base commune. Nous ne faisons qu'un; nous ne formons qu'une seule et même humanité, en dépit des frontières artificielles de l'économie, de la politique et des préjugés, qui nous divisent. Si vous tuez quelqu'un, c'est vous-même que vous détruisez. Vous êtes le centre de ce tout et si vous ne vous comprenez pas vous-même, vous ne pouvez comprendre la réalité.

Nous avons de cette unité une connaissance intellectuelle, mais nous gardons nos connaissances et nos sentiments dans des compartiments étanches, et voilà pourquoi nous ne faisons jamais l'expérience réelle de cette extraordinaire unité du genre humain.

31 janvier

TOUTE RELATION EST UN MIROIR

La connaissance de soi ne dépend pas d'une quelconque formule. Peut-être cherchez-vous à vous connaître grâce à l'aide d'un psychologue ou d'un psychanalyste; mais cela n'a rien à voir avec la connaissance de soi. Celle-ci survient lorsque nous prenons conscience de nous-même dans la relation, révélatrice de ce que nous sommes, seconde après seconde. Toute relation est un miroir dans lequel nous nous voyons tels que nous sommes vraiment. Or nous sommes pour la plupart incapables de nous regarder en face tels que la relation nous révèle, parce que nous nous mettons immédiatement à condamner ou à justifier ce que nous constatons. Nous jugeons, nous évaluons, nous comparons, nous nions ou nous admettons, mais jamais nous n'observons vraiment *ce qui est* : apparemment, c'est ce qu'il y a de plus difficile pour la plupart des gens ; et pourtant c'est par là, et par là seulement, que passe le commencement de la connaissance de soi. Si l'on peut se voir tel qu'on est dans le miroir que nous tend toute relation, et qui nous renvoie une image fidèle, si l'on peut simplement plonger dans ce miroir un regard totalement attentif, et voir réellement *ce qui est,* en être conscient, mais sans condamnation, jugement ni évaluation — en agissant comme lorsqu'on est animé par un intérêt passionné —, alors on s'apercevra que l'esprit est capable de se libérer de tout conditionnement ; ce n'est qu'alors qu'il est libre de découvrir ce qui est au-delà du champ de la pensée.

En définitive, l'esprit, si érudit ou mesquin qu'il soit, est limité, conditionné, tant au niveau conscient qu'inconscient, et toute extension de ce conditionnement reste toujours à l'intérieur des limites du champ de la pensée. La liberté, c'est donc tout autre chose.

Février

LE DEVENIR

LA CROYANCE

L'ACTION

LE BIEN ET LE MAL

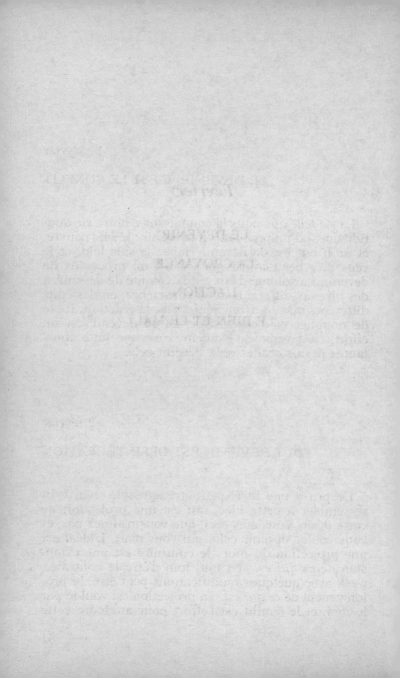

LE DEVENIR, C'EST LE CONFLIT

La vie telle que nous la connaissons, notre vie quotidienne, est un processus de devenir : je suis pauvre, et mon but est de devenir riche; je suis laid, et je veux être beau. Ainsi ma vie est un processus de devenir. La volonté d'être est la volonté de devenir, à des niveaux différents de la conscience, en des états différents où se retrouvent le défi, la réaction, l'acte de nommer et d'enregistrer. Et ce devenir est un effort, ce devenir est douleur, c'est une lutte constante : je suis ceci et veux devenir cela.

2 février

TOUT DEVENIR EST DÉSINTÉGRATION

L'esprit a une idée, peut-être agréable, et il veut ressembler à cette idée, qui est une projection de votre désir. Vous êtes ceci, que vous n'aimez pas, et vous voulez devenir cela, qui vous plaît. L'idéal est une projection du moi : le contraire est une extension de *ce qui est;* en fait, loin d'être le contraire, c'est, avec quelques modifications peut-être, le prolongement de *ce qui est.* La projection est voulue par le moi, et le conflit est l'effort pour atteindre cette projection... Vous vous efforcez de devenir quelque chose ; or ce quelque chose fait partie de vous-même. L'idéal est votre propre projection. Voyez à quel point l'esprit se joue des tours. Vous courez après des mots, après vos propres projections, après votre ombre. Vous êtes violent, vous vous évertuez à la non-violence — l'idéal ; mais cet idéal est une projection de *ce qui est* — simplement sous un autre nom.

Lorsque vous avez conscience de cette supercherie, de cette farce mensongère que vous vous jouez à vous-même, alors le faux est perçu comme tel. L'effort pour atteindre une illusion est le facteur désintégrateur. Tout conflit, tout devenir est désintégration. Lorsqu'il y a conscience de ce tour que l'esprit s'est joué à lui-même, alors il ne reste que *ce qui est*. Lorsque l'esprit est dépouillé de tout devenir, de tout idéal, de toute comparaison, de toute condamnation, lorsque s'effondre tout l'édifice de l'esprit, *ce qui est* a été l'objet d'une transformation totale. Tant que l'on donne des noms à *ce qui est,* il y a relation entre l'esprit et *ce qui est ;* mais lorsque ce processus de dénomination — qui est la mémoire, la structure même de l'esprit — n'est pas, alors *ce qui est* n'est pas. Ce n'est que dans cette transformation qu'il y a intégration.

3 février

UN ESPRIT FRUSTE PEUT-IL DEVENIR SENSIBLE ?

Soyez attentifs à la question, au sens caché derrière les mots. Un esprit fruste peut-il devenir sensible ? Si je dis que mon esprit est grossier et que j'essaye de devenir sensible, l'effort même de devenir sensible est de la grossièreté. Je vous en prie, voyez bien cela. Et que, loin de vous intriguer, cela retienne votre attention. Alors que si je reconnais ma grossièreté d'esprit sans vouloir changer, sans essayer de devenir sensible, si je commence à comprendre ce qu'est la grossièreté, à en observer les manifestations dans ma vie quotidienne — ma gloutonnerie à table, ma rudesse envers les autres, mon orgueil, mon arrogance, la brutalité de mes attitudes et de mes pensées —, alors cette observation même transforme *ce qui est*.

De même, si je suis stupide et que je décrète que je dois devenir intelligent, mes efforts en ce sens ne sont qu'un degré de plus dans la stupidité, car l'essentiel, c'est de comprendre la stupidité. J'aurai beau m'évertuer à l'intelligence, ma stupidité demeurera. Je peux éventuellement acquérir un vernis superficiel de connaissances, faire des citations, réciter des textes de grands écrivains, mais fondamentalement je serai toujours aussi stupide. Alors que si je constate et si je comprends la stupidité telle qu'elle s'exprime dans ma vie quotidienne — mon comportement à l'égard de mon serviteur, mon attitude envers mon voisin, envers le pauvre, le riche, envers l'employé de bureau —, alors cette conscience même provoque la débâcle de la stupidité.

4 février

L'IMPORTANCE GRANDISSANTE DE L'EGO

... Les structures hiérarchiques offrent à l'ego une excellente occasion de se développer. Vous pouvez appeler la fraternité de vos vœux — mais comment peut-il y avoir fraternité si vous avez soif de distinctions spirituelles ? Les titres, les honneurs de ce monde peuvent vous faire sourire de dédain ; mais lorsque vous admettez le maître, le sauveur, le gourou, ne transposez-vous pas dans la sphère spirituelle l'attitude même qui a cours dans le monde? Peut-il exister des divisions ou des degrés de hiérarchie dans le développement spirituel, dans la compréhension de la vérité, dans la réalisation de Dieu? L'amour n'admet aucune division. Ou bien vous aimez, ou bien vous n'aimez pas; mais ne déguisez pas l'absence d'amour en un processus interminable dont l'aboutissement est l'amour. Lorsque vous savez que vous n'aimez pas, lorsque vous êtes conscient, lucidement et sans choix, de ce fait, alors il y a une possibilité de transformation. Mais cultiver assidûment cette distinction entre le maître et l'élève, entre ceux qui ont et ceux qui n'ont pas atteint le but, entre le sauveur et le pécheur, c'est nier l'amour. L'exploiteur, qui est à son tour exploité, trouve dans ces ténèbres et dans cette illusion un champ d'action privilégié.

... La séparation entre Dieu ou la réalité et vous-même vient de vous, de l'esprit qui se raccroche au connu, aux certitudes, à la sécurité. Cette séparation est un abîme infranchissable qu'aucun rituel, aucune discipline, aucun sacrifice ne peut vous permettre de franchir; il n'y a pas de maître, de sauveur, de gourou qui puisse vous conduire au réel ou faire disparaître cette séparation. La division n'est pas entre le réel et vous-même; elle est en vous-même.

... Ce qui importe, c'est de comprendre le conflit sans cesse grandissant du désir; et cette compréhension ne vient que par la connaissance de soi et une conscience de tous les instants des mouvements du moi.

AU-DELÀ DE TOUTE EXPÉRIENCE

Comprendre le moi requiert énormément d'intelligence, de vigilance, de finesse d'observation, une observation qui doit être incessante pour ne point faiblir. Moi, qui suis très motivé, je veux dissoudre le moi. Et si je le dis, c'est que je sais qu'il est possible de dissoudre l'ego. Je vous en prie, faites preuve de patience. Quand je dis « je veux dissoudre ceci », à l'instant même, et dans le processus auquel je me plie en vue de le dissoudre, intervient l'expérience du moi ; ce qui a pour effet de renforcer le moi. Comment le moi peut-il cesser de faire des expériences ? On voit bien que la création n'est en aucune façon l'expérience du moi. La création a lieu lorsque le moi n'est pas, car elle n'est pas intellectuelle, ne procède pas de l'esprit, n'est pas une projection de l'ego ; la création est au-delà de toute expérience telle que nous la connaissons. Est-il possible à l'esprit d'être tout à fait silencieux, dans un état où il ne reconnaît pas, et donc ne fait pas d'expérience, dans un état propice à la création — et qui est le moment où l'esprit n'est pas là, où il est absent ? Est-ce que je me fais bien comprendre ?... Le problème est bien là, n'est-ce pas ? Tout mouvement de l'esprit, positif ou négatif, est une expérience qui en réalité ne fait que renforcer le « moi ». L'esprit peut-il ne pas reconnaître ? Cela n'est possible que lorsqu'il y a silence absolu — mais pas un silence qui soit une expérience du moi, ayant pour effet de le renforcer.

QU'EST-CE QUE LE MOI ?

La soif de pouvoir, de reconnaissance sociale, d'autorité, d'ambition, et ainsi de suite, sont les différentes formes que prend le moi. Mais ce qui compte, c'est de comprendre le moi et je suis certain que vous en êtes convaincus. Permettez-moi d'ajouter qu'il faut prendre ce sujet très au sérieux ; car j'ai le sentiment que si vous et moi en tant qu'individus — et non en tant que groupe de personnes se reconnaissant dans certaines classes sociales, dans une certaine société, certaines lignes de partage climatiques — pouvons comprendre cet état de choses et influer sur lui, alors, je le crois, une véritable révolution aura lieu. Dès que ces notions deviendront universelles et mieux organisées, le moi va immédiatement s'abriter derrière elles ; alors que si vous et moi, en tant qu'individus, savons aimer, savons mettre toutes ces notions en pratique de façon authentique dans la vie quotidienne, alors la révolution qui est si essentielle verra le jour...

Vous savez ce que j'entends par « le moi » ? J'entends par là l'idée, la mémoire, la conclusion, l'expérience, les diverses formes d'intentions, nommables et innommables, l'effort conscient d'être ou de ne pas être, les souvenirs stockés dans la mémoire de l'inconscient, les notions de race, de groupe, d'individu, de clan, bref, le moi, c'est ce tout, cet ensemble, qu'il se projette dans le plan extérieur sous forme d'action ou dans le plan spirituel sous forme de vertu ; le moi, c'est l'effort pour atteindre à tout cela. La compétition, le désir d'être en font partie. C'est l'ensemble de ce processus qui constitue le moi, l'ego ; et nous savons vraiment, quand nous y sommes confrontés, que c'est quelque chose de mauvais. C'est à dessein que j'emploie ce terme — *mauvais* — car le moi divise, il enferme ; ses activités, si nobles soient-elles, restent séparées, isolées. Nous savons tout cela. Nous savons aussi combien sont extraordinaires ces moments où le moi est absent, où il n'y a nulle impression de contrainte, d'effort, ce qui est le cas lorsqu'il y a l'amour.

7 février

QUAND L'AMOUR EST, LE MOI N'EST PAS

La réalité, la vérité ne peut être reconnue. Pour que vienne la vérité, il faut que la croyance, l'expérience, la vertu, la quête de la vertu — qui est tout autre chose que d'être vertueux —, il faut que tout cela disparaisse. L'individu vertueux qui a conscience de rechercher la vertu ne peut jamais rencontrer l'ultime réalité. Ce peut être un homme bien ; ce qui est tout autre chose que d'être un homme de vérité, celui qui comprend. Pour l'homme de vérité, la vérité a déjà pris forme. L'homme vertueux, lui, se soucie de droiture, et un homme soucieux de droiture ne peut jamais comprendre ce qu'est la vérité, car ce qu'il prend pour de la vertu n'est qu'ambition égoïste et renforcement de l'ego. Lorsqu'il dit : « Je dois être dénué d'avidité », l'état de non-avidité dont il fait l'expérience renforce son ego. C'est pourquoi il est si important d'être pauvre, non seulement dans le monde matériel, mais aussi dans celui de la croyance et du savoir. Celui qui est riche de biens matériels, celui qui est riche de croyances et de connaissances ne connaîtront jamais ni l'un ni l'autre que les ténèbres, et seront le centre de tous les malheurs et de tous les maux. Mais si vous et moi, en tant qu'individus, savons voir à l'œuvre tout ce mécanisme de l'ego, alors nous saurons ce qu'est l'amour. Je vous assure que c'est l'unique réforme qui soit vraiment capable de changer le monde. L'amour n'est pas le moi ; celui-ci ne peut pas reconnaître l'amour. Vous dites : « J'aime », et pourtant, dans l'expression même de l'amour, dans l'expérience même qui en est faite, l'amour n'est pas. Mais lorsque vous connaissez l'amour, l'ego n'est pas. Quand l'amour est, le moi n'est pas.

8 février

COMPRENDRE *CE QUI EST*

À l'évidence, tout homme qui comprend la vie fait fi de toute croyance. Celui qui aime n'a pas de croyances : il aime. C'est l'homme consumé par l'intellect qui a des croyances, car l'intellect est toujours en quête de sécurité, de protection ; il cherche toujours à éviter le danger, et il élabore donc des idées, des croyances, des idéaux, derrière lesquels il peut s'abriter. Que se passerait-il si vous vouliez venir à bout de la violence directement, là, maintenant ? Vous seriez un danger pour la société, et parce que l'esprit anticipe le danger, il dit : « Il va me falloir dix ans pour réaliser cet idéal de non-violence » — ce qui n'est qu'un mode d'action illusoire et faux... Comprendre *ce qui est* importe plus que de fabriquer des idéaux, et de s'y soumettre ensuite, parce qu'ils sont faux, alors que *ce qui est* est la réalité vraie. Pour comprendre *ce qui est*, il faut des capacités immenses, il faut un esprit vif et dénué de préjugés. C'est parce que nous ne voulons pas affronter et comprendre *ce qui est* que nous inventons toutes sortes d'échappatoires et les parons de beaux noms tels que l'idéal, la foi, Dieu. Assurément, ce n'est que lorsque je vois le faux pour ce qu'il est que mon esprit est capable de percevoir *ce qui est* vrai. Un esprit que des choses fausses ont rendu confus ne peut jamais trouver la vérité. Donc, je dois comprendre ce qu'il y a de faux dans mes relations, dans mes idées, dans tout ce qui m'entoure, car la perception de la vérité suppose que l'on comprenne *ce qui est* faux. Si l'on ne supprime pas les causes de l'ignorance, il ne peut pas y avoir d'éveil ; et rechercher l'éveil alors que l'esprit est dans l'obscurité est tout à fait vain et dénué de sens. Donc, je dois commencer par voir ce qu'il y a de faux dans ma relation aux idées, aux gens, aux choses. Lorsque l'esprit perçoit ce qui est faux, alors advient le vrai, et alors est l'extase, alors est le bonheur.

9 février

CE EN QUOI NOUS CROYONS

La croyance est-elle source d'enthousiasme ? L'enthousiasme peut-il se maintenir sans le soutien d'une croyance, et, d'ailleurs, est-il vraiment indispensable, ou est-ce une autre espèce d'énergie qui est nécessaire, une autre forme de vitalité, d'élan ? Nous sommes généralement capables de nous enthousiasmer pour une chose ou une autre. Nous sommes passionnés de musique, fous de sport, ravis d'aller pique-niquer. Mais si cet enthousiasme n'est pas sans cesse alimenté d'une quelconque façon, il retombe, puis s'oriente à nouveau vers autre chose. Existe-t-il une force, une énergie qui n'ait besoin d'aucun soutien extérieur, qui ne dépende pas d'une foi, d'une croyance ?

Cela soulève une autre question : avons-nous besoin d'une quelconque croyance, et, si c'est le cas, pourquoi nous est-elle nécessaire ? C'est l'un des problèmes implicites. Nous n'avons pas besoin d'un acte de foi pour croire en l'existence du soleil, des montagnes, des rivières, ni pour voir la réalité de nos querelles conjugales — ni pour savoir que la vie est une horrible souffrance, avec ses angoisses, ses conflits, son ambition incessante : c'est un fait. Mais nous revendiquons une croyance lorsque nous voulons fuir les faits pour plonger dans l'irréalité.

10 février

CES CROYANCES QUI NOUS AGITENT

Donc, votre religion, votre foi en Dieu, est une fuite devant l'évidence des faits, et n'a donc rien d'une religion. Le riche qui amasse de l'argent par des procédés cruels et malhonnêtes, par l'exploitation sournoise, croit en Dieu ; tout comme vous, qui êtes aussi sournois, cruels, soupçonneux, envieux. Peut-on rencontrer Dieu par la voie de la malhonnêteté, du mensonge, de toutes ces supercheries sournoises de l'esprit ? Si vous collectionnez force livres saints ou objets divers symbolisant Dieu, cela prouve-t-il que vous soyez un homme religieux ? La religion ne consiste donc pas à éluder les faits : elle est une compréhension de la réalité de ce que vous êtes dans vos relations au quotidien ; la religion, c'est le discours que vous tenez, la façon dont vous parlez, dont vous vous adressez à vos serviteurs, dont vous traitez votre épouse, vos enfants, vos voisins. Tant que vous ne comprenez pas la nature de vos relations avec votre voisin, avec la société, avec votre femme, avec vos enfants, il ne peut y avoir que confusion ; et un esprit confus, quoi qu'il fasse, créera toujours plus de confusion, de problèmes et de conflits. L'esprit qui fuit l'évidence des faits, la relation telle qu'elle est, ne rencontrera jamais Dieu ; un esprit qui est agité par des croyances ne connaîtra jamais la vérité. Mais l'esprit qui comprend les relations qu'il entretient avec les biens, les personnes, les idées, l'esprit qui ne se bat plus contre les problèmes suscités par les relations, et pour qui la solution n'est pas l'échappatoire mais la compréhension de l'amour — cet esprit-là est le seul qui soit apte à appréhender le réel.

AU-DELÀ DES CROYANCES

Nous nous rendons compte que la vie est laide, douloureuse, terrible, nous avons besoin de théories, de spéculations, ou de satisfactions, de doctrines d'une espèce ou d'une autre, qui puissent expliquer tout cela, nous nous laissons donc piéger par des explications, des mots, des théories, et peu à peu les croyances s'enracinent, se font de plus en plus profondes et inébranlables, car derrière ces croyances, derrière ces dogmes, il y a la peur incessante de l'inconnu — que jamais nous ne regardons en face, mais que nous éludons. Plus fortes sont les croyances, plus forts sont les dogmes. Et lorsque nous examinons ces croyances — la foi chrétienne, hindoue ou bouddhiste —, nous constatons qu'elles divisent les êtres. Chaque dogme, chaque croyance comprend une série de rituels, une série de contraintes qui, à la fois, relient les hommes et les séparent. Alors, nous cherchons activement à découvrir la vérité, à savoir quelle est la signification de cette détresse, de ces luttes, de cette souffrance ; et nous tombons très vite dans le piège des croyances, des rituels, des théories.

Les croyances sont corruptrices car derrière la croyance et le moralisme se dissimule l'esprit, le moi, l'ego qui gagne en ampleur, en puissance et en force. Nous considérons que la religion, c'est croire en Dieu, croire en quelque chose. Nous considérons qu'avoir une croyance, c'est être religieux. Vous comprenez ? Si vous ne croyez en rien, vous serez considéré comme un athée, vous serez condamné par la société. Une société donnée condamnera ceux qui croient en Dieu, une autre ceux qui n'y croient pas. Mais elles sont en fait identiques. La religion devient donc affaire de croyance — et les croyances agissent et influencent l'esprit en conséquence; l'esprit ne peut donc jamais être libre. Pourtant c'est seulement dans la liberté que vous pouvez découvrir ce qui est vrai, découvrir ce qu'est Dieu — et non par l'intermédiaire d'une quelconque croyance, car votre croyance ne fait elle-même que projeter votre propre vision de ce que devrait être Dieu, de ce que devrait être la vérité.

12 février

L'ÉCRAN DE LA CROYANCE

Vous croyez en Dieu, tel autre n'y croit pas, vos croyances vous séparent donc l'un de l'autre. La croyance, à travers le monde, s'organise sous forme de foi hindoue, bouddhiste ou chrétienne, et divise donc les hommes. Nous sommes dans la confusion, et nous pensons que par l'intermédiaire de la croyance nous allons la dissiper; autrement dit, la croyance se superpose à la confusion, et nous espérons que la confusion sera ainsi dissipée. Mais la croyance n'est qu'une manière de fuir la confusion dans laquelle nous sommes plongés. Pour comprendre cette confusion, la croyance n'est pas nécessaire, elle n'agit que comme un écran qui s'interpose entre nous-mêmes et nos problèmes. La religion, qui est la croyance organisée, devient un moyen de fuir *ce qui est*, de fuir l'évidence de la confusion. Celui qui croit en Dieu, ou en l'au-delà, ou qui a une forme de croyance quelconque, ne fait que fuir la réalité de ce qu'il est. N'en connaissez-vous pas, de ceux qui croient en Dieu, font leurs dévotions quotidiennes, psalmodient et répètent certains mots, mais qui dans la vie sont dominateurs, cruels, ambitieux, tricheurs, malhonnêtes? Vont-ils rencontrer Dieu? Cherchent-ils vraiment Dieu? Est-ce grâce à une répétition de mots, grâce à une croyance que l'on rencontre Dieu? Pourtant ces gens-là croient en Dieu, le vénèrent, vont chaque jour au temple, font tout pour éviter de faire face à ce qu'ils sont vraiment — et vous les considérez comme des personnes respectables parce qu'ils ne sont autres que vous-même.

13 février

UN CONTACT TOUJOURS NEUF AVEC LA VIE

L'une des données que nous tenons avec le plus d'empressement pour acquises me semble être la question des croyances. Je n'attaque pas les croyances, je cherche à voir pourquoi nous les acceptons. Et si nous pouvons comprendre nos motifs, les causes de notre acceptation, alors peut-être pourrons-nous non seulement savoir pourquoi nous les acceptons, mais aussi nous en libérer. Nous voyons tous comment les croyances politiques, religieuses, nationales, et d'autres, appartenant à des domaines variés, séparent les hommes, créent des conflits, un état de confusion et d'inimitié : c'est un fait évident. Et pourtant, nous n'éprouvons aucunement le désir d'y renoncer. Il y a la croyance hindoue, la croyance chrétienne et bouddhiste, d'innombrables sectarismes, des convictions nationales, des idéologies politiques de toutes sortes, toutes luttant les unes contre les autres et cherchant à se convertir mutuellement. L'on peut voir sans difficulté que les croyances divisent et qu'elles engendrent l'intolérance. Mais est-il possible de vivre sans croyances ? L'on ne peut répondre à cette question qu'en s'étudiant soi-même dans les rapports que l'on a avec le monde des croyances ? Peut-on vivre sans croyances ? Peut-on, non pas passer d'une croyance à une autre, en remplacer une par une autre, mais être entièrement affranchi d'absolument *toutes* les croyances, de façon à pouvoir aborder la vie, chaque minute, à la façon d'un être neuf ? Car en somme c'est cela la vérité : avoir la capacité d'aborder tout, d'instant en instant, sans être conditionné par le passé, de sorte que n'existe plus d'effet cumulatif agissant comme une barrière entre soi et *ce qui est*.

14 février

LES CROYANCES EMPÊCHENT LA VRAIE COMPRÉHENSION

Si nous n'avions pas de croyances, que nous arriverait-il ? Ne serions-nous pas très effrayés de ce qui pourrait se produire ? Si nous n'avions pas une ligne de conduite fondée sur une croyance — Dieu, le communisme, le socialisme, l'impérialisme, ou quelque autre formule religieuse, quelque dogme qui nous conditionne —, nous nous sentirions complètement perdus, n'est-ce pas ? Et l'acceptation d'une croyance n'est-elle pas une façon de masquer notre peur, cette peur de n'être rien du tout, d'être vide ? Mais après tout, un récipient n'est utilisable que lorsqu'il est vide, et un esprit qui est empli de croyances, de dogmes, d'affirmations, de citations, est en vérité un esprit stérile, une machine à répétition. Échapper à cette peur — à cette peur du vide, de la solitude, à cette peur de n'arriver nulle part, de n'être rien, de ne rien devenir —, voilà certainement une des raisons qui nous font accepter les croyances avec tant d'avidité et d'enthousiasme, ne croyez-vous pas? Et par l'acceptation de quelque croyance, pouvons-nous nous connaître? Au contraire, une croyance, religieuse ou politique, nous interdit de nous connaître, de toute évidence. Elle agit comme un écran à travers lequel nous regardons. Mais nous est-il possible de nous voir nous-mêmes, si nous n'avons pas de croyances? Je veux dire que, si nous écartons toutes ces croyances, les nombreuses croyances que nous avons, reste-t-il encore quelque chose en nous à regarder? Si nous n'avons pas de croyances auxquelles notre pensée nous a identifiés, l'esprit n'étant identifié à rien est capable de se voir tel qu'il est — et c'est assurément là que commence la connaissance de soi.

15 février

L'OBSERVATION DIRECTE

Pourquoi les idées prennent-elles racine dans notre esprit? Pourquoi les faits — et non les idées — ne prennent-ils pas la place prééminente? Pourquoi des théories, des idées en viennent-elles à avoir plus de portée que les faits réels? Serait-ce que nous ne savons pas comprendre les faits, que nous n'en sommes pas capables, ou que nous avons peur d'y faire face? Les idées, les spéculations, les théories sont donc un moyen d'éluder le fait...

Mais vous aurez beau fuir, quoi que vous fassiez, les faits sont têtus — qu'il s'agisse du fait qu'on est coléreux, ambitieux, ou préoccupé par le sexe, ou que sais-je encore. Vous pouvez les refouler, ou les transformer, ce qui est une autre forme de refoulement, vous pouvez les contrôler, mais c'est à l'aide d'idées qu'on les refoule, qu'on les contrôle, qu'on les maîtrise... Les idées ne nous font-elles pas gaspiller notre énergie? Les idées ne rendent-elles pas l'esprit obtus? Vous pouvez être expert en spéculations intellectuelles, en citations; mais c'est de toute évidence l'esprit obtus qui fait des citations — qui lit beaucoup, puis cite ses lectures.

... Vous effacez d'un seul coup le conflit des contraires si vous vivez avec le fait, et vous libérez ainsi l'énergie de faire face au fait réel. Pour la plupart d'entre nous, la contradiction est un domaine extraordinaire dans lequel l'esprit reste piégé. Je veux faire telle chose, et je fais quelque chose de tout à fait différent; mais si j'affronte le fait — que c'est cela, et rien d'autre, que je veux faire —, il n'y a pas de contradiction; et donc d'un seul coup j'abolis complètement la notion de contraires, d'opposition; mon esprit se sent alors entièrement concerné par *ce qui est*, totalement impliqué dans la compréhension de *ce qui est*.

16 février

L'ACTION SANS L'IDÉE

Ce n'est que lorsque l'esprit se libère des idées que l'expérience est réellement vécue. Les idées ne sont pas la vérité; la vérité doit être vécue directement, d'instant en instant. Ce n'est pas une expérience que l'on puisse « vouloir » car elle ne serait encore qu'une sensation. L'état d'expérience n'existe que lorsqu'on va au-delà de ce paquet d'idées qu'est le « moi », qui est la faculté de penser — possédant une continuité partielle ou complète — car alors l'esprit est complètement silencieux, et l'on peut savoir ce qu'est la vérité.

AGIR SANS LE PROCESSUS DE LA PENSÉE

Qu'entendons-nous par l'idée? L'idée est de toute évidence le processus de la pensée. C'est un processus d'activité mentale, de pensée agissante, or la pensée est toujours une réaction du conscient ou de l'inconscient. La pensée est un processus de verbalisation, qui est le résultat de la mémoire; la pensée, c'est donc le processus du temps. Donc, quand l'action est fondée sur ce processus de pensée, elle ne peut qu'être conditionnée, isolée — c'est inévitable. Une idée finit toujours par s'opposer à une autre, par être dominée par une autre. Une brèche s'ouvre entre l'action et l'idée. Ce que nous essayons de déterminer ici, c'est s'il est possible que l'action ait lieu sans l'idée. Nous constatons que l'idée sépare les individus. Comme je l'ai déjà expliqué, savoir et croyance sont essentiellement des facteurs de séparation. Les croyances ne sont jamais un lien entre les gens, elles les séparent toujours; lorsque l'action se fonde sur une croyance, une idée ou un idéal, cette action est inévitablement isolée, fragmentée. Est-il possible d'agir sans qu'intervienne le processus de la pensée, celle-ci étant un processus de temps, de calcul, d'autoprotection, de croyance, de déni, de condamnation, de justification? Je suis sûr qu'une même question nous est venue à l'esprit, à vous et à moi — celle de savoir si une action sans intervention de la pensée est possible.

LES IDÉES LIMITENT-ELLES L'ACTION?

Les idées peuvent-elles jamais agir, ou, n'étant que le moule qui façonne la pensée, ne limitent-elles, de ce fait, l'action? L'action dictée par une idée ne peut jamais libérer l'homme. Il est extrêmement important pour nous de comprendre ce point. Si l'action est façonnée par une idée, elle ne peut jamais apporter une solution à nos misères, parce que avant qu'elle puisse être effective, nous devons d'abord connaître l'origine de l'idée qui l'a déterminée.

19 février

L'IDÉOLOGIE FAIT OBSTACLE À L'ACTION

Le monde est sans cesse au bord de la catastrophe. Mais il semble qu'il en soit plus proche que jamais en ce moment. Face à cette catastrophe imminente, la plupart d'entre nous se réfugient dans l'idéologie. Nous croyons que cette catastrophe, cette crise, peut être résolue par une idéologie. Or elle est toujours une entrave à la relation directe, d'où un blocage de l'action. Nous voulons la *paix,* mais seulement en tant qu'idée, pas en tant que réalité effective. Nous ne voulons la paix que verbalement, c'est-à-dire uniquement au niveau de la pensée, niveau que nous qualifions orgueilleusement d'intellectuel. Mais le mot *paix,* ce n'est pas la paix. La paix ne pourra être que lorsque cessera la confusion dont vous et d'autres êtes les artisans. C'est au monde des idées, et non à la paix, que nous tenons tant. Nous sommes à la recherche de nouveaux schémas sociaux et politiques, et pas en quête de paix; nous nous préoccupons de réparer les séquelles des guerres, mais nous en négligeons les causes. Cette recherche n'apportera que des réponses conditionnées par le passé. Ce conditionnement, c'est ce que nous appelons le savoir, l'expérience ; et les nouvelles données mouvantes sont traduites, interprétées en fonction de ce savoir acquis. Il y a donc conflit entre *ce qui est* et l'expérience passée. Le passé, qui est le savoir, est inévitablement en conflit perpétuel avec le fait, qui se situe toujours dans le présent. Cela ne résoudra donc pas le problème mais ne fera que perpétuer les conditions mêmes qui l'ont engendré.

20 février

L'ACTION SANS IDÉATION

L'idée est le résultat du processus de la pensée, le processus de la pensée est une réponse de la mémoire et la mémoire est toujours conditionnée. Elle est toujours dans le passé, mais ne prend vie que lorsqu'un défi la stimule. La mémoire n'a aucune vie en soi ; mais elle en assume une dans le présent sous le coup d'un défi. Et toute mémoire, qu'elle soit en sommeil ou active, est conditionnée. C'est donc autrement qu'il faut aborder la question, d'une autre manière, et chercher à percevoir en soi-même, intérieurement, si l'on agit sur la base d'une idée, ou s'il peut exister une action sans idéation.

AGIR SANS L'IDÉE : LA VOIE DE L'AMOUR

La pensée est toujours forcément limitée par le penseur qui est conditionné ; le penseur est toujours conditionné et n'est jamais libre ; si la pensée entre en jeu, l'idée suit immédiatement. L'idée ayant pour but l'action ne peut que susciter une confusion accrue. Sachant tout cela, est-il possible d'agir sans l'idée ? Oui, et c'est la voie de l'amour. L'amour n'est pas une idée, ce n'est pas une sensation ; ce n'est pas un souvenir ; ce n'est pas un sentiment de subordination, un système d'autoprotection. Nous ne pouvons appréhender la voie de l'amour que si nous comprenons tout le processus de l'idée. Est-il donc possible d'abandonner les autres voies et d'apprendre à connaître la voie de l'amour, qui est l'unique rédemption ? Aucune autre voie, politique ou religieuse, ne résoudra le problème. Tout cela n'a rien d'une théorie que vous aurez à méditer et à adopter dans votre existence ; non, il faut que ce soit réel, tangible...

... Quand on aime, y a-t-il la moindre idée ? N'acquiescez pas à mes propos ; examinez le problème, approfondissez-le, parce que, bien que nous ayons essayé presque toutes les voies, la souffrance reste sans réponse. Les hommes politiques ont beau promettre le bonheur ; les organismes soi-disant religieux peuvent toujours promettre le bonheur à venir ; mais pour l'instant nous ne l'avons pas, et l'avenir n'a qu'une importance toute relative, quand je suis tenaillé par la faim. Nous avons pratiquement essayé toutes les voies possibles ; et nous ne pouvons connaître la voie de l'amour que si nous connaissons la voie de l'idée, et renonçons à l'idée — et c'est cela, agir.

LE CONFLIT DES CONTRAIRES

Je me demande si le mal existe vraiment. Je vous en prie, soyez attentifs, accompagnez-moi et cherchons ensemble. Nous disons qu'il y a le bien et le mal. Qu'il y a la jalousie et l'amour — et nous disons de la jalousie que c'est le mal et de l'amour que c'est le bien. Pourquoi divisons-nous la vie, qualifiant telle chose de bonne et telle autre de mauvaise, et créant par là même le conflit des contraires ? Cela ne veut pas dire que la jalousie, la haine, la brutalité ne soient pas présentes dans l'esprit et le cœur de l'homme, et qu'il n'y ait pas absence de compassion, d'amour ; mais pourquoi divisons-nous la vie en deux : une chose qu'on appelle le bien et une autre le mal ? N'y a-t-il pas en réalité une seule et même chose — à savoir un esprit inattentif ? Sans nul doute, lorsque l'attention est totale, c'est-à-dire quand l'esprit est tout à fait conscient, alerte, vigilant, il n'y a ni bien ni mal — rien qu'un état de veille. Le bien, alors, n'est pas une qualité, n'est pas une vertu : c'est un état d'amour. Lorsqu'il y a l'amour, il n'y a ni bien ni mal : il n'y a que l'amour. Quand vous aimez vraiment quelqu'un, vous ne pensez pas au bien ni au mal, votre être tout entier est plein de cet amour. Ce n'est qu'au moment de la rupture de cette attention complète, quand cesse l'amour, que survient le conflit entre ce que je suis et ce que je devrais être. Alors, ce que je suis est le mal et ce que je devrais être est le prétendu bien.

... Observez votre propre esprit et vous verrez que, dès qu'il cesse de penser en termes de devenir, il y a une cessation de l'action, qui n'est pas une stagnation : c'est un état d'attention totale — et c'est cela, le bien.

AU-DELÀ DE LA DUALITÉ

N'êtes-vous pas conscient de la dualité ? Ses effets, la douleur terrible qu'elle nous inflige, ne sont-ils pas évidents ? Mais qui en est responsable sinon nous-mêmes ? De même que nous avons créé le bien, si modeste soit-il, nous avons créé le mal, si immense soit-il. Le bien et le mal font partie de nous et sont en même temps indépendants de nous. Lorsque nous pensons ou ressentons les choses avec étroitesse, avec envie, avidité et haine, nous ne faisons qu'ajouter au mal qui se retourne contre nous et nous déchire. Ce problème du bien et du mal, ce problème conflictuel, ne nous quitte jamais car c'est nous qui le créons. Il est devenu une part de nous-même, ce duel entre envie et refus, entre amour et haine, entre désir et renoncement. Nous suscitons sans cesse cette dualité, dans laquelle sont piégées nos facultés de pensée-perception. Cette faculté du penser-ressentir ne peut dépasser et transcender le bien et son contraire que lorsqu'elle en comprend la cause — qui est le désir poussé à l'extrême. C'est en comprenant le mérite et le démérite que l'on se libère de l'un et de l'autre. Les contraires ne peuvent fusionner, il faut les transcender en passant par la dissolution du désir. Il faut examiner, sonder de fond en comble chacun des contraires, aussi largement et profondément que possible, et à tous les niveaux de notre conscience. Cette perception, cet examen exhaustifs font éclore une nouvelle compréhension, qui n'est pas le produit du désir ou du temps.

Le mal existe dans le monde, et nous y contribuons, comme nous contribuons au bien. Les hommes s'unissent, semble-t-il, plus volontiers dans la haine que dans l'amour. Le sage appréhende la cause du bien et du mal, et grâce à cette compréhension, il libère ses capacités de pensée-perception de cette dualité.

LE MAL PEUT-IL ÊTRE JUSTIFIÉ?

De toute évidence, la crise qui affecte le monde entier à l'heure actuelle est exceptionnelle et sans précédent. L'histoire a connu, à différentes époques, des crises diverses — d'ordre social, national, politique. Les crises vont et viennent : les récessions économiques, les dépressions surviennent, subissent des mutations et continuent sous une forme différente. Cela, nous le savons et ce processus nous est familier. Mais assurément, la crise actuelle est différente, ne croyez-vous pas? Différente tout d'abord parce que nous ne touchons pas là à des questions financières ou matérielles, mais à un problème d'idées. La crise est exceptionnelle parce qu'elle se situe dans le domaine du mouvement des idées. Nous nous battons à coups d'idées, nous justifions le meurtre ; partout dans le monde nous justifions le meurtre en tant que moyen de réaliser une juste cause, ce qui est en soi-même sans précédent. Auparavant, le mal, le meurtre, étaient reconnus pour ce qu'ils étaient, mais aujourd'hui le meurtre est un moyen de réaliser de nobles objectifs. On justifie le meurtre, qu'il s'applique à un individu ou à un groupe, parce que le meurtrier le présente, le justifie comme étant le moyen de réaliser une fin qui sera bénéfique à l'humanité. Autrement dit, nous sacrifions le présent sur l'autel de l'avenir — et peu importent les moyens, dès l'instant où notre but déclaré est d'obtenir un résultat prétendument bénéfique pour l'humanité. Cela implique par conséquent qu'une juste fin puisse être atteinte par des moyens pervers, que l'on justifie grâce à un système d'idées... Nous élaborons de splendides édifices idéologiques afin de justifier le mal, et c'est une situation sans précédent. Le mal, c'est le mal, et il ne peut apporter rien de bon. La guerre n'est pas la voie vers la paix.

LE BIEN EST SANS MOTIF

Si, pour être bon, il me faut un motif, cela engendre-t-il le bien ? Ou le bien est-il une chose totalement dénuée de ce désir d'être bon, qui est toujours fondé sur un motif ? Le bien est-il le contraire de ce qui est mauvais, l'opposé du mal ? N'est-il pas vrai que tout contraire porte en lui-même le germe de son propre contraire ? Il y a d'une part l'avidité et de l'autre l'idéal opposé, la non-avidité. Lorsque l'esprit est à la poursuite de cet idéal, et s'efforce de ne pas être avide, il l'est cependant, puisqu'il a envie de quelque chose. L'avidité implique le désir, la volonté d'acquisition, d'expansion, et quand l'esprit s'aperçoit que l'avidité ne paie pas, il veut cesser d'être avide — donc le motif est toujours le même, à savoir être ou acquérir quelque chose. Quand l'esprit cherche à ne pas désirer, la racine du désir, du besoin, est toujours là. Le bien n'est donc pas l'opposé du mal, c'est un état totalement autre. Et quel est cet état ?

De toute évidence, le bien est sans motif, parce que tout motif est fondé sur l'ego : c'est le mouvement égocentrique de l'esprit. Alors, qu'entendons-nous donc par le « bien » ? Il ne fait aucun doute que le bien n'est présent que lorsqu'il y a attention totale. Or l'attention est gratuite, sans motif. Lorsque l'attention obéit à un mobile, est-ce encore l'attention ? Si je fais attention dans le but d'acquérir quelque chose, l'acquisition, qu'elle soit bonne ou mauvaise, n'est pas de l'attention — c'est de la distraction. C'est une division. Le bien ne peut être que lorsqu'il y a une attention d'une intégralité totale, où il n'est plus aucun effort pour être ou ne pas être.

L'ÉVOLUTION DE L'HOMME

Faut-il connaître l'ivresse pour connaître la sobriété? Faut-il passer par la haine pour savoir ce qu'est la compassion? Faut-il subir des guerres, se détruire et détruire autrui, pour savoir ce qu'est la paix? Ce mode de raisonnement est à l'évidence totalement faux. Vous partez du principe qu'il y a une évolution, un développement, un mouvement du mal vers le bien, et ensuite vous figez votre pensée dans ce schéma. Bien sûr, le développement physique existe — la petite plante devenant un grand arbre — et aussi le progrès technique, qui voit au fil des siècles l'évolution de la roue jusqu'à l'avion à réaction. Mais existe-t-il un progrès, une évolution sur le plan psychologique? C'est cela, l'objet de notre discussion — savoir s'il y a une progression, une évolution du « moi », commençant par le mal pour finir par le bien. Le « moi », qui est le centre du mal, peut-il jamais devenir noble et bon, grâce à un processus d'évolution, grâce au temps? Non, c'est évident. Ce qui est mauvais, le « moi » psychologique, restera toujours mauvais. Mais nous refusons d'admettre ce fait. Nous croyons que, grâce à un processus temporel de progrès et de changement, le « je » finira par devenir parfait, avec le temps. Tel est notre espoir, tel est notre plus cher désir — qu'avec le temps, le « je » atteigne la perfection. Mais qu'est-ce que ce « je », ce « moi »? C'est un nom, une forme, un paquet de souvenirs, d'espoirs, de frustrations, de désirs, de souffrances, de joies éphémères. Nous voulons que ce « moi » se perpétue jusqu'à devenir parfait, et nous disons donc qu'au-delà du « moi » existe un « super-moi », un être supérieur, une entité spirituelle qui est éternelle — mais puisque c'est notre pensée qui a conçu cette entité, elle demeure dans le champ du temps, n'est-ce pas? Si notre pensée peut concevoir cette entité, c'est évidemment qu'elle est enclose dans les limites de notre champ de raisonnement.

27 février

UN ESPRIT LIBÉRÉ DE TOUTE OCCUPATION

L'esprit peut-il être libéré du passé, libéré de toute pensée — et non des bonnes ou des mauvaises pensées ? Comment le savoir ? Je ne peux le découvrir qu'en regardant ce à quoi mon esprit est occupé. Si c'est le bien ou le mal qui occupent mon esprit, alors c'est qu'il ne s'intéresse qu'au passé, que seul le passé l'occupe. Il n'est pas libéré de ce passé. Il est donc essentiel de découvrir comment s'occupe l'esprit. Si notre esprit est occupé, c'est toujours par le passé, car notre conscience tout entière n'est autre que le passé. Le passé ne se situe pas seulement à la surface, mais au niveau le plus profond, et les tensions ancrées dans l'inconscient sont aussi le passé...

L'esprit peut-il se délivrer de toute occupation ? Autrement dit, l'esprit peut-il rester totalement inoccupé, et laisser défiler les souvenirs et les pensées, bonnes et mauvaises, sans rien choisir ? Qu'une seule pensée — bonne ou mauvaise — occupe l'esprit, et il s'investit instantanément dans le passé... Si vous écoutez vraiment — pas seulement au niveau des mots, mais d'une manière vraiment profonde —, alors vous verrez qu'il est une stabilité qui ne relève point de l'esprit, et qui est la libération de tout ce qui touche au passé.

Le passé ne peut cependant jamais être éliminé. Mais ce passé défile sous notre regard, sans devenir un sujet de préoccupation. L'esprit, plutôt que de choisir, est donc libre d'observer. Quand le choix intervient, dans ce mouvement du fleuve de la mémoire, l'occupation renaît ; et dès que l'esprit est occupé, il redevient prisonnier du passé, et incapable de voir cette chose qui est réelle, vraie, neuve, originale, intacte.

PENSER ENGENDRE L'EFFORT

« Comment puis-je rester libre de toute mauvaise pensée et de toute pensée vagabonde ? » Mais le penseur existe-t-il isolément de la pensée, isolément du mal, des pensées qui s'égarent ? Je vous en prie, observez votre propre esprit. Selon nous, il y a le *je*, le *moi* qui dit : « Tiens, voilà une pensée vagabonde », ou : « C'est mal », ou : « Je dois contrôler cette pensée », ou encore : « Je dois garder cette pensée. » Nous connaissons bien tout cela. Mais celui qui est ce *je*, le penseur, celui qui tranche, qui juge, le censeur, est-il distinct de tout le reste ? Le *je* est-il distinct de la pensée, est-il différent de la pensée, de l'envie, du mal ? Ce *je* qui se prétend distinct du mal essaye sans cesse de me dominer, veut m'éliminer de la scène, cherche à devenir quelque chose. D'où cette lutte, ces efforts pour chasser les pensées, pour ne pas s'égarer.

C'est nous qui, par le processus même de la pensée, avons créé ce problème de l'effort. Est-ce que vous suivez ? Alors, vous engendrez la discipline, la prise de contrôle de la pensée — le *je* contrôlant telle pensée qui n'est pas jugée bonne, le *je* s'efforçant de devenir non violent et sans jalousie, le *je* qui veut être ceci, être cela. Vous avez ainsi donné naissance à ce processus même de l'effort, où il y a d'une part le *je*, et de l'autre la chose que ce *je* s'efforce de contrôler. Telle est la réalité de notre existence quotidienne.

Mars

LA DÉPENDANCE

L'ATTACHEMENT

LA RELATION

LA PEUR

L'ESPRIT LIBRE EST HUMBLE

Avez-vous déjà examiné la question de la dépendance psychologique? Si vous l'approfondissez vraiment, vous constaterez que nous sommes presque tous terriblement seuls. Nous avons le plus souvent un esprit tellement superficiel et vide! Nous ignorons le plus souvent ce que signifie l'amour. C'est cette solitude, cette insuffisance, cette privation de vie, qui nous incite à nous attacher à quelque chose; nous sommes attachés à la famille; nous dépendons d'elle. Et lorsque notre mari ou notre femme se détourne de nous, nous sommes jaloux. La jalousie n'est pas l'amour; mais l'amour devient respectable quand la société le légitime dans la famille. C'est encore une autre forme de défense, une nouvelle fuite face à nous-mêmes. Toute forme de résistance engendre une dépendance. Et l'esprit qui est dépendant ne peut jamais être libre.

Il faut que vous soyez libres, car vous verrez qu'un esprit qui est libre a en lui l'essence de l'humilité. Cet esprit-là, qui est libre et par conséquent plein d'humilité, est capable d'apprendre, contrairement à l'esprit qui résiste. Apprendre est une chose extraordinaire — apprendre, et non accumuler des connaissances. L'accumulation du savoir est une tout autre affaire. Ce que nous appelons le savoir est relativement facile, car c'est un mouvement qui va du connu vers le connu. Mais apprendre est un mouvement du connu vers l'inconnu — c'est seulement ainsi que l'on apprend, n'est-ce pas?

UNE DÉPENDANCE JAMAIS REMISE EN CAUSE

Pourquoi sommes-nous dépendants? Psychologiquement, intérieurement, nous sommes dépendants d'une croyance, d'une philosophie; nous attendons d'autrui des directives pour notre conduite; nous cherchons des maîtres qui nous offriront un mode de vie capable de nous conduire à quelque espoir, à quelque bonheur. Nous sommes donc toujours à la recherche d'une forme de dépendance, de sécurité. Est-il possible que l'esprit puisse jamais se libérer de ce sentiment de dépendance? Ce qui ne signifie pas que l'esprit doive atteindre à l'indépendance — qui n'est qu'une réaction par rapport à la dépendance. Nous ne parlons pas ici d'indépendance, de liberté par rapport à un état particulier. Si nous parvenons à explorer — mais sans chercher, par manière de réflexe, à nous libérer d'un quelconque état de dépendance —, alors nous pourrons creuser la question beaucoup plus profond... Nous admettons la nécessité de la dépendance; nous la disons inéluctable. Mais jamais nous n'avons remis en cause l'ensemble du problème, jamais nous ne nous demandons pourquoi chacun d'entre nous est en quête d'une certaine forme de dépendance. N'est-ce pas parce qu'il y a au plus profond de nous cette exigence réelle de sécurité, de permanence? Plongés dans un état de confusion, nous voulons que quelqu'un d'extérieur nous tire de cet état. Nous cherchons donc sans cesse le moyen de fuir ou d'éviter l'état dans lequel nous nous trouvons. Ce processus d'évitement nous amène immanquablement à susciter une forme de dépendance, qui devient l'autorité qui nous gouverne. Si, pour notre sécurité, notre bien-être intérieur, c'est de quelqu'un d'autre que nous dépendons, cette dépendance est source d'innombrables problèmes que nous nous efforçons alors de résoudre, et qui sont liés à l'attachement.

Mais jamais nous ne remettons fondamentalement en question le problème de la dépendance en soi. Si nous parvenons à explorer le cœur de ce problème, de manière intelligente et pleinement lucide, alors peut-être découvrirons-nous que la dépendance n'est pas du tout le vrai problème — ce n'est qu'un moyen de fuir une réalité plus profonde.

3 mars

LES CAUSES PROFONDES DE LA DÉPENDANCE

Nous savons que nous sommes dépendants — de notre relation aux autres ou d'une idée, d'un système de pensée. Pourquoi cette dépendance ?

... En réalité, je ne crois pas que la dépendance soit le vrai problème : je crois que ce sont des facteurs beaucoup plus profonds qui font de nous des êtres dépendants. Et si nous savons démêler ces causes, alors la dépendance et la lutte pour s'en libérer ne compteront plus guère ; alors tous les problèmes issus de cette dépendance s'évanouiront. Quel est donc le problème fondamental ? Est-ce la haine et la crainte qui hantent l'esprit à l'idée d'être seul ? Mais cet état qu'il essaye d'éviter, l'esprit le connaît-il ? Tant que la solitude n'est pas réellement comprise, ressentie, pénétrée, dissipée — peu importe le terme —, tant que persiste ce sentiment de solitude, la dépendance est inévitable, et on ne peut jamais être libre ; on ne peut jamais découvrir par soi-même ce qu'est la vérité, ce qu'est la religion.

UNE CONSCIENCE PLUS PROFONDE

La dépendance déclenche un double mouvement de distance et d'attachement, un conflit perpétuel et sans issue, s'il n'est pas compris. Il faut que vous preniez conscience du processus d'attachement et de dépendance, mais sans condamnation ni jugement; alors vous percevrez la signification de ce conflit des contraires. Si vous devenez intensément perceptif, et si vous attelez consciemment votre pensée à la compréhension de la pleine signification du besoin et de la dépendance, votre esprit conscient sera ouvert et lucide à ce sujet; alors le subconscient, avec ses mobiles cachés, ses exigences et ses intentions occultes, se projettera dans le conscient. C'est alors le moment où il faut étudier et comprendre tous les messages de votre inconscient. Si vous le faites de manière assidue, si vous prenez conscience des projections du subconscient après que l'esprit conscient a élucidé le problème le plus clairement possible, alors, même si votre attention est occupée ailleurs, le conscient et le subconscient résoudront ce problème de la dépendance, ou tout autre problème. Ainsi s'installe une conscience permanente, qui, avec patience et douceur, apportera l'intégration; et pour peu que votre santé et votre alimentation soient correctes, cela vous apportera en retour la plénitude totale.

LA RELATION

Toute relation fondée sur des besoins réciproques n'aboutit qu'au conflit. Quelle que soit notre inter-dépendance, nous nous utilisons réciproquement en vue de certaines fins, de certains but. Si elle vise une fin, la relation n'est pas. Vous pouvez m'utiliser, et je peux, moi aussi, vous utiliser. Mais dans cette utili-sation mutuelle, nous perdons contact. Une société fondée sur l'exploitation mutuelle est le fondement de la violence. Lorsque nous utilisons autrui, nous n'avons d'autre image en tête que le but à atteindre. Cette finalité, ce gain, font obstacle à toute relation, à toute communion. Dans l'utilisation de l'autre, si gratifiante et si rassurante soit-elle, il entre toujours de la peur. Pour éviter cette peur, il nous faut possé-der. Cette possession suscite la jalousie, la défiance, et les conflits perpétuels. Une telle relation ne peut jamais apporter le bonheur.

Une société dont les structures sont fondées sur le seul besoin — qu'il soit d'ordre physiologique ou psychologique — ne peut engendrer que conflits, confusion et malheur. La société est le reflet de votre rapport à l'autre, où prédominent le besoin et l'utili-sation. Lorsque vous utilisez l'autre à votre profit — physique ou psychologique —, en réalité il n'y a pas de relation; entre vous lui, il n'existe en fait aucun contact, aucune communion. Comment pouvez-vous communier avec autrui si vous vous servez de lui comme d'un meuble, à votre convenance et pour votre confort ? Il est donc essentiel de comprendre le sens de la relation dans la vie quotidienne.

LE « MOI » EST LA POSSESSION

La renonciation, le sacrifice de soi, ce n'est pas un geste de noblesse digne d'éloge et d'exemple. Nous possédons, parce que sans possession nous ne sommes rien. Les possessions sont multiples et variées. Celui qui ne possède pas de biens matériels peut être attaché au savoir, aux idées, un autre peut être attaché à la vertu, un autre à l'expérience, un autre au nom et à la renommée, et ainsi de suite. Sans possessions, le « moi » n'est pas ; le « moi » *est* la possession, le mobilier, la vertu, le nom. Dans sa peur de n'être rien, l'esprit est attaché au nom, au mobilier, à la valeur ; et il y renoncera afin d'accéder à un niveau supérieur, le plus haut étant le plus gratifiant, le plus permanent. La peur de l'incertitude, la peur de n'être rien, conduit à l'attachement, à la possession. Lorsque la possession est insatisfaisante, ou devient douloureuse, nous y renonçons au profit d'un attachement plus agréable. La possession ultime, la plus gratifiante, est le mot *Dieu*, ou son substitut, l'État.

... Tant que vous ne voulez pas être rien, ce qu'en fait vous êtes, vous engendrerez immanquablement la souffrance et l'antagonisme. Accepter de n'être rien n'est pas affaire de renonciation, d'obligation intérieure ou extérieure, mais de voir la vérité de *ce qui est*. Voir la vérité de *ce qui est* libère de la peur de l'insécurité, cette peur qui engendre l'attachement et conduit à l'illusion du détachement, du renoncement. L'amour de *ce qui est* est le commencement de la sagesse. L'amour seul partage, seul il peut communier ; mais le renoncement et le sacrifice de soi sont les voies de l'isolement et de l'illusion.

L'EXPLOITEUR EXPLOITÉ

La plupart d'entre nous étant à la recherche du pouvoir sous une forme ou sous une autre, ainsi s'instaure un principe hiérarchique, avec le novice et l'initié, l'élève et le maître, et même parmi les maîtres il y a des degrés dans l'avancement spirituel. Nous aimons généralement exploiter et être exploités, et ce système en donne les moyens, qu'ils soient secrets ou qu'ils s'étalent au grand jour. Exploiter c'est être exploité. Le désir d'utiliser les autres pour ses propres fins psychologiques mène à la dépendance, et lorsque vous dépendez, vous devez posséder, détenir; et ce que vous possédez vous possède. Sans une dépendance, subtile ou grossière, si vous ne possédez pas des choses, des gens et des idées, vous êtes vide, vous êtes une chose sans importance. Vous voulez être quelque chose, et pour échapper à cette peur de n'être rien, qui vous ronge, vous appartenez à telle ou telle organisation, telle ou telle idéologie, telle Église ou tel temple, vous êtes donc exploité et à votre tour vous exploitez.

LA CULTURE DU DÉTACHEMENT

Le détachement n'existe pas : seul existe l'attachement. L'esprit invente le détachement par réaction face à la douleur de l'attachement. Lorsque vous réagissez à l'attachement en devenant « détaché », c'est que vous êtes attaché à quelque chose d'autre. Tout ce processus est donc celui de l'attachement. Vous tenez à votre femme ou à votre mari, à vos enfants, à des idées, à la tradition, à l'autorité, et ainsi de suite ; et votre réaction contre cet attachement est le détachement. Cette culture du détachement est l'aboutissement de la souffrance, de la douleur. Vous voulez échapper à la douleur de l'attachement, et votre fuite consiste à trouver quelque chose à quoi vous croyez pouvoir vous attacher. Il n'y a donc rien d'autre que l'attachement, et seul un esprit stupide cultive le détachement. Toutes les écritures disent : « Soyez détachés », mais quelle est la vérité en la matière ? Si vous observez votre propre esprit, vous verrez une chose extraordinaire — qu'en cultivant le détachement, votre esprit finit par se trouver un autre objet d'attachement.

9 mars

L'ATTACHEMENT EST L'ILLUSION DU MOI

Nous *sommes* les choses que nous possédons, nous *sommes* ce à quoi nous tenons. Il n'y a aucune noblesse dans l'attachement. L'attachement au savoir ne diffère en rien de toute autre forme de dépendance agréable. Dans l'attachement, le moi s'absorbe en lui-même, que ce soit au niveau le plus bas ou le plus élevé. L'attachement est l'illusion du moi, une tentative pour fuir le vide du moi. Les choses auxquelles nous sommes attachés — biens, personnes, idées — deviennent de la plus haute importance, car, privé des multiples choses qui comblent sa vacuité, le moi n'existe pas. La peur de n'être rien incite à posséder, et la peur engendre l'illusion, l'asservissement aux conclusions. Les conclusions, matérielles ou idéologiques, font obstacle à l'épanouissement de l'intelligence, à cette liberté sans laquelle la réalité ne peut pas se faire jour ; et sans cette liberté, l'habileté passe pour de l'intelligence. Les voies de l'habileté sont toujours complexes et destructrices. C'est cette habileté, protectrice du moi, qui conduit à l'attachement; et lorsque l'attachement cause la souffrance, c'est cette même habileté qui recherche le détachement et jouit de l'orgueil et de la vanité de la renonciation. La compréhension des voies de l'habileté, des voies de l'ego, est le commencement de l'intelligence.

10 mars

AFFRONTEZ LE FAIT, POUR VOIR...

Nous avons tous fait l'expérience de cette immense solitude, où tout — les livres, la religion, tout — se dérobe, et où nous sommes, au plus profond de nous, immensément seuls et vides. Nous sommes généralement incapables de faire face à ce vide, à cette solitude, et nous les fuyons. La dépendance est l'une des choses dans lesquelles nous trouvons un refuge, bientôt indispensable, parce que nous ne supportons pas d'être seuls face à nous-mêmes. Il nous faut la radio, des livres, des conversations, des bavardages incessants sur ceci ou cela, sur l'art et la culture. Nous en arrivons ainsi à ce point où nous avons la connaissance intime de cet extraordinaire sentiment d'isolement de soi. Nous pouvons avoir un très bon emploi, travailler avec acharnement, écrire des livres, et pourtant cet énorme vide est là, au fond de nous. Nous voulons le combler, et la dépendance est l'un des moyens. La dépendance, les distractions, les bonnes œuvres, les religions, l'alcool, les femmes sont pour nous autant de moyens parmi tant d'autres de masquer, de combler ce vide. Si nous voyons qu'il est tout à fait futile de vouloir le masquer, si nous en constatons toute la futilité, si — au lieu de nous en tenir à des mots, à des convictions, et donc à des préjugés, à des opinions toutes faites — nous voyons l'absurdité totale de tout cela... alors nous sommes confrontés à un véritable fait. La question n'est pas de savoir comment se délivrer de la dépendance, car, loin d'être un fait, elle n'est que la réaction à un fait... Pourquoi ne pas affronter le fait, pour voir ce qui se passe?

C'est là que se pose le problème de l'observateur et de la chose observée. L'observateur dit : « Je suis vide ; cela ne me plaît pas », et il prend la fuite. L'observateur dit : « Je suis distinct du vide ». Or, l'observateur est le vide, il n'est plus question d'un vide vu par un observateur. L'observateur est la chose observée. Lorsque cet événement se produit, il s'opère dans la pensée, dans la perception, une formidable révolution.

11mars

L'ATTACHEMENT EST UNE FUITE

Essayez de prendre conscience de votre conditionnement. Vous ne pouvez en avoir qu'une connaissance indirecte, en relation avec quelque chose d'autre. Vous ne pouvez pas avoir de ce conditionnement une conscience abstraite, car ce ne serait que verbal et sans grande signification. Nous n'avons conscience que du conflit. Le conflit existe lorsqu'il n'y a pas intégration entre le défi et la réponse au défi. Ce conflit est le résultat de notre conditionnement. Le conditionnement, c'est l'attachement — à notre travail, à la tradition, à la propriété, aux personnes, aux idées et ainsi de suite. Sans l'attachement, notre conditionnement existerait-il? Certainement pas. Pourquoi donc sommes-nous attachés? Je suis attaché à mon pays parce qu'en m'identifiant à lui je deviens quelqu'un. Je m'identifie à mon travail, et ce travail devient important. Je *suis* ma famille, ma propriété; je leur suis attaché. L'objet d'attachement me permet d'échapper à mon propre vide. L'attachement est une fuite, et c'est la fuite qui renforce le conditionnement.

12 mars

ÊTRE SEUL

Être seul — ce qui n'a rien à voir avec une philosophie de la solitude — c'est de toute évidence être dans une situation révolutionnaire, en opposition avec tout l'édifice social — non seulement celui de notre société, mais des sociétés communistes, fascistes, de tous les types de société en tant que systèmes organisés de violence et de pouvoir. Et cela implique une extraordinaire perception des effets du pouvoir. Vous, par exemple, avez-vous remarqué ces soldats à l'entraînement? Ils n'ont plus rien d'humain, ce sont des machines, ce sont vos fils, ce sont mes fils, qui sont là, au garde-à-vous, en plein soleil. C'est ainsi que les choses se passent, en Amérique, en Russie et partout — et non seulement au niveau politique, mais aussi au niveau religieux —, on appartient à un monastère, à des ordres, à des groupes qui exercent un pouvoir stupéfiant. Or l'unique esprit capable d'être seul est celui qui n'est pas assujetti. Et la solitude ne se cultive pas. Est-ce que vous voyez bien cela? Lorsque vous l'avez vu, alors vous êtes voué à l'exclusion, et pas un gouverneur, pas un président ne vous conviera à sa table. Cette solitude est source d'humilité. C'est cette solitude, et non le pouvoir, qui connaît l'amour. L'ambitieux, qu'il soit un homme de religion ou un homme ordinaire, ne saura jamais ce qu'est l'amour. Et si l'on voit bien tout cela, on a alors cette qualité d'existence totale, et donc d'action totale. Tout cela advient grâce à la connaissance de soi.

13 mars

LE DÉSIR EST TOUJOURS LE DÉSIR

C'est pour éviter de souffrir que nous cultivons le détachement. Sachant d'avance que l'attachement aboutit tôt ou tard à la souffrance, nous voulons atteindre au détachement. Certes, il est agréable, mais lorsque la douleur qui lui est liée se fait sensible, nous recherchons une autre forme de gratification, par la voie du détachement. Le détachement est identique à l'attachement, puisqu'il est source de satisfaction. Nous sommes donc en fait en quête de satisfaction : nous brûlons d'être satisfaits, par n'importe quels moyens.

Nous sommes dépendants ou attachés parce que cela nous donne un plaisir, une sécurité, un pouvoir, une sensation de bien-être, même s'ils sont mêlés de souffrance et de peur. C'est aussi par plaisir que nous recherchons le détachement, pour ne pas avoir mal, pour éviter les blessures intérieures. Le but de notre quête est le plaisir, la satisfaction. Nous devons essayer de comprendre ce processus sans rien justifier ni condamner; car si nous ne le comprenons pas, notre confusion et nos contradictions seront sans issue. Le désir peut-il jamais être satisfait, ou n'est-ce qu'un puits sans fond? Que notre désir s'attache à des choses basses ou nobles, le désir, le brasier du désir est toujours le même, et de ce qu'il consume il ne reste bientôt plus que cendres; mais le désir de gratification demeure, toujours aussi ardent, et continue, sans fin, de tout consumer. L'attachement et le détachement sont un seul et même joug et ils doivent tous deux être transcendés.

UNE INTENSITÉ LIBRE DE TOUT ATTACHEMENT

Dans l'état de passion spontanée, sans cause, il est une intensité libre de tout attachement; mais dès lors que la passion a une cause, il y a attachement et l'attachement est le commencement de la souffrance. Nous sommes presque tous liés par un attachement; nous nous agrippons à une personne, à un pays, à une croyance, à une idée, et quand l'objet de notre attachement nous est ôté, ou lorsqu'il perd, pour quelque raison que ce soit, de son importance, nous nous retrouvons vides, incomplets. Et ce vide, nous essayons de le combler en nous agrippant à quelque chose d'autre qui devient le nouvel objet de notre passion.

15 mars

TOUTE RELATION EST UN MIROIR

De toute évidence, ce n'est que dans la relation que se révèle le mécanisme de ce que je suis — ne croyezvous pas? Toute relation est un miroir dans lequel je me vois tel que je suis; mais comme nous n'aimons généralement guère ce que nous sommes, nous commençons à réformer, dans un sens positif ou négatif, ce que nous percevons dans le miroir de la relation. Par exemple, je découvre, dans une relation, dans la façon dont elle se déroule, quelque chose qui ne me plaît pas. Alors je commence à changer ce que je n'aime pas, ce qui m'apparaît déplaisant. Je veux le modifier — ce qui signifie que je me suis déjà forgé un modèle de ce que je devrais être. Dès l'instant où il y a un schéma préétabli de ce que je devrais être, il n'y a plus aucune compréhension de ce que je suis. Dès que j'ai une image de ce que je veux être, ou de ce que je devrais être, ou ne pas être — une norme selon laquelle je veux me modifier — alors, assurément, toute compréhension de ce que je suis au moment de la relation devient impossible.

Je crois qu'il est vraiment important de comprendre cela, car je crois que c'est là que nous faisons le plus souvent fausse route. Nous ne voulons pas savoir ce que nous sommes réellement à un point donné de la relation. Si notre seule préoccupation est le perfectionnement du moi, cela exclut toute compréhension de nous-mêmes, de *ce qui est*.

16 mars

LA FONCTION DE LA RELATION

Toute relation est inévitablement douloureuse, ce dont notre existence quotidienne donne ample témoignage. Une relation où n'entre aucune tension cesse d'en être une, elle n'est plus qu'une drogue, un soporifique qui endort confortablement — et c'est ce qui convient le mieux à la plupart d'entre nous. Il y a conflit entre ce désir intense de réconfort et la situation effective, entre l'illusion et le fait. Si vous reconnaissez l'illusion, alors vous pouvez, en la dissipant, consacrer toute votre attention à la compréhension de la relation. Mais si vous recherchez la sécurité dans la relation, celle-ci devient un investissement de confort, un capital d'illusion — alors que c'est l'absence même de sécurité de toute relation qui en fait la grandeur. En recherchant une sécurité dans la relation, c'est la fonction même de la relation que vous entravez — attitude qui a ses propres conséquences et engendre ses propres malheurs.

Il ne fait aucun doute que la fonction de toute relation est de révéler l'état de notre moi tout entier. La relation est un processus de révélation et de connaissance de soi. Ce dévoilement de soi est douloureux, il exige des ajustements constants, une souplesse permanente de notre système intellectuel et émotionnel. C'est une lutte difficile, avec des périodes de paix lumineuse...

Mais en général nous cherchons à éviter ou éliminer la tension dans la relation, lui préférant la facilité et le confort d'une dépendance béate, d'une sécurité incontestée, d'un havre sûr. Alors la famille et les autres relations deviennent un refuge, le refuge des êtres inconséquents.

Dès que l'insécurité s'insinue au cœur de la dépendance, comme c'est inévitablement le cas, alors on laisse tomber la relation pour en nouer une autre, dans l'espoir d'y trouver une sécurité durable; mais il n'existe de sécurité dans aucune relation, et la dépendance n'engendre que la peur. Si l'on ne comprend pas ce processus de sécurité et de peur, la relation devient une entrave, un piège, une forme d'ignorance. Toute l'existence n'est alors que lutte et souffrance, et il n'y a pas d'issue, si ce n'est dans la pensée juste, qui est le fruit de la connaissance de soi.

17 mars

COMMENT PEUT-IL Y AVOIR AMOUR VÉRITABLE?

L'image que vous avez d'une personne, celle que vous avez de vos hommes politiques, du Premier ministre, de votre dieu, de votre femme, de vos enfants — c'est cette image qui est ici l'objet de notre regard. Or cette image est le fruit de toutes vos relations, de toutes vos peurs, de tous vos espoirs. Les plaisirs — sexuels ou autres — que vous avez connus avec votre femme, votre mari, la colère, les flatteries, le réconfort, et tout ce que vous apporte la vie de famille — vie ô combien mortifère — ont créé l'image que vous vous faites de votre femme, de votre mari. C'est avec cette image que vous regardez. De même, votre femme ou votre mari a sa propre image de vous. Donc, la relation entre vous et votre femme, entre vous et votre mari, entre vous et l'homme politique est en réalité une relation entre deux images. N'est-ce pas exact ? Si, c'est un fait. Comment deux images, qui sont le résultat de la pensée, du plaisir et ainsi de suite, peuvent-elles avoir de l'affection ou de l'amour ?

Toute relation entre deux individus, qu'ils soient très proches ou très éloignés l'un de l'autre, est donc une relation entre des images, des symboles, des souvenirs. Comment peut-il y avoir là amour véritable ?

18 mars

NOUS SOMMES CE QUE NOUS POSSÉDONS

Pour comprendre la relation, il faut avoir des choses une conscience passive, qui ne détruise pas la relation, mais qui, au contraire, lui insuffle un surcroît de vitalité et de sens. Il y a alors dans cette relation une possibilité d'affection réelle, une chaleur, une proximité, et il ne s'agit pas d'un simple sentiment, ni d'une simple sensation. Et si nous pouvons aborder ainsi toute chose, avoir avec toute chose cette même relation, alors nos problèmes — de propriété, de possession — se résoudront aisément. Car nous *sommes* ce que nous possédons. Celui qui possède de l'argent est l'argent. Celui qui s'identifie à sa propriété est la propriété, la maison, ou le mobilier. Il en va de même avec les idées ou les personnes : lorsqu'il y a possessivité, il n'y a pas relation. Mais, dans la plupart des cas, nous possédons parce que, sans cela, nous sommes totalement démunis. Nous sommes une coquille vide si nous ne possédons pas, si nous ne remplissons pas notre existence de meubles, de musique, de connaissances, de ceci ou cela. Cette coquille fait beaucoup de bruit, et c'est ce bruit que nous appelons la vie ; et nous nous contentons de cela. Et lorsqu'il se produit une cassure, quand tout cela se brise, alors vient la souffrance, parce que vous vous découvrez soudain tel que vous êtes — une coquille vide qui ne veut plus dire grand-chose. Donc, être conscient de tout le contenu de la relation, c'est cela, l'action, et à partir de cette action une véritable relation devient possible, et il devient possible d'en découvrir la profondeur, la signification immenses — et de savoir ce qu'est l'amour.

19 mars

ÊTRE EN RELATION

Sans relation, point d'existence : être, c'est être relié... Il semble qu'en général nous ne comprenions pas que le monde, c'est ma relation à l'autre, que l'autre soit un ou multiple. Mon problème est celui de la relation. Ce que je suis, je le projette — et, bien sûr, si je ne me comprends pas moi-même, tout mon cercle relationnel n'est qu'un cercle de confusion qui va s'élargissant. La relation prend donc une extrême importance — non les rapports qui touchent les soi-disant masses, la foule, mais ceux qui se nouent dans le cercle familial et amical, si petit soit-il —, ma relation avec ma femme, mes enfants, mon voisin. Dans un univers où pullulent de vastes organisations, de vastes mobilisations de foules et des mouvements de masse, nous craignons d'agir à une échelle réduite, nous avons peur d'être des nains défrichant leur minuscule parcelle de terrain. Nous nous disons : « Que puis-je faire à titre personnel ? Je dois absolument m'enrôler dans un mouvement de masse afin de faire des réformes. » Au contraire, la vraie révolution ne se fait pas par l'intermédiaire des mouvements de masse mais grâce à une réévaluation interne de nos relations — c'est uniquement là qu'est la vraie réforme, la révolution radicale et permanente. Nous avons peur de commencer à un niveau modeste. Le problème étant tellement vaste, nous croyons ne pouvoir l'affronter qu'avec d'immenses groupes, de grandes organisations, des mouvements de masse. Or il ne fait aucun doute que nous devons attaquer le problème au niveau le plus élémentaire, et le niveau élémentaire c'est le « vous » et le « moi ». Lorsque je me comprends, je vous comprends, et de cette compréhension naît l'amour. L'amour est le facteur manquant : nos relations manquent d'affection, de chaleur humaine ; et parce cet amour, cette tendresse, cette générosité, cette compassion sont absents de nos relations, nous fuyons dans l'action de masse, avec pour résultat toujours plus de confusion et de détresse. Nous avons le cœur rempli de plans de réformes mondiales, au lieu de nous tourner vers l'unique élément de solution — l'amour.

20 mars

LE PROBLÈME, C'EST VOUS ET MOI

Le monde n'est pas quelque chose en dehors de vous et de moi : le monde, la société, sont les relations que nous établissons, ou que nous essayons d'établir entre nous. Ainsi le problème n'est autre que vous et moi, et non le monde, car le monde est la projection de nous-mêmes, et pour le comprendre nous devons nous comprendre. Il n'est pas isolé de nous : nous *sommes* le monde, et nos problèmes sont les siens.

21 mars

VIVRE SEUL, CELA N'EXISTE PAS

Nous voulons fuir notre solitude et ses peurs paniques, c'est pourquoi nous dépendons des autres, nous tirons profit de leur compagnie, et ainsi de suite. Nous sommes maîtres d'un jeu dont les autres deviennent les pions, et quand le pion change de rôle et exige à son tour, nous sommes choqués et peinés. Si notre forteresse est solide, sans le moindre point faible, ces attaques extérieures sont pour nous sans grande conséquence. Les tendances particulières qui se font jour à mesure que l'on avance en âge doivent être comprises et corrigées tant que nous sommes encore capables de nous étudier et de nous observer avec détachement et tolérance ; c'est maintenant qu'il faut observer et comprendre nos peurs. Il faut tendre toutes nos énergies non seulement vers la compréhension des pressions et des demandes extérieures dont nous sommes responsables, mais vers la compréhension de nous-mêmes, de notre solitude, de nos peurs, de nos demandes et de nos fragilités.

Vivre seul, cela n'existe pas, car vivre c'est toujours être en relation ; mais vivre sans avoir de relations directes requiert une grande intelligence, une conscience plus vive, plus vaste, au service de la connaissance de soi. Un existence « solitaire », s'il y manque cette conscience aiguë et fluide, renforce les tendances déjà dominantes, et provoque un déséquilibre, une distorsion. C'est maintenant qu'il faut prendre conscience du jeu et des habitudes particulières de notre système de « pensée-perception » qui accompagnent le vieillissement, et c'est en les comprenant que nous nous en défaisons. Seules les richesses intérieures apportent la paix et la joie.

22 mars

SE LIBÉRER DE LA PEUR

L'esprit peut-il se vider complètement de toute peur ? La peur, quelle qu'en soit la nature, engendre l'illusion ; elle rend l'esprit terne et creux. La peur exclut évidemment toute liberté, et sans liberté il n'est point d'amour. Et nous éprouvons pratiquement tous une forme ou une autre de peur : peur du noir, peur du qu'en-dira-t-on, peur des serpents, peur de la douleur physique, peur de la vieillesse, peur de la mort. Des peurs, nous en avons à la douzaine. Est-il donc possible d'être totalement libre de toute peur ?

Nous pouvons constater les effets de la peur sur chacun d'entre nous. Elle nous corrompt de diverses manières ; elle rend notre esprit creux et vide. Il y a dans l'esprit des replis obscurs qui ne peuvent jamais être explorés et mis au jour tant que l'on a peur. Le réflexe instinctif, physique, d'autodéfense, qui nous pousse à nous tenir à distance du serpent venimeux, à nous éloigner du précipice, à ne pas tomber sous les roues du tramway, et ainsi de suite, est une réaction sensée, normale et saine. Mais ce que je mets en question, c'est l'autodéfense psychologique qui fait que nous craignons la maladie, la mort ou un ennemi. Lorsqu'on cherche à se réaliser, de quelque façon de ce soit — à travers la peinture, la musique, la relation, que sais-je encore —, la peur est toujours présente. L'essentiel est donc de prendre conscience de tout ce processus du moi, de l'observer, d'apprendre à le connaître, et non de chercher à savoir comment se débarrasser de la peur. Si votre unique but est de vous débarrasser de la peur, vous trouverez toujours un moyen, une manière de la fuir et ainsi nul ne pourra jamais être libéré de la peur.

23 mars

COMMENT VENIR À BOUT DE LA PEUR

On craint l'opinion publique, on craint de ne pas réussir, de ne pas se réaliser, de manquer une occasion; et tout cela baigne dans cet extraordinaire sentiment de culpabilité — on a fait une chose qu'il ne fallait pas faire; ce sentiment de culpabilité est présent au cœur même de nos actions; on est riche et d'autres sont pauvres et en mauvaise santé; on a de quoi manger et d'autres n'ont rien à manger. Plus l'esprit se pose de questions, plus il cherche à pénétrer, à explorer, et plus grand est le sentiment de culpabilité, d'angoisse... La peur est cet élan qui nous pousse à chercher un maître, un gourou; la peur, c'est ce vernis de respectabilité, ce à quoi nous tenons tant : être respectable. Etes-vous décidé à être assez courageux pour affronter les événements de la vie, ou allez-vous éluder la peur à grand renfort de rationalisations, ou trouver des explications qui satisferont un esprit prisonnier de la peur? Comment en venir à bout? Est-ce en allumant la radio, en lisant un livre, en allant au temple, en vous raccrochant à un dogme, à une croyance?

La peur est, en l'homme, l'énergie qui détruit. Elle flétrit l'esprit, elle gauchit la pensée, elle conduit à toutes sortes de théories extraordinairement habiles et subtiles, de superstitions, de dogmes et de croyances. Si vous voyez que la peur est destructrice, alors comment allez-vous vous y prendre pour en effacer toute trace dans votre esprit ? Vous dites que fouiller les racines de la peur vous en libérerait. Mais est-ce bien exact ? Essayer d'en découvrir les causes et d'en connaître l'origine ne suffit pas à éliminer la peur.

24 mars

LES PORTES DE LA COMPRÉHENSION

On ne peut pas faire disparaître la peur sans comprendre, sans explorer vraiment en profondeur la nature du temps, c'est-à-dire de la pensée, c'est-à-dire du mot. D'où notre question : existe-t-il une pensée en dehors du mot, existe-t-il une pensée sans le mot qui est la mémoire ? Si l'on ne voit pas quelle est la nature de l'esprit, le mouvement de l'esprit, le processus de connaissance de soi, cela n'a guère de sens que de se contenter de dire qu'il faut être libre. Il faut considérer la peur dans le contexte global de l'esprit. Et pour voir, pour explorer tout cela en profondeur, il faut de l'énergie. L'énergie ne s'acquiert pas par l'absorption de nourriture — même si cela fait partie des nécessités du corps. Mais voir — au sens où je l'entends — requiert une immense énergie ; et cette énergie se dissipe lorsque vous vous battez à coups de mots, que vous résistez, que vous condamnez, que vous êtes imbu d'opinions qui vous empêchent de regarder, de voir — toute votre énergie y passe. Donc, en accordant votre considération à cette perception, à cette observation, vous ouvrez à nouveau les portes.

LA PEUR NOUS POUSSE À OBÉIR

Pourquoi ne faisons-nous qu'obéir, suivre et imiter? Pourquoi? Parce qu'à l'intérieur de nous-mêmes, nous redoutons l'incertitude. Nous voulons des certitudes, financières, morales, nous voulons êtres approuvés, être en position de sécurité, éviter à tout prix d'être confrontés aux problèmes, à la douleur, à la souffrance, nous voulons être en lieu sûr. Donc, consciemment ou inconsciemment, la peur nous pousse à obéir au maître, au leader, au prêtre, au gouvernement. La peur nous empêche aussi de faire des choses éventuellement nuisibles pour les autres, car le châtiment nous attend. Ainsi, derrière toutes ces actions, ces envies, ces visées, se cache ce désir de certitude, ce désir d'être rassuré. Donc, si l'on ne dissout pas la peur, si l'on ne s'en délivre pas, peu importe qu'on obéisse ou qu'on soit obéi; ce qui compte, c'est de comprendre cette peur, jour après jour, et de comprendre les multiples visages de la peur. Ce n'est qu'une fois que l'on est libéré de la peur qu'apparaît cette qualité intérieure de compréhension, cette solitude dans laquelle il n'est aucune accumulation de savoir ou d'expérience, et c'est cela et cela seul qui peut apporter, dans cette quête du réel, une lucidité extraordinaire.

FACE À FACE AVEC LE FAIT

De quoi avons-nous peur? Est-ce d'un fait ou d'une *idée* concernant le fait? Est-ce la chose telle qu'elle est que nous redoutons, ou ce que nous *pen-*

sons qu'elle est ? Considérez la mort, par exemple. Avons-nous peur du fait de la mort ou de l'idée de la mort ? Le fait réel et l'idée que l'on s'en fait sont deux choses très différentes. Si j'ai peur de l'idée, du mot *mort,* je ne comprendrai jamais le fait, je ne le verrai jamais, je ne serai jamais en contact direct avec lui. Ce n'est que lorsque je suis en communion complète avec le fait que je ne le crains pas. Si je ne suis pas en communion avec lui, j'en ai peur, et je ne peux pas être en communion avec lui tant que j'ai une *idée,* une opinion, une théorie à son sujet. Je dois donc savoir très clairement si j'ai peur du mot, de l'idée, ou du fait. Si je suis libre d'affronter le fait, il n'y a rien à comprendre : le fait est là, et je peux agir. Si par contre j'ai peur du mot, c'est le mot que je dois comprendre ; je dois entrer dans tout le processus que le mot, que l'idée impliquent...

Ce qui cause la peur, ce sont mes opinions, mes idées, mes expériences, mes connaissances, mes appréhensions au sujet du fait, mais pas le fait lui-même. Tant que se déroule autour d'un fait le processus du langage, qui lui donne un nom, qui permet à la pensée de le juger à la façon d'un observateur, de le condamner, de créer une identification, la peur est inévitable. La pensée est le produit du passé, elle n'existe qu'au moyen de mots, de symboles, d'images ; et tant qu'elle commente ou traduit un fait, il y a forcément de la peur.

27 mars

AU CONTACT DE LA PEUR

Il y a la peur physique. Par exemple, quand vous voyez un serpent, un animal sauvage, la peur naît instinctivement : cette peur est normale, saine, naturelle. Ce n'est pas de la peur, c'est le désir de se protéger — qui est normal. Mais l'autoprotection d'ordre psychologique — c'est-à-dire le désir de certitude permanente — engendre la peur. Un esprit qui veut toujours être sûr de tout est un esprit mort, car il n'y a dans la vie aucune certitude, aucune permanence... Lorsqu'on entre en contact direct avec la peur, il y a une réponse du système nerveux, et ainsi de suite. Alors, lorsque l'esprit cesse de fuir dans les mots et dans des activités de tous ordres, il n'y a plus de division entre l'observateur et l'objet de son observation, qui est la peur. Seul l'esprit qui cherche à s'échapper se dissocie de la peur. Mais quand il y a réellement contact avec la peur, il n'y a pas d'observateur, d'entité qui dit : « J'ai peur. » Donc, dès l'instant où vous entrez en contact direct avec la vie, ou avec quoi que ce soit, il n'y a plus de division — c'est cette division qui engendre la compétition, l'ambition, la peur.

L'important n'est donc pas de connaître la « recette qui libère de la peur ». Si vous cherchez une voie, un moyen, un système pour vous débarrasser de la peur, vous serez à jamais prisonnier de celle-ci. Mais si vous comprenez la peur — ce qui ne peut se produire que lorsque vous entrez en contact direct avec elle, comme vous êtes en contact avec la faim, comme vous êtes directement en contact avec la peur du licenciement qui menace —, alors vous agissez efficacement ; ce n'est qu'alors que vous vous apercevrez que cesse toute peur — et nous disons bien *toute* peur, et non telle ou telle forme de peur.

28 mars

LA PEUR EST LA NON-ACCEPTATION DE *CE QUI EST*

La peur trouve des évasions de formes différentes. La plus commune est l'identification — l'identification avec un pays, avec la société, avec une idée.

N'avez-vous pas remarqué la façon dont vous réagissez lorsque vous assistez à un défilé militaire ou à une procession religieuse — ou lorsque votre pays est sous le coup d'une invasion? Vous vous identifiez à un pays, à un être, à une idéologie. En d'autres occasions, vous vous identifiez avec votre enfant, avec votre femme, avec telle ou telle forme d'action ou d'inaction. L'identification est un processus d'oubli de soi : tant que je suis conscient du « moi », je sais qu'il y a là de la souffrance, des conflits, une peur incessante. Mais si je peux m'identifier à quelque chose de grand, et de réellement valable, tel que la beauté, la vie, la vérité, la croyance, le savoir, ne serait-ce que temporairement, j'échappe au « moi », n'est-ce pas? Si je parle de « mon pays » je m'oublie pour un temps. Si je parle de Dieu, je m'oublie. Si je peux m'identifier avec ma famille, avec un groupe, un parti, une idéologie, je jouis d'une évasion temporaire...

Savez-vous maintenant ce qu'est la peur? N'est-ce point la non-acceptation de *ce qui est*? Il nous faut comprendre le mot *acceptation*. Je ne l'emploie pas dans le sens d'un effort que l'on peut faire pour accepter. La question d'accepter ou non *ce qui est* ne se pose pas si je le perçois clairement. C'est lorsque je ne le vois pas clairement que je fais intervenir le processus d'acceptation. La peur est donc la non-acceptation de *ce qui est*.

29 mars

CE DÉSORDRE QUE CRÉE LE TEMPS

Le temps signifie partir de *ce qui est* pour aller vers « ce qui devrait être ». J'ai peur, mais un jour je serai libéré de la peur ; le temps est donc nécessaire à cette libération — du moins, nous le croyons. Passer de *ce qui est* à « ce qui devrait être » implique le temps. Or, le temps sous-entend qu'un effort a lieu dans l'intervalle séparant ce qui est de « ce qui devrait être ». La peur me déplaît, et je vais faire un effort pour la comprendre, l'analyser, la disséquer, ou en découvrir la cause, ou encore la fuir totalement. Tout cela suppose un effort — et nous sommes habitués aux efforts. Nous sommes toujours pris dans un conflit entre *ce qui est* et « ce qui devrait être ». « Ce qui devrait être » n'est autre qu'une idée ; or cette idée est fictive, elle ne coïncide pas avec « ce que je suis », qui est le fait ; et « ce que je suis » ne peut se modifier que si je comprends le désordre que suscite le temps.

... Alors, m'est-il possible de me débarrasser de la peur d'une manière totale, radicale et instantanée ? Si je laisse persister la peur, je vais susciter un désordre perpétuel ; on voit donc que le temps est un élément de désordre, et non un moyen de se délivrer définitivement de la peur. Il n'existe donc pas de processus graduel permettant de se débarrasser de la peur, pas plus qu'il n'existe de processus graduel pour se débarrasser du poison du nationalisme. Si l'on est nationaliste, tout en annonçant l'avènement final de la fraternité universelle, dans l'intervalle il y a des guerres, il y a des haines, il y a la détresse, il y a cette abominable division entre les hommes ; en conclusion, le temps crée le désordre.

30 mars

QUEL REGARD AI-JE SUR LA COLÈRE ?

Le regard que je porte sur la colère est évidemment celui de l'observateur en colère. Je dis : « Je suis en colère ». Dans le feu de la colère, il n'y a pas de « je » ; le « je » se manifeste tout de suite après — ce qui implique le temps. Puis-je regarder le fait sans qu'intervienne le facteur temps, qui est la pensée, qui est le mot? C'est ce qui se produit quand l'observation a lieu sans l'observateur. Voyez où cela m'a mené. Je commence à présent à me rendre compte qu'il peut exister une « vraie vision » — une perception sans opinion, sans conclusions préalables, sans condamnation ni jugement. Donc, je saisis qu'il est possible de « voir » sans qu'intervienne la pensée, c'est-à-dire le mot. L'esprit est hors de portée des griffes des idées, des conflits de dualité et de tout le reste. Puis-je alors considérer la peur autrement que comme un fait isolé?

Si l'observation d'un fait isolé n'a pas suffi à vous ouvrir totalement les portes sur l'univers de l'esprit, alors il faut revenir au fait, et recommencer, en examiner d'autres, jusqu'à ce que vous commenciez vous-même à voir cette chose extraordinaire qu'est l'esprit, que vous en ayez la clé, que vous puissiez ouvrir les portes, et faire irruption dans cet univers...

... Si l'on n'examine qu'une sorte de peur : la peur de la mort, la peur du voisin, la peur d'être dominé par votre conjoint (les questions de domination vous sont familières), cela suffira-t-il à ouvrir les portes? C'est la seule chose qui compte — et non la recette pour se libérer — car à l'instant même où vous ouvrez les portes, toute peur est complètement balayée. L'esprit est le résultat du temps, et le temps, c'est le mot — c'est tellement extraordinaire, quand on y songe! Le temps, c'est la pensée : c'est la pensée qui engendre la peur de la mort; et le temps — qui est la pensée — tient entre ses mains toutes les complexités, toutes les subtilités de la peur.

LA RACINE DE TOUTE PEUR

La soif de devenir est à l'origine de nos peurs : être quelqu'un, réussir et donc être dépendant — tout cela engendre la peur. L'état de non-peur, ce n'est ni la négation, ni le contraire de la peur, ce n'est pas non plus le courage. Lorsqu'on comprend les causes de la peur, elle cesse d'exister, sans qu'il soit question de devenir courageux, car tout devenir porte en lui le germe de la peur. La dépendance par rapport aux objets, aux personnes ou aux idées a pour origine l'ignorance, l'absence de connaissance de soi, la pauvreté intérieure ; la peur suscite l'incertitude dans notre univers mental et affectif, bloquant toute communication et toute compréhension. Grâce à la connaissance de soi nous commençons à découvrir et à comprendre les causes de la peur — non seulement des peurs superficielles, mais de toutes les peurs accumulées, les peurs profondes, originelles. La peur est à la fois innée et acquise ; elle est liée au passé, et pour délivrer de la peur notre système de pensée-perception, le passé doit être compris à travers le présent. Le passé ne cesse de vouloir donner naissance au présent qui devient la mémoire identificatrice du « moi » et du « mien », du « je ». L'ego est la racine de toute peur.

Avril

LE DÉSIR

LA SEXUALITÉ

LE MARIAGE

LA PASSION

1er avril

IL N'Y A QUE LE DÉSIR

Il n'y a pas d'entité distincte du désir : il n'y a que le désir, il n'y a pas de sujet qui désire. Le désir prend des masques différents à différentes époques, selon ses intérêts. Le souvenir de ces intérêts changeants affronte l'inédit, ce qui provoque le conflit, et c'est ainsi que naît celui qui choisit, qui se fonde en entité séparée et distincte du désir. Mais l'entité n'est pas différente de ses qualités. L'entité qui essaye de combler ou de fuir le vide, l'incomplétude, la solitude, n'est pas différente de ce à quoi elle cherche à échapper : elle *est* ce vide, cette incomplétude, cette solitude. Elle ne peut pas se fuir elle-même ; tout ce qu'elle peut faire, c'est se comprendre elle-même. Elle *est* sa solitude, sa vacuité, et tant qu'elle les considère comme étant séparées d'elle-même, elle sera dans l'illusion et les conflits sans fin. Lorsque cette entité fera l'expérience directe du fait qu'elle et sa solitude ne font qu'un, alors seulement pourra disparaître la peur. La peur n'existe que par rapport à une idée, et l'idée est la réponse de la mémoire en tant que pensée. La pensée est le résultat de l'expérience ; et bien qu'elle puisse méditer sur le vide, avoir des sensations à son propos, elle ne peut avoir la connaissance directe de ce vide. Le mot « solitude », lourd de ses souvenirs de souffrance et de peur, empêche qu'on ait de la solitude une expérience fraîche et neuve. Le mot est souvenir, et lorsque le mot n'a plus d'importance, la relation entre le sujet et l'objet de l'expérience est radicalement différente ; alors cette relation est directe et ne passe plus par le mot, par le souvenir ; alors celui qui fait l'expérience *est* l'expérience, qui seule libère de la peur.

2 avril

COMPRENDRE LE DÉSIR

Nous devons comprendre le désir ; mais il est très difficile de comprendre quelque chose d'aussi essentiel, d'aussi exigeant, d'aussi urgent, car dans l'accomplissement même du désir naît la passion, avec le plaisir et la douleur qui y sont associés. Et si l'on veut pouvoir comprendre le désir, il faut, bien sûr, qu'aucun choix n'intervienne. On ne peut pas juger le désir comme étant bon ou mauvais, noble ou ignoble, ni dire : « Je vais garder ce désir et rejeter celui-là. » Il faut écarter tout cela pour pouvoir découvrir la vérité du désir — sa beauté, sa laideur, ou toute forme que puisse avoir le désir.

3 avril

LE DÉSIR DOIT ÊTRE COMPRIS

Poursuivons notre examen du désir. Nous connaissons, bien entendu, les contradictions du désir, torturé, tiraillé entre des directions divergentes ; nous connaissons la douleur, les remous, l'angoisse du désir, et les tentatives pour le maîtriser, le contrôler. Et dans cet éternel combat qui nous oppose à lui, nous le déformons, le distordons, jusqu'à le rendre informe et méconnaissable, mais il est là, sans cesse aux aguets, à l'affût, toujours aussi pressant. Vous avez beau faire — le sublimer, le fuir, le nier ou l'accepter et lui laisser libre cours —, il est toujours là. Et nous savons combien les maîtres — religieux ou autres — nous ont exhortés à être sans désir, à cultiver le détachement, à nous libérer du désir — ce qui est vraiment absurde, car le désir doit être compris, et non anéanti. Si vous anéantissez le désir, vous risquez d'anéantir la vie elle-même. Si vous pervertissez le désir, si vous le modelez, le contrôlez, le dominez, le refoulez, peut-être êtes-vous en train de détruire quelque chose d'extraordinairement beau.

4 avril

LA QUALITÉ DU DÉSIR

... Que se passe-t-il si vous ne condamnez pas le désir, ne le jugez ni bon ni mauvais, mais en êtes simplement conscient ? Je me demande si vous savez ce que signifie avoir conscience de quelque chose. Nous n'avons généralement pas conscience des choses, parce que nous avons tellement l'habitude de condamner, de juger, d'évaluer, d'identifier, de choisir. Le choix empêche évidemment de prendre conscience, parce que le choix est toujours effectué en raison d'un conflit. Etre pleinement conscient lorsqu'on pénètre dans une pièce, voir tout le mobilier, remarquer le tapis ou en noter l'absence, et ainsi de suite — ne rien faire d'autre que voir les choses, en avoir conscience sans aucune notion de jugement —, c'est très difficile. Avez-vous déjà essayé de regarder une personne, une fleur, une idée, une émotion, sans faire intervenir le moindre choix, le moindre jugement ?

Et si l'on agit de même face au désir, si on vit avec lui sans le nier et sans dire : « Que vais-je faire de ce désir ? Il est si laid, si sournois, si violent » — sans lui donner de nom ni lui associer un symbole, sans le camoufler sous un mot —, alors le désir est-il encore cause d'agitation ? Est-il alors une chose à éliminer, à détruire ? Nous voulons le détruire parce que chaque désir s'oppose à un autre et ils s'entre-déchirent, engendrant conflits, souffrances et contradictions ; et l'on voit comment chacun s'efforce d'échapper à ce perpétuel conflit. Est-il donc possible d'avoir conscience de la totalité du désir ? La totalité telle que je l'entends ne désigne pas un désir unique, ou des désirs multiples, mais l'essence même du désir global.

5 avril

POURQUOI LE PLAISIR
NOUS SERAIT-IL REFUSÉ ?

Vous voyez un magnifique coucher de soleil, un bel arbre, le mouvement et les larges courbes d'un fleuve, un beau visage et vous prenez grand plaisir à le regarder. Quel mal y a-t-il à cela ? Il me semble que la confusion et la souffrance commencent lorsque ce visage, ce fleuve, ce nuage, cette montagne deviennent un souvenir, et ce souvenir réclame une prolongation du plaisir ; nous voulons que ces choses-là se répètent. Nous savons tous cela. J'ai éprouvé un certain plaisir, ou quelque chose vous a apporté un certain bonheur, et nous voulons que cela recommence. Que le plaisir soit d'ordre sexuel, artistique, intellectuel, ou de nature quelque peu différente, nous voulons qu'il se répète — et je crois que c'est là que le plaisir commence à obscurcir l'esprit et qu'il crée des valeurs qui sont fausses, hors de toute réalité.

L'important, c'est de comprendre le plaisir et non d'essayer de s'en débarrasser — c'est trop stupide. Personne ne peut se débarrasser du plaisir. Mais il est essentiel d'en comprendre la nature et les structures, parce que si la vie se résume au plaisir, et si c'est cela que nous voulons, le plaisir s'accompagne aussi de souffrance, de confusion, d'illusions et des fausses valeurs que nous créons — et il n'y a donc pas la moindre clarté.

6 avril

UNE RÉACTION SAINE ET NORMALE

... Je dois découvrir pourquoi le désir jouit d'un si grand pouvoir dans ma vie. Le désir, c'est peut-être bien, ou peut-être pas. Il faut que je le sache. J'ai conscience de cela. Le désir se manifeste — c'est une réaction saine, normale; sans cela, je serais mort. Je vois quelque chose de beau et je dis : « Bon sang, j'ai envie de ça. » Sans le désir, je serais mort. Mais la recherche constante de sa satisfaction est cause de douleur. C'est tout mon problème : il y a le plaisir, mais aussi la douleur. Je vois une belle femme; belle, vraiment belle : ce serait absurde de dire le contraire. C'est un fait. Mais qu'est-ce qui permet au plaisir de se prolonger? Évidemment c'est le fait d'y penser, c'est la pensée...

J'y pense. Il ne s'agit plus d'une relation directe avec l'objet, mais à présent la pensée amplifie ce désir, en y songeant, en évoquant des images, des idées...

La pensée entre en jeu et vous souffle : « Mais oui, tu en as impérativement besoin; c'est un accomplissement; c'est important; ce n'est pas important; c'est vital pour ton existence; ce n'est pas vital pour ton existence. »

Mais je peux regarder l'objet du désir, éprouver le désir, et m'en tenir là, sans aucune interférence de la pensée.

7 avril

MOURIR À TOUTES CES PETITES CHOSES

Avez-vous déjà essayé de mourir à un plaisir, délibérément et pas sous la contrainte ? En général, on ne choisit pas de mourir : la mort vient et vous emporte ; ce n'est pas un acte volontaire, sauf en cas de suicide. Mais avez-vous déjà essayé de mourir volontairement, sans effort, avez-vous éprouvé ce sentiment d'abandon du plaisir ? Évidemment pas ! A l'heure actuelle vos idéaux, vos plaisirs, vos ambitions sont les seules choses à avoir une prétendue signification. La vie, c'est l'existence vécue, l'abondance, la plénitude, l'abandon — pas la perception de la signification du « je ». Ce n'est qu'un jeu intcllectuel. Si vous faites l'expérience de la mort aux petites choses de la vie — c'est déjà bien. Essayez simplement de mourir aux petits plaisirs — avec facilité, avec aisance, avec le sourire —, cela suffit déjà, car vous verrez alors que votre esprit est capable de mourir à des quantités de choses, de mourir à tous les souvenirs. Des machines — les ordinateurs — remplissent actuellement les fonctions de la mémoire, mais l'esprit humain est bien plus qu'un simple mécanisme routinier d'association et de mémoire. L'esprit ne peut pourtant pas devenir cet « autre chose », s'il ne meurt à tout ce qu'il connaît.

Donc pour voir la pleine vérité de tout cela, il faut absolument avoir un esprit jeune — un esprit qui ne fonctionne pas simplement dans le champ du temps. L'esprit qui est jeune meurt à toute chose. Etes-vous

capables de voir cette vérité, de la percevoir, instantanément? Peut-être ne saisirez-vous pas entièrement la portée extraordinaire de tout cela, son
immense subtilité, la beauté de cette mort, sa
richesse, mais par le simple fait d'écouter, ces
paroles seront comme une semence qui va prendre
racine, et ce, non seulement au niveau superficiel de
la conscience claire, mais jusque dans les couches
profondes de l'inconscient.

8 avril

LA SEXUALITÉ

La sexualité pose problème car c'est selon toute
vraisemblance dans l'acte sexuel que le moi est le
plus totalement absent. Dans ces moments-là, on est
heureux, parce que la conscience de soi, la conscience du « moi » cesse d'exister; et le désir de
renouveler cette expérience de renonciation au moi
qui apporte le bonheur parfait, sans passé ni futur,
l'exigence de ce bonheur complet qu'apporte la
fusion, l'intégration totale, font que naturellement
l'acte sexuel prend une importance extrême. N'est-ce
pas exact? Parce que c'est quelque chose qui me procure une joie sans mélange, l'oubli total de moi, j'en
redemande encore et encore. Pourquoi est-ce que
j'en redemande? Parce que partout ailleurs je suis en
conflit, à tous les niveaux divers de l'existence, l'ego
ne cesse de se renforcer. Sur le plan économique,
social, religieux, tout concourt à cet épaississement
constant de la conscience de soi qu'est le conflit. En
définitive, on n'a conscience de soi-même que
lorsqu'il y a conflit. La conscience de soi est par sa
nature même le corollaire du conflit.

Le problème, assurément, ce n'est pas le sexe,
mais c'est de savoir comment se libérer du moi. Vous

avez goûté cette saveur d'être, cet état dans lequel le moi n'est plus, ne serait-ce que l'espace de quelques secondes ; ou l'espace d'une journée — peu importe. Mais là où est le moi, il y a conflit, il y a souffrance, il y a lutte. D'où ce désir perpétuel de renouveler sans cesse cet état où l'on est libéré du moi.

9 avril

L'ULTIME ÉVASION

Qu'entendons-nous par le « problème de la sexualité » ? Le problème concerne-t-il l'acte sexuel, ou le fait d'y penser ? Assurément, ce n'est pas l'acte qui est en cause. L'acte sexuel ne vous pose pas plus de problème que l'acte de manger, mais si vous pensez à longueur de journée à la nourriture, ou à quoi que ce soit d'autre, parce que vous n'avez rien d'autre à quoi penser, alors cela devient pour vous un problème... Pourquoi créer ce problème, ainsi que vous le faites ? Les cinémas, les magazines, les plaisanteries, la mode féminine, tout vous pousse à vous forger des quantités d'idées sur le sexe. Pourquoi l'esprit échafaude-t-il tout cela, et d'ailleurs pourquoi au juste l'esprit pense-t-il au sexe ? Pourquoi, messieurs, mesdames ? C'est votre problème. Pourquoi ? Pourquoi est-ce devenu un problème si crucial dans votre vie ? Alors que tant de choses requièrent, réclament votre attention, c'est l'idée du sexe qui l'occupe tout entière. Que se passe-t-il, pourquoi votre esprit s'en préoccupe-t-il tant ? Parce que c'est l'ultime voie d'évasion, n'est-ce pas ? C'est la voie de l'oubli total de soi-même. Pendant quelques moments, au moins l'espace d'un instant, vous pouvez vous oublier vous-même — et il n'y a pas d'autre moyen de s'oublier soi-même. Toutes les autres activités de votre vie ne font que renforcer le « moi ». Votre travail, votre religion, vos dieux, vos leaders, votre action sur le plan politique et économique, vos échappatoires, vos activités sociales, votre rejet d'un parti et votre adhésion à un autre — tout cela donne de l'importance et de la force au « moi »... Lorsqu'il n'existe dans votre vie qu'une seule chose qui soit la voie ouverte vers l'ultime évasion, vers l'oubli total de soi-même, ne serait-ce que pour quelques secondes, vous vous y accrochez parce que c'est l'unique moment où vous soyez heureux.

La sexualité devient donc un problème extraordinairement épineux et complexe, tant que l'on ne comprend pas l'esprit qui réfléchit au problème.

10 avril

NOUS AVONS FAIT DE LA SEXUALITÉ UN PROBLÈME

Pourquoi faisons-nous un problème de tout ce que nous touchons ?... Pourquoi la sexualité est-elle devenue un problème ? Pourquoi acceptons-nous de vivre avec des problèmes ? Pourquoi n'y mettons-nous pas fin ? Pourquoi ne mourons-nous pas à nos problèmes, au lieu de les porter, jour après jour, année après année ? Assurément, la sexualité est une question pertinente, à laquelle je vais répondre dans quelques instants, mais il y a d'abord la question fondamentale : pourquoi faisons-nous de la vie un problème ? Le travail, le sexe, l'argent qu'il faut gagner, la pensée, le sentiment, l'expérience, bref, tout ce qui fait la vie — pourquoi tout est-il problème ? La raison essentielle n'est-elle pas que nous pensons toujours à partir d'un point de vue particulier, un point de vue fixé ? Notre pensée part toujours de notre centre pour aller vers la périphérie, mais pour la plupart d'entre nous, c'est la périphérie

121

qui constitue notre centre, donc tout ce que nous touchons est superficiel. Or la vie n'est pas superficielle ; elle exige d'être vécue complètement, mais parce que nous ne vivons que d'une manière superficielle, nous ne connaissons que des réactions superficielles. Chacune de nos actions périphériques, quelle qu'elle soit, engendre inévitablement un problème ; ainsi va notre vie — nous vivons dans le superficiel, et nous sommes satisfaits de vivre à ce niveau, avec tous les problèmes que cela suppose. Les problèmes existent donc tant que nous vivons dans le superficiel, à la périphérie — la périphérie étant le « moi » et ses sensations, qui peuvent s'extérioriser ou se subjectiviser, ou s'identifier à l'univers, à la nation, ou à toute autre élaboration de l'esprit. Donc, tant que nous vivons dans le champ étroit de l'esprit, il ne peut y avoir que complications et problèmes ; et c'est tout ce que nous connaissons.

11 avril

QUE SIGNIFIE POUR VOUS L'AMOUR ?

L'amour est l'inconnaissable. Il ne peut être appréhendé que lorsque le connu est compris et transcendé. Seulement lorsque l'esprit est libéré du connu, alors seulement sera l'amour. Nous devons donc aborder l'amour en le définissant « en négatif », à partir de ce qu'il n'est pas, et non le contraire.

Qu'est-ce que l'amour, pour la majorité d'entre nous ? Lorsque nous aimons, il entre dans notre amour de la possessivité, des rapports de domination ou de soumission. Cette possession engendre la jalousie et la peur de perdre l'autre, et nous légalisons cet instinct possessif. Cette possessivité engendre la jalousie et les innombrables conflits que chacun de nous connaît bien. La possessivité n'est

donc pas l'amour. L'amour n'est pas non plus sentimental. Le sentimentalisme, la sensiblerie excluent
l'amour. La sensibilité et les émotions ne sont que
des sensations.

... Seul l'amour est capable de transformer l'insa-
nité, la confusion et le conflit. Aucun système,
aucune idéologie de gauche ou de droite ne peuvent
apporter à l'homme la paix et le bonheur. Là où est
l'amour, il n'y a ni possessivité ni jalousie, mais une
miséricorde et une compassion qui ne sont pas théo-
riques mais réelles — envers votre femme et vos
enfants, votre voisin et votre serviteur... Seul l'amour
peut faire régner la miséricorde et la beauté, l'ordre
et la paix. Quand vous cessez d'exister en tant que
« vous », alors vient la bénédiction de l'amour.

12 avril

TANT QUE NOUS POSSÉDONS,
NOUS N'AIMONS PAS

Nous connaissons l'amour en tant que sensation,
n'est-ce pas ? Quand nous disons que nous aimons,
nous connaissons la jalousie, nous connaissons la
peur, nous connaissons l'angoisse. Quand vous dites
que vous aimez quelqu'un, cet amour implique tout
cela : la jalousie, le désir de posséder, d'avoir à soi,
de dominer, la peur de perdre l'autre, et ainsi de
suite. Nous appelons cela l'amour, alors que nous ne
savons pas aimer sans peur, sans jalousie, sans possession ; cet autre état d'amour, qui est dénué de
peur, nous le réduisons à de simples mots ; de cet
amour-là, nous disons qu'il est impersonnel, pur,
divin, ou que sais-je encore : mais dans les faits,
nous sommes jaloux, dominateurs, possessifs. Nous
ne connaîtrons cet autre état d'amour que lorsque
cesseront la jalousie, l'envie, la possessivité, la domi-

nation; et tant que nous posséderons, jamais nous n'aimerons... Dans quels moments pensez-vous à la femme aimée? Vous y pensez quand elle est partie, qu'elle est loin de vous, qu'elle vous a quitté... La personne que vous dites aimer vous manque donc seulement lorsque vous êtes perturbé, en proie à la souffrance; mais tant que vous possédez cette personne, vous n'avez pas besoin de penser à elle, parce que dans la possession rien ne vient vous perturber...

Les pensées surviennent lorsque vous êtes perturbé — et vous ne pouvez faire autrement que de l'être, tant que vous confondez vos pensées avec ce que vous appelez l'*amour*. Assurément, l'amour n'est pas une chose de l'esprit; et c'est parce que les choses de l'esprit envahissent depuis toujours notre cœur que nous n'aimons pas. Les choses de l'esprit, ce sont la jalousie, l'envie, l'ambition, le désir d'être quelqu'un, d'accéder à la réussite. Votre cœur est empli de toutes ces choses de l'esprit, et c'est alors que vous dites aimer; mais comment pouvez-vous aimer en ayant dans le cœur tous ces facteurs de confusion? Quand il y a de la fumée, comment peut-il y avoir de flamme pure?

13 avril

L'AMOUR N'EST PAS UN DEVOIR

... Quand l'amour est là, il ne saurait être question de devoir. Quand on aime sa femme, on partage tout avec elle — les biens, les problèmes, les angoisses, les joies. On ne domine pas. On n'est pas l'homme, et elle la femme qu'on utilise et qu'on répudie, sorte de machine à engendrer, qui est là pour perpétuer notre nom. Quand l'amour est là, le mot devoir disparaît. Seul celui qui n'a point d'amour dans le cœur parle de droits et de devoirs, et dans ce pays les droits et les devoirs ont remplacé l'amour. Les règles sont devenues plus importantes que la chaleur et l'affection. Quand l'amour est là, le problème est simple; quand l'amour est absent, le problème se complique. Quand un homme aime sa femme et ses enfants, il ne peut jamais en aucun cas penser en termes de *devoirs* et de *droits*. Sondez, vous messieurs, le fond de votre cœur, de votre esprit. Je sais que vous ne faites que rire de tout cela — l'une des astuces des gens irresponsables est de tourner les choses en dérision pour mieux les fuir. Votre femme ne partage pas vos responsabilités, votre femme ne partage pas vos biens, elle n'a pas la moitié de tout ce que vous avez, parce que vous considérez la femme comme un être inférieur à vous, comme un objet sexuel à garder en réserve, à utiliser à votre convenance quand votre appétit l'exige. C'est ainsi que vous avez inventé les mots de *droits* et de *devoir;* et quand la femme se révolte, vous lui lancez ces mots à la tête. Seule une société statique, décadente, parle de devoirs et de droits. Si vous sondez vraiment vos cœurs et vos esprits, vous découvrirez que vous êtes dénués d'amour.

14 avril

UNE VUE DE L'ESPRIT

Ce que nous appelons notre amour est une vue de l'esprit. Regardez-vous, messieurs et mesdames, et vous constaterez que ce que je dis est la pure vérité; sans cela, notre vie, notre mariage, nos relations seraient tout à fait autres, nous aurions une nouvelle société. Ce qui nous lie à l'autre n'est pas la fusion mais un contrat, qu'on appelle l'amour, le mariage. Or l'amour n'est pas une fusion, un ajustement réciproque — il n'est ni personnel ni impersonnel, c'est une modalité d'être, un état. Celui qui désire fusionner avec quelque chose qui le dépasse, s'unir avec quelqu'un d'autre, cherche à éviter la détresse, la confusion ; mais son esprit est toujours en situation de séparation, c'est-à-dire de désintégration. L'amour ne connaît ni fusion ni diffusion, il n'est ni personnel ni impersonnel, c'est un état d'être que l'esprit n'est pas apte à trouver ; il peut le décrire, le désigner, le nommer, mais le mot, la description ne sont pas l'amour. Ce n'est que lorsque l'esprit est silencieux et immobile qu'il peut connaître l'amour, et cet état de tranquillité n'est pas une chose qui se cultive.

15 avril

CONSIDÉRATIONS SUR LE MARIAGE

Nous essayons en ce moment même de comprendre le problème du mariage, qui implique relations sexuelles, amour, compagnonnage, communion. Il va de soi qu'en l'absence d'amour, le mariage devient une infamie, ne croyez-vous pas ? Il se réduit alors à la simple satisfaction. Aimer est l'une des choses les plus difficiles, n'est-ce pas ? L'amour ne peut naître, ne peut exister que lorsque le moi est absent. Sans amour, toute relation est douloureuse ; si agréable, ou si superficielle soit-elle, elle conduit à l'ennui, à la routine, à l'habitude, avec tout ce que cela suppose. Alors les problèmes sexuels prennent une importance prépondérante. Lorsqu'on réfléchit sur le mariage, sur sa nécessité ou son inutilité, il faut tout d'abord comprendre l'amour. L'amour est chaste, assurément ; sans amour il est impossible d'être chaste : vous pouvez opter pour le célibat, que vous soyez homme ou femme, mais il ne peut être question d'être pur, d'être chaste, en l'absence d'amour. Si vous avez un idéal de pureté — c'est-à-dire si vous voulez devenir pur —, là non plus il n'y a pas d'amour : il s'agit simplement du désir de devenir quelque chose que vous estimez noble, croyant que cela vous aidera à découvrir la réalité ; il n'y a pas là le moindre amour. La licence n'est pas chaste, elle ne mène qu'à la dégradation et à la souffrance. Il en va de même pour la quête d'un idéal. L'un comme l'autre excluent l'amour, l'un comme l'autre impliquent de devenir quelque chose, de s'adonner à quelque chose, donc de se donner de l'importance ; or, lorsque nous sommes importants, l'amour n'est pas.

16 avril

L'AMOUR EST INAPTE À TOUT AJUSTEMENT

L'amour ne relève nullement de l'intellect. L'amour ne se réduit pas à l'acte sexuel, n'est-ce pas ? L'amour est une chose que l'esprit ne peut absolument pas concevoir. L'amour est informulable. On noue pourtant des relations sans amour, et on se marie — sans amour. Alors, au sein de ce mariage, on « s'ajuste » l'un à l'autre. Belle expression ! Vous vous adaptez les uns aux autres, ce qui est, une fois de plus, un processus intellectuel, n'est-il pas vrai ?... Cet ajustement est évidemment un processus mental. Comme le sont tous les ajustements. Mais l'amour, assurément, est inapte à tout ajustement. Vous savez bien que lorsqu'on aime, il n'est pas question d'« ajustement ». Il n'y a que la fusion totale. Ce n'est qu'en l'absence d'amour que nous commençons à nous ajuster. Et cet ajustement s'appelle le mariage. D'où l'échec du mariage, puisqu'il est la source même du conflit, de la guerre entre deux personnes. Ce problème est extrêmement complexe, comme tous les autres, mais celui-ci l'est encore plus en raison de l'intensité des appétits et des besoins. Donc, un esprit qui se contente de s'ajuster ne peut jamais être pur. Un esprit qui cherche le bonheur dans la sexualité ne peut jamais être pur. L'acte sexuel peut certes offrir un instant éphémère d'abnégation, d'oubli de soi, mais la quête même de ce bonheur, qui est du domaine de l'esprit, ôte à l'esprit toute pureté. La pureté ne voit le jour qu'en présence de l'amour.

17 avril

AIMER C'EST ÊTRE PUR

Ce problème de la sexualité est loin d'être simple, et ne peut être résolu au seul niveau sexuel. Essayer de le régler sur un plan purement biologique est une absurdité; et l'aborder par le biais de la religion ou s'efforcer de le résoudre comme s'il s'agissait d'une simple affaire de régulation d'ordre physique, ou de fonctionnement glandulaire, ou encore le réprimer à grand renfort de tabous ou de condamnations est une attitude immature, puérile et stupide. Le problème mérite qu'on y applique le plus haut niveau d'intelligence. Il faut, pour pouvoir se comprendre soi-même dans ses relations aux autres, une intelligence beaucoup plus vive et beaucoup plus subtile que pour comprendre la nature. Mais nous essayons de comprendre sans intelligence; nous voulons une action immédiate, une solution immédiate, et le problème prend de plus en plus d'ampleur... L'amour ne se réduit pas à la pensée; les pensées ne sont que l'activité externe du cerveau. L'amour est beaucoup plus profond, beaucoup plus fondamental, et la profondeur de la vie ne peut se découvrir que dans l'amour. Sans amour, la vie n'a pas de sens — et c'est là le côté triste de notre existence. Nous vieillissons sans atteindre la maturité; nos corps vieillissent, deviennent gros et laids, et nous réfléchissons toujours aussi peu. Malgré tout ce que nous lisons et disons à propos de la vie, jamais nous n'en avons goûté le parfum. Lectures et verbiage ne sont qu'autant d'indications d'une absence totale de cet élan chaleureux du cœur qui enrichit la vie; or sans cette qualité d'amour, vous aurez beau faire — vous insérer dans quelque société, initier une quelconque législation —, vous ne résoudrez pas pour autant ce problème. Aimer c'est être pur.

L'intellect seul n'est pas la pureté. Quiconque s'évertue à la pureté par la seule pensée n'est pas pur, parce qu'il n'a point d'amour. Seul celui qui aime est pur, chaste, incorruptible.

18 avril

PENSER SANS CESSE EST UN GASPILLAGE D'ÉNERGIE

Nous passons presque tous notre vie dans l'effort et le conflit; et ces efforts, ces combats, ces luttes, sont un gaspillage d'énergie. Tout au long de l'époque historique de l'humanité, l'homme a affirmé que, pour découvrir la réalité ou Dieu — quel que soit le nom qu'il lui donne —, le célibat était indispensable; autrement dit, vous faites vœu de chasteté et vous refoulez, vous contrôlez vos instincts, vous luttez contre vous-même sans discontinuer tout au long de votre vie afin de rester fidèle à votre vœu. Voyez le gaspillage d'énergie! Céder aux instincts est aussi un gaspillage d'énergie. Mais le refoulement occasionne un gâchis nettement plus important. L'effort que l'on fait pour refouler, dominer, nier son désir, déforme l'esprit, et cette distorsion de l'esprit entraîne un certain sentiment d'austérité qui devient finalement de la dureté. Soyez attentifs, je vous en prie. Observez tout cela en vous-même, et observez ceux qui vous entourent. Observez ce gaspillage d'énergie, ces conflits. Ce gaspillage d'énergie ne réside pas tant dans tout ce qui est associé à la sexualité, ni dans l'acte sexuel lui-même, mais dans l'idéalisation, les images, le plaisir qui s'y associent — bref, dans le fait d'y penser sans cesse. Et la plupart des gens gaspillent leur énergie — que ce soit en niant leur désir, en observant un vœu de chasteté ou en cédant à une obsession perpétuelle.

19 avril

L'IDÉALISTE NE PEUT CONNAÎTRE L'AMOUR

Ceux qui s'évertuent au célibat afin d'accéder à Dieu sont impurs, car ils sont à l'affût d'un résultat ou d'un gain, et ils substituent à la sexualité une fin, un résultat, ce qui provoque la peur. Leur cœur est dépourvu d'amour, la pureté fait forcément défaut, or seul un cœur pur peut faire la découverte de la réalité. Un cœur qu'on a soumis à la discipline, aux brimades, ne peut savoir ce qu'est l'amour. Il ne peut connaître l'amour, s'il est englué dans les habitudes, dans les sensations — qu'elles soient de nature religieuse ou physique, d'ordre psychologique ou sensuel. L'idéaliste est un imitateur, il ne peut donc pas connaître l'amour. Il ne peut pas être généreux, s'abandonner complètement sans songer à lui-même. Ce n'est qu'une fois l'esprit et le cœur délivrés de la peur, de la routine des habitudes liées aux sens, ce n'est que lorsque la générosité et la compassion sont là qu'il y a l'amour. Et cet amour est pur.

COMPRENDRE LA PASSION

Est-ce une vie religieuse que de se punir? La mortification du corps ou de l'esprit est-elle signe de compréhension? Est-ce en se torturant qu'on accède à la réalité? La chasteté est-elle un refus? Pensez-vous que vous irez loin par la voie de la renonciation? Croyez-vous vraiment que le conflit soit le chemin de la paix? Le moyen n'est-il pas infiniment plus important que la fin? Il est possible que la fin soit, mais le moyen, lui, est. Le fait réel, *ce qui est*, doit être compris, et non pas étouffé par des déterminations, des idéaux et d'habiles rationalisations. La souffrance n'est pas le chemin du bonheur. Cette chose que l'on nomme passion doit être comprise et non refoulée ou sublimée, et il ne sert à rien de lui trouver un substitut. Quoi que vous fassiez, quoi que vous inventiez, cela ne fera que renforcer ce qui n'a été ni compris ni aimé. Aimer ce que l'on appelle la passion, c'est la comprendre. Aimer, c'est être en communion directe; et il n'est pas possible d'aimer quelque chose qui vous irrite, si vous avez des idées et des conclusions à son sujet. Comment pouvez-vous jamais aimer et comprendre la passion si vous avez précisément fait un vœu contre elle? Le vœu est une forme de résistance, et ce contre quoi vous résistez finit toujours par avoir raison de vous. La vérité ne se conquiert pas; elle ne se prend pas d'assaut; elle vous glissera entre les doigts si vous tentez de la saisir. La vérité vient silencieusement, sans que vous le sachiez. Ce que vous connaissez n'est pas la vérité, ce n'est qu'une idée, un symbole. L'ombre n'est pas le réel.

LA FIN ET LE MOYEN NE FONT QU'UN

Pour accéder à la liberté, il n'est rien qui soit nécessaire. Elle ne s'acquiert pas par le marchandage, le sacrifice, l'élimination : ce n'est pas un objet qui s'achète. Si vous agissez par ces moyens-là, vous aurez acquis un objet marchand, et donc pas réel. La vérité ne s'achète pas, il n'existe pas de moyen d'accès à la vérité ; s'il existait un moyen, la fin ne serait pas la vérité, parce que le moyen et la fin ne font qu'un, ils ne sont pas distincts. La chasteté en tant que moyen d'accéder à la libération, à la vérité, est le refus de la vérité. La chasteté n'est pas une pièce de monnaie permettant de se l'offrir...

Pourquoi pensons-nous que la chasteté est essentielle ? Que signifie pour nous la sexualité ? Non seulement l'acte sexuel, mais les pensées, les émotions qui y sont associées, notre attitude d'anticipation ou de fuite — c'est tout cela, notre problème. Notre problème, c'est la sensation et la soif de la renouveler sans cesse. Observez-vous vous-même au lieu d'observer le voisin. Pourquoi vos pensées se préoccupent-elles du sexe à ce point ? La chasteté ne peut exister que lorsqu'il y a l'amour et sans amour point de chasteté. Sans l'amour, la chasteté n'est autre que de la luxure sous une forme différente. Devenir chaste, c'est devenir quelque chose d'autre ; c'est comme l'accession au pouvoir du successeur d'un grand juriste ou d'un homme politique de premier plan — le changement est du même ordre. Ce n'est pas de la chasteté mais simplement l'aboutissement d'un rêve, le résultat d'une perpétuelle résistance à un désir particulier... Donc, la chasteté cesse de faire problème dès que l'amour est là. Alors l'existence n'est plus un problème, la vie peut être vécue complètement, dans la plénitude de l'amour, et cette révolution donnera naissance à un monde nouveau.

L'ABANDON TOTAL

Peut-être n'avez-vous jamais fait l'expérience de cet état d'esprit dans lequel il y a abandon total de toute chose, lâcher-prise absolu. Or on ne peut pas tout abandonner sans être animé d'une passion profonde, n'est-ce pas ? L'abandon de tout, sur le plan intellectuel et émotionnel, est impossible. Il n'y a, assurément, d'abandon total qu'en cas de passion intense. Ne soyez pas alarmés par ce mot, parce qu'un homme qui n'est pas intensément passionné ne peut jamais comprendre ou ressentir la qualité de la beauté. L'esprit qui garde quelque chose en réserve, qui a des droits acquis, qui s'accroche à sa situation, au pouvoir, au prestige, l'esprit qui est respectable — ce qui est une horreur —, cet esprit-là ne peut jamais s'abandonner.

23 avril

CETTE PURE FLAMME DE LA PASSION

Il n'y a, chez la plupart d'entre nous, que très peu de passion. Nous pouvons désirer, vouloir intensément quelque chose, ou chercher à fuir quelque chose, et tout cela nous permet d'éprouver une certaine force d'émotion. Mais si nous ne nous réveillons pas, si nous ne trouvons pas la voie qui mène au cœur de cette flamme de passion qui n'a pas de cause, nous ne pourrons pas comprendre ce qu'on appelle la souffrance. Pour comprendre quelque chose, il faut être passionné et absolument, intensément attentif. Si l'objet de la passion est source de contradiction, de conflit, cette pure flamme de la passion ne peut exister; or cette pure flamme de la passion doit exister afin de mettre un terme à la souffrance et la dissiper complètement.

24 avril

LA BEAUTÉ EST AU-DELÀ
DE TOUTE PERCEPTION

Sans passion, comment la beauté peut-elle exister? Je ne parle pas de la beauté des tableaux, des édifices, des portraits de femmes, et ainsi de suite. Ils ont leur propre forme de beauté. Toute chose façonnée par l'homme, comme une cathédrale, un temple, un tableau, un poème ou une statue, peut être belle ou non. Mais il existe une beauté qui est au-delà du sentiment et de la pensée, qui ne peut être réalisée, comprise, ou connue s'il n'y a la passion. Ne vous méprenez donc pas sur le sens du mot passion. Ce n'est pas un mot laid; ce n'est pas un objet que l'on peut acheter comme une marchandise, ou qui peut faire l'objet de propos romantiques. La passion n'a absolument rien à voir avec l'émotion et le sentiment. Ce n'est pas une chose respectable; c'est une flamme qui détruit tout ce qui est faux. Et nous avons toujours tellement peur de laisser cette flamme dévorer tout ce à quoi nous tenons si chèrement, tout ce que nous qualifions d'important.

AVOIR LA PASSION DE TOUT

Pour la majorité d'entre nous, le mot passion ne vaut que pour une seule chose : le sexe ; à moins qu'il ne désigne une souffrance extrême à laquelle on cherche une issue. Mais j'utilise le mot *passion* au sens d'un état d'esprit, un état de notre noyau le plus intime, à supposer qu'il y en ait un, qui ressent les choses avec force, qui est excessivement sensible à toute chose de manière égale — sensible à la saleté, à la crasse, à la misère et à l'immense richesse ; à l'immense corruption ; à la beauté d'un arbre, d'un oiseau et au jaillissement de l'eau, et à l'étang qui reflète le ciel du soir. Il est indispensable de sentir tout cela très fort, intensément. Parce que sans passion la vie devient vide, creuse, et n'a plus guère de sens. Si vous n'êtes pas capable de voir la beauté d'un arbre et d'aimer cet arbre, si vous ne pouvez pas l'aimer intensément, vous n'êtes pas vivant.

L'AMOUR, C'EST LA PASSION

Vous ne pouvez pas être sensible si vous n'êtes pas passionné. N'ayez pas peur de ce mot, *passion*. La plupart des textes religieux, des gourous, des swamis, des leaders, et j'en passe, disent : « Fuyez la passion. » Mais sans passion comment peut-on être sensible à la laideur, à la beauté, au chuchotement du feuillage, au coucher de soleil, à un sourire, à un cri ? Comment peut-on être sensible sans ce sentiment de passion dans lequel est un abandon ? Écoutez-moi, je vous en prie, et ne me demandez pas comment acquérir la passion. Je sais que vous êtes suffisamment passionnés quand il s'agit de décrocher un bon job, ou de haïr quelque pauvre type, ou d'être jaloux de quelqu'un ; mais je parle de quelque chose de tout à fait différent — une passion qui aime. L'amour est un état dans lequel il n'y a pas de « moi » ; l'amour est un état dans lequel n'existe nulle condamnation, dans lequel on ne dit pas que le sexe c'est bien ou mal, ni que telle chose est bonne et telle autre mauvaise. L'amour n'est aucune de ces choses contradictoires. La contradiction n'existe pas dans l'amour. Et comment peut-on aimer si l'on n'est passionné ? Sans passion, comment la sensibilité est-elle possible ? Etre sensible, c'est sentir la présence de celui qui est assis là, à côté de vous ; c'est voir la laideur de la ville avec toute sa crasse, sa misère sordide, et voir la beauté du fleuve, de la mer, du ciel. Si vous n'êtes pas passionné, comment pouvez-vous être sensible à tout cela ? Comment pouvez-vous percevoir un sourire, une larme ? L'amour, je vous l'assure, c'est la passion.

27 avril

ESPRIT PASSIONNÉ, ESPRIT QUI EXPLORE

La passion est évidemment nécessaire, et la question est de savoir comment raviver cette passion. Qu'il n'y ait pas de malentendu entre nous. J'entends par passion la passion dans tous les sens du terme, et pas seulement la passion sexuelle, qui est bien peu de chose. Et nous nous en contentons, dans la plupart des cas, parce que toutes nos autres passions ont été anéanties — au bureau, à l'usine, sous le poids des contraintes du travail, de la routine, de l'apprentissage des techniques —, il ne reste donc plus la moindre passion ; il n'y a plus aucun sentiment créatif d'urgence, de délivrance. La sexualité prend donc pour nous de l'importance, et nous nous perdons dans une passion mesquine qui pose d'énormes problèmes aux esprits étroits, aux esprits vertueux ; ou bien la sexualité se transforme en habitude, et meurt. J'emploie le mot passion pour désigner une chose globale. L'homme passionné, mû par des sentiments forts, ne se contente pas d'une quelconque petite activité professionnelle — qu'il s'agisse de celle de Premier ministre, ou de cuisinier, ou que sais-je encore. L'esprit qui est passionné explore, cherche, regarde, demande, exige, il ne se contente pas, face à son insatisfaction, de trouver un objet lui permettant de la combler, pour s'endormir ensuite. L'esprit passionné avance à tâtons, cherche, franchit les obstacles, sans se plier à aucune tradition ; ce n'est pas un esprit figé, un esprit qui a atteint le but, mais c'est un esprit jeune, qui n'en finit jamais d'arriver.

28 avril

L'ESPRIT ÉTRIQUÉ

L'esprit passionné avance à tâtons, cherche, franchit les obstacles, sans se plier à aucune tradition ; ce n'est pas un esprit figé, un esprit qui a atteint le but, mais c'est un esprit jeune, qui n'en finit jamais d'arriver.

Comment un tel esprit peut-il voir le jour ? Car cet événement *doit* arriver. Il est bien évident que ce ne peut être le fait d'un esprit étriqué. Un esprit étriqué s'évertuant à devenir passionné ne fera que réduire toute chose aux dimensions de sa propre petitesse. Cela doit pourtant arriver, et cela ne peut arriver que lorsque l'esprit verra sa propre petitesse sans essayer d'y changer quoi que ce soit. Suis-je assez clair ? Probablement pas. Mais, comme je l'ai dit précédemment, tout esprit rétréci, quelle que soit sa bonne volonté, restera étriqué, et il n'y a pas le moindre doute à ce sujet. L'esprit qui est petit — même s'il est capable d'aller dans la lune, de maîtriser une technique, d'exposer et de défendre des arguments avec habileté — est toujours un petit esprit. Donc, quand ce petit esprit dit : « Je dois être passionné afin de pouvoir faire quelque chose de valable », il est bien évident que sa passion sera petite, n'est-ce pas ? — il se mettra en colère, par exemple, à propos d'une petite injustice, ou croira que le monde va changer à cause d'une minable petite réforme mise en place dans un obscur petit village par un obscur petit esprit. Si le petit esprit voit tout cela, alors la perception même de sa petitesse fait que son activité tout entière subit une métamorphose.

29 avril

LA PASSION PERDUE

Le mot n'est pas la chose. Le mot *passion* n'est pas la passion. Mais avoir de la passion, être passionné sans volonté délibérée, sans directive ni intention, être à l'écoute de cette chose qui s'appelle le désir, écouter vos propres désirs, tous ces désirs multiples qui vous animent, des plus forts aux plus ténus — si vous faites cette expérience, alors vous verrez l'immensité des dégâts que vous causez quand vous réprimez le désir, quand vous le détournez, quand vous voulez le satisfaire, quand vous voulez y toucher, quand vous avez une opinion à son sujet.

La plupart des gens ont perdu cette passion. On l'avait sans doute au temps de sa jeunesse, ce désir de devenir riche, célèbre, de mener une existence bourgeoise, d'être un homme respectable — même si

ce désir n'était peut-être rien qu'un vague balbutie-
ment. Or la société — qui est ce que vous êtes —
refoule tout cela. Et donc, il faut que l'on s'adapte à
vous — qui êtes morts, qui êtes respectables, qui êtes
dépourvus de la moindre étincelle de passion; alors
on fait partie de vous, et c'est ainsi qu'on perd cette
passion.

30 avril

UNE PASSION SANS CAUSE

Il est, dans l'état de passion sans cause, une intensité libre de tout attachement; mais lorsque la passion a une cause, il y a attachement, et l'attachement
est le commencement de la souffrance. Nous
sommes presque tous attachés à quelque chose,
accrochés à une personne, à un pays, à une
croyance, à une idée, et quand l'objet de notre attachement nous échappe, ou perd d'une manière ou
d'une autre de son importance, nous nous retrouvons vides, insuffisants. Nous essayons de combler
ce vide en nous accrochant à quelque chose d'autre,
qui devient à son tour l'objet de notre passion.

Examinez votre propre cœur, votre propre esprit.
Je ne suis qu'un miroir dans lequel vous vous regardez. Si vous ne voulez pas regarder, rien ne vous y
oblige; mais si vous êtes décidés à regarder, alors
regardez-vous d'un regard lucide, impitoyable,
intense — pas avec l'espoir de dissiper vos malheurs,
vos angoisses, votre sentiment de culpabilité, mais
dans le but de comprendre cette passion extraordinaire qui conduit toujours à la souffrance.

Lorsque la passion a une cause, elle devient désir
insatiable. Lorsque la passion est présente — qu'elle
ait pour objet une personne, une idée, une forme
d'accomplissement quelconque — alors cette pas-

sion est source de contradictions, de conflits, d'efforts. On ne ménage pas ses efforts dans le but d'atteindre ou de maintenir un état particulier, ou pour retrouver un passé enfui. Mais la passion dont je parle, elle, ne suscite ni contradictions ni conflits. N'étant absolument pas liée à une cause, elle ne peut en aucun cas être un effet.

Mai

L'INTELLIGENCE

LES SENTIMENTS

LES MOTS

LE CONDITIONNEMENT

UN ESPRIT RICHE D'INNOCENCE

La vérité, le vrai Dieu — non celui qu'a façonné l'homme — ne veut pas d'un esprit dévasté, petit, creux, étroit, limité. Il lui faut un esprit sain, qui puisse l'apprécier ; il lui faut un esprit riche, non de savoir, mais d'innocence — un esprit vierge de toute trace d'expérience, un esprit libéré du temps. Les dieux que vous avez inventés pour votre propre réconfort acceptent la torture ; ils acceptent un esprit qui se laisse toujours ternir. Mais l'authentique, lui, ne veut rien de tout cela ; il veut un être humain total et complet, au cœur plein, riche, clair, capable de ressentir intensément, capable de voir la beauté d'un arbre, le sourire d'un enfant, et la détresse de la femme qui a toujours connu la faim.

Il faut que vous ayez cette extraordinaire capacité de sentiment, cette sensibilité à toute chose — l'animal, le chat qui passe sur le mur, la saleté, la crasse, la pauvreté des êtres humains vivant dans la misère, dans le désespoir. Vous devez être sensibles, ressentir les choses intensément, mais sans suivre de direction particulière ; il ne s'agit pas d'une émotion fluctuante, mais d'une sensibilité impliquant tout l'être — nerfs, corps, oreilles, voix. Vous devez être sensibles de manière absolue et permanente. Sans cette sensibilité extrême, absolue, il n'est point d'intelligence. L'intelligence vient avec la sensibilité et l'observation.

QUEL RÔLE JOUENT LES ÉMOTIONS
DANS NOTRE VIE?

Comment naissent les émotions? C'est très simple. Elles naissent à partir de stimuli, à partir de nos nerfs. Vous me piquez avec une épingle — je sursaute; vous me flattez — je suis ravi; vous m'injuriez — cela me déplaît. Les émotions naissent à travers nos sens. Et le mode d'émotion selon lequel nous fonctionnons, dans la plupart des cas, est évidemment le plaisir. Vous, monsieur, par exemple, vous aimez être reconnu en tant qu'hindou. Vous appartenez alors à un groupe, à une communauté, à une tradition, qui peut être très ancienne; et vous aimez tout cela — la Gîtâ, les Upanishads et toutes ces montagnes de traditions. Le musulman tient aussi à ses traditions, et ainsi de suite. Nos émotions sont issues de tous ces stimuli, de notre environnement, etc. Tout cela est assez évident.

Quel rôle joue l'émotion dans notre vie? L'émotion est-elle la vie? Est-ce que vous comprenez? L'amour: est-ce le plaisir? Est-ce le désir? Si l'amour est émotion, c'est donc qu'il comporte un élément perpétuellement fluctuant. Est-ce exact? Ne le savez-vous pas?

... Il faut donc se rendre compte que les émotions, les sentiments, l'enthousiasme, l'impression qu'on a d'être bon, et ainsi de suite, n'ont absolument rien à voir avec l'affection, la compassion réelles. Tous les sentiments, toutes les émotions, sont liés à la pensée et c'est pourquoi ils aboutissent au plaisir et à la douleur. L'amour est dénué de toute douleur ou souffrance, parce qu'il n'est le fruit ni du plaisir ni du désir.

LIBÉRER L'INTELLIGENCE

La première chose à faire, si je puis me permettre de le suggérer, est de découvrir pourquoi vous avez certains critères de pensée, et pourquoi vous avez une certaine manière de ressentir les choses. N'essayez pas d'y changer quoi que ce soit ni d'analyser vos pensées et vos émotions, mais prenez conscience des tendances spécifiques que suit votre pensée, ainsi que des motivations de vos actes. Bien que l'analyse permette de découvrir les motivations, de déceler certaines choses, cela ne peut être vrai : la vérité n'apparaîtra que lorsque vous serez intensément conscients de ce qui se passe à l'instant même où se déclenchent votre pensée, votre émotion ; vous en verrez alors la subtilité extraordinaire, la finesse, la délicatesse. Tant que persisteront en vous un « je dois » et un « je ne dois pas », ces contraintes vous empêcheront de découvrir les méandres fugaces de la pensée et de l'émotion. Et je suis sûr qu'on vous a élevés à l'école des « il faut », « il ne faut pas » ; c'est ainsi que vous avez détruit pensée et sentiment. Vous avez été ligotés et mutilés par des systèmes, par des méthodes, par vos maîtres. Abandonnez donc ces « il faut » et « il ne faut pas ». Il ne s'agit pas de prôner la licence, mais de prendre conscience de cet esprit qui ne cesse de dire : « je dois », « je ne dois pas ». Alors, telle une fleur qui s'épanouit par un beau matin, l'intelligence éclôt : elle est là, active, créatrice — et la compréhension naît.

INTELLECT CONTRE INTELLIGENCE

Un intellect bien rodé n'est pas un gage d'intelligence. L'intelligence, en réalité, apparaît lorsqu'on agit en parfait état d'harmonie, tant au niveau intellectuel qu'émotionnel. Il y a une énorme différence entre l'intellect et l'intelligence. L'intellect n'est autre que la pensée fonctionnant indépendamment de l'émotion. Lorsque l'intellect est entraîné à suivre n'importe quelle tendance donnée, sans que l'émotion soit prise en compte, on a beau être doté d'un intellect exceptionnel, l'intelligence fait défaut; car elle porte en elle-même l'aptitude à ressentir autant qu'à raisonner; dans l'intelligence, ces deux aptitudes sont également intensément et harmonieusement présentes.

... Si on laisse l'émotion s'immiscer dans les affaires, elles ne pourront plus, à vous en croire, ni être bien gérées ni être honnêtes. Ainsi, vous compartimentez votre esprit : vous rangez dans une de ses cases vos préoccupations religieuses, dans une autre vos émotions, dans une troisième votre intérêt pour les affaires, qui est sans rapport avec votre vie intellectuelle et émotionnelle. La case de votre esprit réservée aux affaires considère l'existence comme un simple moyen de se procurer l'argent nécessaire pour vivre. Ainsi se poursuit cette vie chaotique, ainsi persiste la division dans votre existence. Si vous mettiez réellement votre intelligence à profit dans votre activité d'homme d'affaires, autrement dit si vos émotions et vos pensées agissaient en harmonie, vos affaires péricliteraient peut-être. C'est même probable. Et sans doute les laisserez-vous péricliter lorsque vous sentirez vraiment l'absurdité, la cruauté et l'exploitation que sous-entend ce genre de vie.

Tant que vous abordez l'existence avec votre seul intellect, au lieu d'y impliquer à fond votre intelligence, nul système au monde ne délivrera l'homme de l'éternel labeur de la quête du pain quotidien.

SENTIMENTS ET ÉMOTIONS ENGENDRENT LA CRUAUTÉ

L'émotion et le sentiment, on le voit bien, sont tout à fait hors de cause lorsqu'il s'agit d'amour. Le sentimentalisme et l'émotion ne sont que des réactions d'attrait ou d'aversion. Vous me plaisez et je déborde d'enthousiasme à votre égard ; tiens, cet endroit me plaît, oh, qu'il est joli, etc. — cela sous-entend que ce qui est autre me déplaît. Ainsi, sentiments et émotions engendrent la cruauté. Avez-vous jamais examiné la question ? L'identification à ce bout de chiffon qu'on appelle le drapeau est un facteur émotionnel et sentimental au nom duquel vous êtes prêt à tuer — et c'est cela qu'on appelle l'amour de la patrie, l'amour de son voisin... ? On voit bien que là où le sentiment et l'émotion entrent en jeu, l'amour n'est pas. Ce sont l'émotion et le sentiment qui donnent naissance à la cruauté de l'attrait et de l'aversion. Et l'on voit bien aussi qu'amour et jalousie sont incompatibles ; c'est une évidence. Je vous envie parce que vous avez une meilleure situation, un meilleur travail, une maison plus belle, ou parce que vous avez l'air plus beau, plus intelligent, plus averti, alors je suis jaloux de vous. En fait, je ne le dis pas, mais je rivalise avec vous, ce qui est une forme de jalousie, d'envie. L'envie et la jalousie ne sont pas l'amour — donc, je les bannis une fois pour toutes ; je ne m'attarde pas à expliquer par quels moyens s'en débarrasser tout en continuant dans l'intervalle à être jaloux : non, je les efface de ma vie, réellement, simplement, comme la pluie efface la poussière accumulée au fil des jours sur une feuille.

NOUS DEVONS MOURIR
À TOUTES NOS ÉMOTIONS

Qu'entendons-nous par « émotion » ? Est-ce une sensation, une réaction, une réponse de nos sens ? La haine, la dévotion, le sentiment d'amour ou de compassion envers autrui sont des émotions. Nous qualifions certaines d'entre elles, comme l'amour et la compassion, de positives, alors que d'autres, comme la haine, ont une étiquette négative, et nous voulons nous en débarrasser. L'amour est-il le contraire de la haine ? Et l'amour est-il une émotion, une sensation, un sentiment qui s'est perpétué grâce au souvenir ?

... Qu'entendons-nous donc par « amour » ? L'amour n'est certainement pas le souvenir. C'est une chose très difficile à comprendre, car pour la majorité d'entre nous l'amour est souvenir. Quand vous dites que vous aimez votre femme ou votre mari, que voulez-vous dire ? Est-ce la source de plaisir que vous aimez ? Ou ce à quoi vous vous êtes identifié et que vous reconnaissez comme vous appartenant ? Ce sont des faits, je n'invente rien, ne prenez donc pas des airs horrifiés.

... Ce que nous aimons, ou croyons aimer, c'est l'image, le symbole derrière l'expression « ma femme » ou « mon mari », et non l'individu vivant. Je ne connais pas du tout ma femme ou mon mari ; jamais je ne pourrai connaître cette personne tant que la connaître voudra dire la reconnaître. Car la récognition se fonde sur la mémoire, sur le souvenir du plaisir et de la douleur, de tout ce pour quoi j'ai vécu et me suis torturé, de ce que je possède et à quoi je tiens. Comment pourrais-je aimer alors qu'il y a la peur, la souffrance, la solitude, l'ombre du désespoir ? Comment un ambitieux peut-il aimer ? Or nous sommes tous ambitieux, si honorables que soient nos ambitions.

Donc, pour savoir réellement ce qu'est l'amour, nous devons mourir au passé, à toutes nos émotions, bonnes ou mauvaises — mourir sans effort, comme on s'écarterait sans effort d'un poison, d'une drogue parce qu'on en comprend la toxicité.

7 mai

NOUS DEVONS AVOIR DE GRANDS SENTIMENTS

Dans le monde d'aujourd'hui qui est assailli par tant de problèmes, la perte des grands sentiments est un risque certain. Ce mot sentiment ne signifie pas pour moi la sensiblerie, l'émotion, ni un simple état d'excitation, mais cette qualité de perception, de finesse et d'écoute, cette sensibilité à l'oiseau qui chante dans un arbre, au mouvement d'une feuille sous le soleil. Sentir les choses en profondeur, d'une manière ample et pénétrante, est, pour la plupart d'entre nous, chose très difficile, car nous avons tant de problèmes. Tout ce que nous touchons se métamorphose en problème, dirait-on. Et les problèmes des hommes sont apparemment sans fin ; or ils semblent totalement incapables de les résoudre, parce que plus le problème est manifeste, moins les sentiments sont adéquats.

J'entends par sentiment le fait d'apprécier la courbe d'une branche, la saleté, la fange sur la route, le fait d'être sensible à la souffrance de l'autre, de savoir s'extasier devant un coucher de soleil. Ce n'est pas de la sensiblerie, ce ne sont pas de simples émotions. L'émotion, la sensiblerie ou le sentimentalisme se muent en cruauté et peuvent être mis à profit par la société ; et alors on devient l'esclave de la société. Mais il faut avoir de grands sentiments. Le sentiment de la beauté, la sensibilité au mot, au silence entre deux mots, et la perception nette d'un bruit, d'un son — tout cela suscite des sentiments. Et il nous faut avoir des sentiments forts, car seuls les sentiments rendent l'esprit sensible à l'extrême.

8 mai

UNE OBSERVATION HORS DE TOUTE PENSÉE

Sans la pensée, il n'y a pas de sentiment; et derrière la pensée se cache le plaisir : le plaisir, le mot, la pensée, le sentiment vont donc de pair. Toute observation qui s'effectue sans la pensée, le sentiment, le mot, est énergie. Le mot, l'association, la pensée, le plaisir et le temps épuisent l'énergie : de ce fait, il n'en reste plus pour regarder.

9 mai

LE SENTIMENT TOTAL

Qu'est-ce que le sentiment? Il ressemble à la pensée. C'est une sensation : je vois une fleur, et je réponds à cette fleur, elle me plaît ou elle me déplaît. L'attrait ou l'aversion sont dictés par ma pensée, et la pensée est la réponse de tout l'arrière-plan de mes souvenirs. Je dis alors : « J'aime cette fleur », ou « Je n'aime pas cette fleur »; « Ce sentiment me plaît », ou « Ce sentiment me déplaît »... L'amour a-t-il un lien avec le sentiment? Le sentiment est une sensation, c'est évident — une sensation de plaisir ou de déplaisir, de bien ou de mal, de bon ou de mauvais goût, et ainsi de suite. Ce sentiment a-t-il un lien

150

avec l'amour?... Avez-vous déjà observé votre rue, avez-vous observé la manière dont vous vivez chez vous, votre façon de vous asseoir, de parler? Et avez-vous remarqué la pléiade de saints que vous vénérez? Pour eux, passion égale sexe, ils renient donc la passion, ils renient donc la beauté — ils les renient en ce sens qu'ils les bannissent de leur vie. Ainsi, en même temps que la sensation, vous avez banni l'amour, car vous dites : « Je vais devenir prisonnier de mes sensations, esclave de ma sexualité; je dois donc m'abstenir. » C'est ainsi que vous avez fait de la sexualité un énorme problème... Quand vous aurez compris le sentiment de manière totale, et non fragmentaire, quand vous l'aurez réellement compris en totalité, alors vous saurez ce qu'est l'amour. Quand vous saurez voir la beauté d'un arbre, la beauté d'un sourire, quand vous saurez regarder le soleil se coucher derrière les murs de votre ville — et que votre vision sera totale —, alors vous saurez ce qu'est l'amour.

10 mai

NE NOMMEZ PAS CE SENTIMENT

Dès qu'on observe un sentiment, il cesse d'exister. Mais si, bien que le sentiment ait cessé, il reste un observateur, la contradiction est toujours là. Il est donc essentiel de comprendre comment nous observons un sentiment.

Prenons l'exemple d'un sentiment très commun : la jalousie. Nous savons tous ce qu'est être jaloux. Quel regard portez-vous sur votre propre jalousie? Quand vous considérez ce sentiment, vous êtes l'observateur de la jalousie en tant que phénomène distinct de vous-même. Vous essayez de changer la jalousie, de la modifier, ou d'expliquer pourquoi votre jalousie est fondée, et ainsi de suite. Il y a donc un être, un censeur, une entité distincte de la jalousie, et qui l'observe. La jalousie peut disparaître momentanément, mais elle revient ; et si elle revient c'est parce que vous ne voyez pas vraiment qu'elle fait partie intégrante de vous-même.

... Je dis que, dès l'instant où vous donnez un nom, où vous mettez une étiquette à ce sentiment, vous l'avez ramené dans le cadre de tout ce qui est vieux ; et le vieux, c'est l'observateur, l'entité séparée, faite de mots, d'idées, d'opinions sur ce qui est juste ou faux... Mais si vous ne nommez pas ce sentiment — et cela exige une formidable vigilance, une compréhension profonde et immédiate — vous vous apercevrez qu'il n'y a plus d'observateur, de penseur, de centre à partir duquel vous jugez, et que vous n'êtes pas différent de ce sentiment. Ce « vous » qui ressent n'est plus.

11 mai

LES ÉMOTIONS, VOIE SANS ISSUE

Que vous soyez guidés par vos émotions ou par votre intellect, cela vous mène au désespoir car c'est une voie sans issue. Mais vous vous rendez bien compte que l'amour n'est pas le plaisir, qu'il n'est pas le désir.

Vous savez ce qu'est le plaisir, vous ? Lorsque vous regardez quelque chose, ou que vous éprouvez un sentiment, le fait de songer à ce sentiment, de vous attarder constamment sur lui vous procure un plaisir, et ce plaisir, vous en avez besoin, et vous voulez qu'il se répète, encore et encore. Qu'un homme soit très ambitieux ou juste un tout petit peu, il en retire un plaisir. Lorsqu'un homme est en quête de pouvoir, d'une situation ou de prestige, au nom de la nation, au nom d'une idée, et ainsi de suite, il en retire un plaisir. Mais il est totalement dépourvu d'amour, c'est pourquoi il répand le malheur à travers le monde. Il apporte avec lui la guerre, à l'intérieur de nous comme à l'extérieur.

Il faut donc voir le fait que nos émotions, nos sentiments, notre enthousiasme, notre bonté supposée et tout le reste n'ont absolument rien à voir avec l'affection véritable, la compassion vraie. Les sentiments, les émotions sont tous liés à la pensée et conduisent donc au plaisir et à la douleur. L'amour ne connaît ni douleur ni souffrance, car il n'est ni le fruit du plaisir ni le fruit du désir.

12 mai

LE SOUVENIR EST LA NÉGATION DE L'AMOUR

Est-il possible d'aimer sans qu'intervienne la pensée? Qu'entendez-vous par la pensée? La pensée est une réponse aux souvenirs liés à douleur ou au plaisir. Elle est indissociable des résidus que laissent derrière elles les expériences inachevées. L'amour est différent du sentiment et de l'émotion. Il ne peut pas s'enfermer dans le champ étroit de la pensée, contrairement aux émotions et aux sentiments. L'amour est une flamme sans fumée, toujours neuve, créative et joyeuse. Cet amour-là est un danger pour la société, pour nos relations. C'est là qu'intervient la pensée, pour le modifier, le canaliser, le légaliser, le neutraliser; alors, il devient fréquentable. Savez-vous que, lorsqu'on aime quelqu'un, c'est l'humanité tout entière que l'on aime? Ignorez-vous à quel point il est dangereux d'aimer les hommes? Car alors il n'y a plus de barrières, plus de nationalités; alors, plus de course au pouvoir et à l'influence, et les choses reprennent leur juste valeur. Cet homme-là est un danger public.

Pour que l'amour puisse éclore, le processus de mémoire doit cesser. La mémoire n'entre en jeu que si une expérience n'a pas été pleinement, totalement comprise. Le souvenir n'est que le résidu de l'expérience, l'écho d'un défi dont on n'a pas pleinement saisi les enjeux. La vie est une succession de défis et de réponses à ces défis. Le défi est toujours neuf, mais la réponse invariablement vieille. Cette réponse, qui est notre conditionnement, qui est l'écho du passé, doit être comprise, et non brimée, condamnée, réduite au silence. Cela signifie qu'il faut vivre chaque jour avec une fraîcheur neuve, une plénitude totale. Cette vie totale n'est possible que lorsqu'il y a l'amour, que notre cœur est plein — mais non de mots ou de choses élaborées par l'esprit. Il suffit que l'amour soit là pour que cesse enfin la mémoire; alors chaque mouvement est une renaissance.

13 mai

NE NOMMEZ JAMAIS UN SENTIMENT

Que se passe-t-il lorsque vous ne nommez pas? Vous examinez directement l'émotion, le sentiment, la sensation. Vous avez dès lors une relation toute différente avec elle, tout comme vous l'auriez avec une fleur que vous ne nommeriez pas. Vous êtes « forcé » d'avoir un regard neuf. Lorsque vous ne mettez pas de nom à un groupe de personnes, vous êtes forcé de regarder chaque visage et de ne pas traiter ces personnes comme une masse. Vous êtes alors bien plus vif, plus observateur, plus compréhensif; vous avez un sens plus profond de pitié, d'amour; mais si vous les traitez comme s'ils étaient une masse, plus rien n'est possible.

Si vous n'y mettez pas d'étiquettes, vous devez

considérer chaque sentiment dès qu'il surgit. Lorsque vous le nommez, le sentiment est-il différent du nom? Ou est-ce le nom qui éveille le sentiment?

Si je ne nomme pas un sentiment, c'est-à-dire si la pensée cesse d'être une activité verbale, ou une manipulation d'images et de symboles (comme pour la plupart d'entre nous), qu'arrive-t-il? L'esprit devient autre chose qu'un simple observateur, car, ne pensant plus en termes de mots, de symboles, d'images, le penseur n'est plus séparé de la pensée. Et l'esprit est alors silencieux. Il l'est spontanément : on ne l'a pas « rendu » silencieux. Lorsque l'esprit est réellement calme, les sentiments qui surgissent peuvent être traités immédiatement. Ce n'est que lorsque nous donnons des noms aux sentiments — en les renforçant de ce fait — que nous leur donnons une continuité; ils sont emmagasinés au centre de nous-mêmes, et à partir de ce point nous leur mettons de nouvelles étiquettes qui les fortifient ou les communiquent.

14 mai

RESTEZ EN PRÉSENCE DU SENTIMENT

Jamais vous ne demeurez face à face avec un sentiment pur et simple : vous l'enveloppez toujours dans un fatras de mots. Les mots le déforment; la pensée, tourbillonnant autour de lui, le précipite dans l'ombre, l'étouffe sous une montagne de peurs et de désirs. Jamais vous ne restez en présence d'un sentiment, et de lui seul, face à la haine, ou face à cet étrange sentiment de la beauté. Quand surgit le sentiment de haine, vous dites que c'est mal; puis vient l'effort, la lutte pour vaincre cette haine, toute l'agitation des pensées tournant autour d'elle...

Essayez de rester en présence de ce sentiment de haine, ou de jalousie, d'envie, de faire face au venin de l'ambition ; car après tout c'est votre lot quotidien dans la vie, même si vous souhaitez la vivre avec amour — ou avec le mot amour. Puisqu'il est là, en vous, ce sentiment de haine, ce désir de blesser, de faire mal à l'autre d'un geste ou d'un mot cinglant, voyez si vous êtes capables de soutenir le face à face avec lui. Vous l'êtes ? Avez-vous déjà essayé ? Essayez de rester au contact d'un sentiment, et voyez ce qui arrive. Vous allez trouver cela extrêmement ardu. Ce sentiment, votre esprit va refuser de le laisser en paix ; il va entrer en scène, avec le torrent de ses souvenirs, de ses associations, de ses injonctions et de ses interdits, de ses bavardages incessants. Ramassez un coquillage. Pouvez-vous le regarder, vous émerveiller de sa délicate beauté, sans dire : « Qu'il est beau ! » ou : « De quel animal provient-il ? » Pouvez-vous le regarder sans le mouvement de l'esprit ? Pouvez-vous vivre le vrai sentiment caché sous le mot, au lieu du sentiment fabriqué par le mot ? Si vous en êtes capable, alors vous allez découvrir une chose extraordinaire, un mouvement au-delà de toute mesure de temps, un printemps qui ne connaît jamais d'été.

15 mai

COMPRENDRE LES MOTS

J'ignore si vous avez déjà examiné, approfondi tout ce processus de verbalisation, de dénomination. Vous aurez dans ce cas constaté que c'est une chose tout à fait étonnante, extrêmement intéressante et stimulante. Lorsque nous donnons un nom à une chose que nous voyons, que nous sentons, ou qui fait pour nous l'objet d'une expérience, le mot prend une importance extraordinaire ; or le mot, c'est le temps. Le temps est un espace dont le mot est le centre. Toute pensée est un processus de mise en mots : c'est en mots que nous pensons. L'esprit peut-il se libérer du mot ? Ne demandez pas : « Comment puis-je me libérer ? » Cela n'a aucun sens. Mais interrogez-vous vous-mêmes, et voyez à quel point vous êtes esclaves de mots tels que l'Inde, la Gîtâ, ou tels que communisme, chrétien, Russe, Américain, Anglais, ou caste inférieure ou supérieure à la vôtre. Le mot *amour*, le mot *Dieu*, le mot *méditation* — quelle importance extraordinaire nous avons donnée à ces mots, et combien nous en sommes esclaves !

16 mai

LE SOUVENIR BROUILLE LA PERCEPTION

Etes-vous en ce moment en train de spéculer, ou faites-vous une expérience réelle, tandis que nous cheminons ensemble ? Vous ignorez ce qu'est l'esprit religieux, n'est-ce pas ? Si j'en crois ce que vous dites, vous ignorez ce que cela signifie ; peut-être en avez-vous une petite idée, une vague notion ; de même que vous entrevoyez le ciel bleu magnifique quand le nuage se déchire ; mais, dès que vous apercevez le pan de ciel bleu, cela devient un souvenir, que vous voulez renouveler — et dans lequel vous vous noyez ; plus vous désirez le mot pour l'engranger sous forme d'expérience, plus vous vous y noyez.

LE MOT CRÉE DES BARRIÈRES

Existe-t-il une pensée sans mots ? Lorsque l'esprit n'est pas encombré de mots, la pensée cesse d'être la pensée telle que nous la connaissons, pour devenir une activité d'où le mot, le symbole, est absent ; elle ne connaît donc pas de frontières — la frontière, c'est le mot.

Le mot crée les barrières, les limites. Or un esprit qui ne fonctionne pas en mots est sans limites, sans frontières, il n'est pas captif... Prenons le mot *amour*, par exemple : voyez ce qu'il éveille en vous, observez-vous ; dès que je prononce ce mot, vous vous mettez à sourire, vous vous redressez, vous ressentez quelque chose. Le mot *amour* éveille donc toutes sortes d'idées, toutes sortes de divisions, entre le charnel et le spirituel, le profane et le sacré, et j'en passe. Mais découvrez vraiment ce qu'est l'amour. Pour découvrir ce qu'est l'amour, l'esprit doit, bien sûr, s'affranchir de ce mot et du poids de ce mot.

AU-DELÀ DES MOTS

Pour pouvoir nous comprendre mutuellement, il est à mon sens indispensable de ne pas être captifs des mots. En effet, un mot comme *Dieu*, par exemple, peut revêtir pour vous un sens particulier, alors que la représentation que je m'en fais risque d'être tout à fait différente, voire inexistante. Il nous est donc quasiment impossible de communiquer, si nous n'avons de part et d'autre la ferme volonté de comprendre et d'aller au-delà des simples mots. Le mot *liberté* s'entend généralement comme liberté *par rapport* à quelque chose, n'est-ce pas? On est libéré *de* l'avidité, de l'envie, du nationalisme, de la colère, de ceci ou cela. Alors que liberté peut avoir un tout autre sens — à savoir le sentiment d'être libre; et je pense qu'il est essentiel de comprendre ce sens-là.

... En fait, l'esprit est fait de mots, entre autres choses. L'esprit peut-il, par exemple, se libérer du mot envie? Faites-en l'expérience, et vous verrez que des mots comme *Dieu, vérité, haine, envie,* exercent sur l'esprit une influence profonde. L'esprit peut-il se libérer de ces mots, tant au niveau neurologique que psychologique? S'il ne s'en libère, alors il est incapable d'affronter le fait de l'envie. Quand l'esprit parvient à regarder directement ce fait qu'il nomme *envie,* alors le fait lui-même a une action plus rapide que l'effort déployé par l'esprit pour agir sur lui. Tant que l'esprit songe à se débarrasser de l'envie par l'intermédiaire d'un idéal de *non-envie,* etc., cela le distrait, il n'affronte pas le fait, et c'est le mot *envie* qui le distrait du fait. Le processus de récognition ne passe pas par le mot; et dès l'instant où c'est à travers le mot que je reconnais un sentiment, je lui donne une continuité.

19 mai

UNE VISION EXTRAORDINAIRE

C'est pourquoi nous voulons savoir si l'esprit, comme aux origines, peut atteindre à cette extraordinaire faculté de vision, de perception, pas en partant de la périphérie, de l'extérieur, des lisières — mais en une rencontre qui soit spontanée. Ne pas solliciter cette rencontre est le seul moyen de la faire. Parce que dans cette rencontre inopinée il n'y a pas d'effort, pas de quête, pas d'expérience; mais il y a rejet total de toutes les pratiques normalement mises en œuvre pour accéder à ce centre, pour connaître cette éclosion. Ainsi l'esprit est aiguisé, éveillé à l'extrême, et ne dépend plus d'aucune expérience pour rester en éveil.

Lorsqu'on se pose à soi-même la question, on peut en rester au niveau verbal; et, pour la plupart d'entre nous, c'est forcément le seul niveau possible. Mais il faut bien comprendre que le mot n'est pas la chose — le mot *arbre*, par exemple, n'est pas l'arbre, il n'est pas la réalité de l'arbre. La réalité, c'est lorsqu'on touche l'arbre, pas à travers le mot, mais en ayant avec lui un contact réel. Il y a alors une réalité effective — ce qui veut dire que le mot a perdu son pouvoir hypnotique. Par exemple, le mot *Dieu* est si lourdement chargé de sens et a hypnotisé les gens à un tel point qu'ils sont prêts à l'accepter ou à le rejeter, et à se comporter comme des écureuils en cage! Il faut donc laisser de côté le mot et le symbole.

20 mai

LA PERCEPTION DE LA VÉRITÉ EST IMMÉDIATE

Le stade verbal est le fruit d'une élaboration qui s'est faite laborieusement au fil des siècles, au gré des relations entre individu et société; par conséquent, le mot, le stade verbal, est un état de choses à la fois social et individuel. Pour pouvoir communiquer comme nous le faisons, j'ai besoin de la mémoire, des mots, je dois connaître l'anglais, vous devez aussi connaître l'anglais, dont l'acquisition a pris des siècles et des siècles. Le mot ne se développe pas uniquement dans les relations d'ordre social, mais aussi dans le cadre des liens sociaux, en tant que réaction par rapport à des situations individuelles; les mots sont nécessaires. Il faut donc se demander si, après tout le temps qu'il a fallu, siècle après siècle, pour que s'élabore le symbole, le stade verbal, tout cela peut s'effacer, s'évanouir, là, immédiatement... Est-ce à force de temps que nous allons nous libérer de cet emprisonnement verbal de l'esprit, qui a mis des siècles à s'échafauder ? Ou sa destruction doit-elle être immédiate ? Certes, vous allez peut-être dire : « Cela prend forcément du temps, je ne vais pas y arriver tout de suite. » Cela signifie qu'il va vous falloir des jours, cela implique une continuité du passé, même s'il subit en cours de route des modifications — jusqu'à ce que soit atteint le point au-delà duquel on ne peut aller. Êtes-vous capable de faire tout cela ? Nous avons peur, nous sommes paresseux, indolents, et nous disons : « Pourquoi nous tracasser à ce sujet ? C'est trop difficile » ; ou encore : « Je ne sais que faire » — c'est ainsi qu'on remet à plus tard, plus tard, toujours plus tard. Pourtant il faut que vous voyiez la vérité de cette continuité et de la modification du mot. La perception de la vérité de toute chose, quelle qu'elle soit, n'est pas de l'ordre du temps — elle est immédiate. Notre esprit peut-il briser tous les obstacles en une seconde, à l'instant même où il questionne ? L'esprit peut-il voir la barrière du mot, comprendre en un éclair la signification, l'importance du mot, l'esprit peut-il être dans cet état où il n'est plus prisonnier du temps ? Vous avez sûrement déjà fait pareille expérience ; mais pour la plupart d'entre nous, c'est un événement très rare.

21 mai

SUBTILE VÉRITÉ

Ce flash de compréhension, cette extraordinaire rapidité de vision pénétrante, vous vient quand l'esprit est tout à fait tranquille, silencieux, que la pensée est absente, que l'esprit n'est pas encombré par son propre bruit. Comprendre — que ce soit un tableau moderne, un enfant, votre femme, votre voisin, ou la vérité, présente en toute chose, ou quoi que ce soit d'autre — n'est donc possible que lorsque l'esprit est très tranquille. Mais c'est une tranquillité qui ne se cultive pas, car à cultiver un esprit tranquille, on gagne un esprit mort.

... Plus une chose vous intéresse, plus vous cherchez à comprendre, et plus l'esprit est simple, clair, libre. Alors cesse la verbalisation. En réalité, la pensée c'est le mot, et c'est lui qui interfère. C'est l'écran des mots, autrement dit le souvenir, qui intervient entre la sollicitation du défi et la réponse. C'est le mot, qui est la réaction face à cette sollicitation, que nous appelons intellection. C'est pourquoi un esprit occupé à bavarder, à verbaliser, ne peut pas comprendre la vérité — la vérité en situation dans la relation, pas une vérité abstraite. La vérité abstraite, cela n'existe pas. Mais la vérité est très subtile. C'est cette subtilité qui la rend difficile à suivre. Elle n'est cependant pas abstraite. Sa trajectoire est si fugace, si secrète, qu'elle ne peut être captée par l'esprit. Comme un voleur dans la nuit, elle vient subrepticement, quand vous ne l'attendez pas. Vous y préparer d'avance ne serait que répondre aux invites de votre avidité. L'esprit piégé dans le filet des mots ne peut pas comprendre la vérité.

22 mai

TOUTE PENSÉE RESTE FRAGMENTAIRE

Vous et moi sommes conscients d'être conditionnés. Si vous dites, comme le font certains, que le conditionnement est inévitable, alors le débat est clos : vous êtes un esclave, et c'est terminé. Mais si vous commencez à vous demander s'il serait peut-être possible de rompre ces servitudes, ce conditionnement, alors le débat est ouvert : vous allez donc devoir explorer tout ce processus de la pensée, n'est-ce pas ? Si vous vous contentez de dire : « Je dois avoir conscience de mon conditionnement, je dois y réfléchir, l'analyser afin de le comprendre et de le réduire à néant », dans ce cas vous avez recours à la force. Votre réflexion, votre analyse sont une fois de plus l'expression de votre vécu antérieur, ce n'est donc pas, de toute évidence, par l'intermédiaire de votre pensée que vous pouvez briser un conditionnement dont elle-même fait partie.

Pour commencer, voyez simplement le problème, ne cherchez pas de réponse, de solution. C'est un fait que nous sommes conditionnés, et que toute pensée visant à comprendre ce conditionnement ne sera toujours que fragmentaire, il n'y a donc jamais compréhension totale ; or la liberté n'existe que dans la compréhension totale de tout l'ensemble du processus de la pensée. La difficulté, c'est que nous fonctionnons toujours dans le champ de l'esprit, qui est l'instrument de la pensée, raisonnable ou déraisonnable ; et, comme nous l'avons vu, la pensée est toujours fragmentaire.

23 mai

SE LIBÉRER DU MOI

Pour libérer l'esprit de tout conditionnement, il faut en avoir une vision totale, mais en l'absence de toute pensée. Cela n'a rien d'une énigme : faites-en vous-même l'expérience et vous verrez. Voit-on jamais quoi que ce soit sans que la pensée n'intervienne ? Avez-vous déjà écouté, regardé, sans faire intervenir tout ce mécanisme de réaction ? Vous allez dire qu'il est impossible d'observer sans interposition de la pensée ; vous allez dire qu'on ne peut pas déconditionner l'esprit. En disant cela, vous vous êtes déjà mentalement bloqué, car le fait réel, c'est que vous ne savez pas.

Puis-je donc regarder, l'esprit peut-il percevoir son conditionnement ? Je vous en prie, tentez l'expérience. Pouvez-vous avoir conscience du fait que vous êtes hindou, socialiste, communiste, ceci ou cela — simplement en avoir conscience —, sans dire que c'est bon ou mauvais ? Car voir, voir tout simplement, est une tâche si ardue que nous la disons impossible. Je dis que ce n'est que lorsque vous avez conscience — mais sans qu'il s'agisse d'une réaction — de cette totalité de votre être, que s'efface le conditionnement, totalement et jusqu'aux niveaux les plus profonds — et c'est cela, être véritablement libéré du moi.

24 mai

PROBLÈMES OBSERVÉS, PROBLÈMES ENVOLÉS ?

Il est évident que toute pensée est conditionnée ; il n'existe pas de pensée libre. La pensée ne peut jamais être libre : elle est le fruit de notre conditionnement, de notre vécu, de notre culture, de notre climat, de notre environnement social, économique et politique. Vos lectures mêmes, les pratiques qui vous sont propres, font partie de ce vécu, et toute pensée ne peut être que le corollaire de ce vécu. Si nous pouvons donc avoir conscience — et nous pouvons tout de suite examiner ce que veut dire « avoir conscience » —, nous parviendrons peut-être au déconditionnement de l'esprit sans intervention de la volonté, sans que ce déconditionnement soit le fruit d'une démarche délibérée. Car dès l'instant où la démarche est délibérée, il y a une entité désirante, une entité qui décrète : « Je dois déconditionner mon esprit. » Cette entité elle-même naît de notre désir d'accéder à un résultat donné : il y a donc là, déjà, un conflit. Alors, est-il possible d'être conscients, simplement conscients de notre conditionnement, et rien de plus ? — dans ce cas-là, il n'y a pas l'ombre d'un conflit. Cette conscience même, pour peu qu'on lui donne l'occasion de se manifester, est peut-être en mesure de réduire en cendres les problèmes.

25 mai

AUCUN CONDITIONNEMENT N'EST NOBLE

Le désir qu'a l'esprit de se libérer de son conditionnement ne crée-t-il pas un autre type de résistance et de conditionnement ? Ayant pris conscience du modèle ou du moule dans lequel vous avez été élevé, vous voulez vous en libérer ; ce désir de liberté ne conditionnera-t-il pas l'esprit à son tour, mais d'une manière différente ? L'ancienne structure affirme que vous devez vous conformer à l'autorité, à présent vous êtes en train d'en établir une autre selon laquelle vous ne devez pas vous conformer. De sorte que vous avez deux modèles, et parfaitement conflictuels. Aussi longtemps qu'existera cette contradiction interne, un conditionnement encore plus profond s'installera.

... Il y a d'un côté le désir qui débouche sur le conformisme, et de l'autre le désir de liberté. Si dissemblables qu'ils puissent paraître, ces deux désirs ne sont-ils pas fondamentalement semblables ? Et si tel est le cas, cette quête de la liberté est vaine, car vous ne ferez que passer d'un modèle à l'autre, indéfiniment. Il n'existe aucun conditionnement qui soit

165

noble ou meilleur qu'un autre. Tout conditionnement est douloureux. Le désir d'être, ou de ne pas être, entraîne le conditionnement, et c'est ce désir qu'il nous faut comprendre.

26 mai

S'AFFRANCHIR DU CONDITIONNEMENT

Le désir de se libérer du conditionnement a pour seul effet de le renforcer. Mais si, au lieu d'essayer d'étouffer ce désir, on en comprend tout le processus, cette compréhension même est ce qui permet de se libérer du conditionnement. Pourtant cette libération n'est qu'un effet annexe, pas l'essentiel. Est-ce que vous comprenez? Si je me fixe délibérément pour but de me libérer de mon conditionnement, ce désir crée à son tour un autre conditionnement. Je peux détruire une forme de conditionnement, mais je deviens victime d'une autre. Alors que si nous comprenons ce désir de libération, cette compréhension même suffit à détruire tout conditionnement. Le fait d'être libéré du conditionnement n'est qu'un produit accessoire, sans importance. L'important, c'est de comprendre ce qui crée le conditionnement.

27 mai

ÊTRE SIMPLEMENT CONSCIENT

Toute forme d'accumulation, que ce soit de connaissances ou d'expériences, toute forme d'idéal, toute projection de l'esprit, toute pratique délibérée se proposant de façonner l'esprit — en fonction de ce qu'il devrait être ou ne pas être —, tout cela paralyse évidemment notre démarche d'investigation et de découverte.

Je pense donc que notre questionnement ne doit pas avoir pour but de résoudre nos problèmes immédiats, mais de découvrir si le contenu de l'esprit — le conscient, mais aussi le niveau inconscient de l'esprit, où sont emmagasinés tous les souvenirs, toutes les traditions, tout l'héritage de l'espèce —, si tout cela, donc, peut être éliminé. Je crois que cela n'est possible que si l'esprit est capable d'être conscient, sans aucune notion d'exigence, de pression — capable d'être simplement conscient. Je crois que c'est une des choses les plus ardues que d'être conscient, parce que nous sommes happés par les problèmes immédiats et leurs solutions immédiates, ce qui rend notre existence très superficielle. Nous avons beau consulter tous ces psychanalystes, lire tous ces livres, amasser toutes ces connaissances, aller à l'église, prier, méditer, observer diverses disciplines, nos existences n'en sont pas moins manifestement superficielles, parce que nous sommes incapables d'aller au fond des choses. Je crois que la compréhension, le moyen de pénétrer au cœur, au plus profond des choses, passe par la conscience — la simple perception de nos pensées et de nos sentiments, sans condamnation, sans comparaison —, la simple observation. Vous constaterez, si vous tentez l'expérience, l'extraordinaire difficulté de la chose, parce que nous sommes essentiellement formés, rodés à condamner, à approuver, à comparer.

RIEN DANS L'ESPRIT N'ÉCHAPPE AU CONDITIONNEMENT

Votre esprit est conditionné dans sa totalité : rien en vous n'échappe au conditionnement. C'est un fait, que cela vous plaise ou non. Vous pouvez dire qu'il existe en vous un élément — l'observateur, l'entité suprême, l'atma — qui n'est pas conditionné ; mais puisque votre pensée le conçoit, c'est qu'il reste dans le cadre de la pensée : il est donc conditionné. Vous pouvez inventer des tas de théories à ce sujet, mais le fait est que votre esprit est conditionné dans son intégralité — au niveau conscient et inconscient — et tout effort de sa part pour se libérer est lui aussi conditionné. Dans ce cas, que peut faire l'esprit ? Ou plutôt quel est l'état de l'esprit au moment où il sait qu'il est conditionné et qu'il réalise que tout effort visant à se déconditionner est toujours de l'ordre du conditionnement ?

Lorsque vous dites : « Je sais que je suis conditionné », le savez-vous vraiment, ou n'est-ce qu'une déclaration purement verbale ? Le savez-vous avec une intensité aussi grande que votre émotion face à un cobra ? Quand, ayant aperçu, un serpent, vous l'identifiez comme étant un cobra, la réaction est immédiate, non préméditée ; mais quand vous dites : « Je sais que je suis conditionné », est-ce d'une importance aussi vitale que votre perception du cobra ? Ou bien n'est-ce qu'une simple reconnaissance superficielle du fait, et non la réalisation du fait ? Lorsque je prends conscience du fait que je suis conditionné, il y a action immédiate. Je n'ai aucun effort à faire pour me déconditionner. Le fait même que je sois conditionné et la réalisation de ce fait provoquent un éclaircissement immédiat. La difficulté réside dans l'absence de réalisation du fait, c'est-à-dire dans l'incapacité d'en comprendre toutes les implications, et dans l'impossibilité de voir que toute pensée — quelles qu'en soient la subtilité, l'habileté, la sophistication ou l'ampleur philosophique — est conditionnée.

LE FARDEAU DE L'INCONSCIENT

Au plus profond de nous, dans notre inconscient, l'énorme poids du passé nous pousse dans une certaine direction...

Comment faire, alors, pour effacer tout cela? Comment peut-on laver l'inconscient de tout son passé, instantanément? Les psychanalystes pensent que l'inconscient peut être partiellement, voire totalement, mis à net, grâce à l'analyse — l'investigation, l'exploration, la confession, l'interprétation des rêves, et ainsi de suite —, et ainsi on devient au moins un être humain « normal », capable de s'adapter à l'environnement présent. Mais, dans l'analyse, il y a toujours celui qui analyse et la chose analysée, un observateur qui interprète la chose observée, d'où une dualité, un conflit.

Je vois donc que la simple analyse de l'inconscient ne mènera à rien. Elle peut m'aider à être un peu moins névrosé, un peu meilleur envers ma femme, mon voisin — ce genre d'effet superficiel; mais ce n'est pas l'objet de notre propos. Je vois que le processus analytique — qui suppose du temps, une interprétation, le mouvement de la pensée sous forme d'un observateur analysant la chose observée — est incapable de libérer l'inconscient; je rejette donc totalement le processus analytique. Dès l'instant où je perçois le fait que l'analyse ne peut en aucun cas me délivrer du fardeau de l'inconscient, le pas est franchi : je cesse d'analyser. Que s'est-il donc passé? Il n'y a plus un analyseur séparé de la chose

169

qu'il analyse : il est cette chose même, et non une entité distincte. C'est alors que l'on s'aperçoit que l'inconscient n'a que très peu d'importance.

30 mai

L'INTERVALLE ENTRE LES PENSÉES

Je dis qu'il est parfaitement possible à l'esprit d'être libre de tout conditionnement; mais n'acceptez pas mon autorité à ce sujet : si vous l'acceptiez, ce ne serait qu'un processus de substitution sans grande valeur, et vous ne pourriez rien découvrir...

Comment l'esprit peut-il être libre? L'esprit, pour ce faire, doit non seulement voir et comprendre le mouvement pendulaire qu'il décrit entre passé et futur, mais également avoir conscience de l'intervalle qui sépare les pensées...

La compréhension de tout ce processus du conditionnement ne se produit pas par l'analyse et l'introspection; car dès que vous avez l'observateur, celui-ci lui-même fait partie de l'arrière-plan et par conséquent son analyse n'a pas de valeur...

Comment l'esprit peut-il donc être libre? Pour être libre, il ne doit pas seulement voir et comprendre son va-et-vient de balancier entre le passé et le futur, mais aussi percevoir les intervalles entre deux pensées...

Si vous observez soigneusement votre pensée, vous verrez que, bien que ses réactions soient très rapides, il y a des trous, des arrêts entre une pensée et l'autre. Entre deux pensées il y a une période de silence, laquelle n'est pas reliée au processus de la pensée. Si vous l'examinez, vous verrez que cette période de silence, que cet intervalle, n'appartient pas au temps, et la découverte de cet intervalle, sa pleine perception, vous libère du conditionnement, ou plutôt il ne « vous » libère pas mais il y a affranchissement du conditionnement.

COMMENT SE FORMENT LES HABITUDES

Si nous ne sommes pas libérés du passé, il n'est point de liberté, car l'esprit n'est jamais neuf, frais, innocent. Seul un esprit frais, innocent, est libre. La liberté n'a rien à voir avec l'âge, elle n'a rien à voir avec l'expérience ; et il me semble que l'essence même de la liberté consiste à comprendre tout le mécanisme des habitudes, à la fois conscientes et inconscientes. La question n'est pas de mettre fin aux habitudes, mais d'en voir toutes les structures. Il faut que vous observiez comment se forment les habitudes et comment le rejet d'une habitude ou le fait de lui résister ne font qu'en créer une autre. L'essentiel est d'être parfaitement conscient de l'habitude : alors, ainsi que vous le constaterez vous-même, il ne se forme plus d'habitudes. La résistance, l'opposition ou le refus n'ont pour effet que de donner une continuité aux habitudes. Lorsque vous luttez contre l'une d'elles, vous lui donnez vie, et cette lutte même devient une nouvelle habitude. Mais si vous avez simplement conscience de l'ensemble des structures de l'habitude, sans résistance, vous découvrirez alors qu'il est possible de s'en libérer, et cette liberté débouche sur quelque chose de neuf.

Seul un esprit émoussé, assoupi, se crée des habitudes et s'y accroche. L'esprit qui reste attentif seconde après seconde — attentif à ce qu'il dit, attentif au mouvement de ses mains, de ses pensées, de ses sentiments — découvrira que cette formation de nouvelles habitudes a cessé. Il est capital de comprendre cela, car tant que l'esprit s'efforce de rompre ses vieilles habitudes, en créant de nouvelles par ce processus même, il ne peut évidemment jamais être libre ; et seul un esprit libre peut voir au-delà de lui-même.

Juin

L'ÉNERGIE

L'ATTENTION

LA CONSCIENCE SANS CHOIX

LA VIOLENCE

L'ÉNERGIE CRÉE SA PROPRE DISCIPLINE

La quête de la réalité exige une immense énergie ; et si l'homme ne s'investit pas dans cette quête, il dissipe son énergie dans des voies qui n'engendrent que le malheur, c'est pourquoi la société le met sous surveillance. Est-il donc possible de libérer cette énergie par et dans la recherche de Dieu ou de la vérité, et, tout en poursuivant cette découverte de ce qui est vrai, d'être un citoyen qui comprend les problèmes essentiels de la vie, sans que la société ne puisse le détruire ?

En fait, l'homme est énergie, et s'il n'est pas à la recherche de la vérité, cette énergie devient destructrice ; c'est pourquoi la société contrôle et façonne l'individu — étouffant par là même cette énergie... Et vous avez peut-être remarqué un autre fait tout simple et très intéressant, à savoir qu'il suffit que l'on ait vraiment envie de faire quelque chose pour en avoir l'énergie... Cette énergie devient en elle-même un agent de contrôle, vous n'avez donc plus besoin d'aucune discipline extérieure. Dans cette quête de la réalité, l'énergie crée sa propre discipline. Celui qui cherche spontanément la vérité devient un citoyen authentique, ce qui ne veut pas dire docile aux schémas en vigueur dans quelque type de société ou de gouvernement que ce soit.

TOUTE DUALITÉ SUSCITE UN CONFLIT

Tout conflit, qu'il soit d'ordre physique, psycho-logique ou intellectuel, est une perte d'énergie. Soyez attentifs, je vous en prie : il s'agit d'une chose extra-ordinairement difficile à comprendre, et dont il est malaisé de se dégager, car de par notre éducation, nous avons presque tous été rodés à la lutte, à l'effort. Faire des efforts — voilà la première chose qu'on nous enseigne à l'école. Et cette lutte, ces efforts se poursuivent tout au long de notre vie — pour être bon, nous dit-on, il faut lutter, il faut combattre le mal, il faut résister, contrôler. Donc, sur le plan éducatif, social et religieux, on apprend aux hommes à lutter. On vous dit que, pour trouver Dieu, il faut se donner du mal, se discipliner, prati-quer, se torturer à en avoir l'âme et le corps tout gau-chis, renoncer, refouler, se voiler la face, et se battre, se battre toujours et sans cesse, sur le plan prétendu-ment spirituel — mais qui n'a de spirituel que le nom. Alors, dans la vie sociale, c'est chacun pour soi et pour sa famille.

... C'est ainsi que, de toutes parts, nous gaspillons notre énergie. Et c'est le conflit qui est le responsable essentiel de ce gâchis : le conflit entre « je devrais » et « je ne devrais pas », « il faut » et « il ne faut pas ». Une fois créée la dualité, le conflit est inévitable. Il nous faut donc comprendre tout ce mécanisme de la dualité — il ne s'agit pas de nier la distinction entre homme et femme, entre vert et rouge, entre lumière et ombre, entre grand et petit : ce sont des faits. Mais dans tout effort visant à créer cette division entre le fait et l'idée, le gaspillage d'énergie intervient.

TEL SCHÉMA, TELLE IDÉE

Si vous dites : « Comment vais-je faire pour économiser mon énergie ? » vous avez dès lors créé un schéma à suivre pour la pensée — ici, un système d'économie d'énergie — puis vous organisez votre vie en fonction de ce schéma : c'est le point de départ d'une nouvelle contradiction. Alors que, si vous repérez par vous-même où a lieu ce gaspillage de vos énergies, vous verrez que la principale cause de gaspillage est le conflit — le fait, par exemple, d'avoir un problème toujours irrésolu, de vivre avec le souvenir mortifère de quelque chose qui n'est plus, de vivre dans la tradition. Il est essentiel que nous comprenions la nature de cette dilapidation de l'énergie, et que cette compréhension, au lieu de passer par l'intermédiaire de Shankara, Bouddha, ou un saint quelconque, se fasse par l'observation authentique des conflits de notre vie quotidienne. Donc, la source principale de déperdition d'énergie est le conflit — ce qui ne signifie pas que vous n'ayez plus qu'à rester là sans rien faire. Mais tant que l'idée aura plus d'importance que le fait, le conflit existera toujours.

LA CONTRADICTION APPELLE LE CONFLIT

Vous constatez que nous sommes, pour la plupart, en butte à des conflits, que la contradiction, non seulement interne, mais externe, domine notre existence. La contradiction implique l'effort... Là où il y a effort, il y a gâchis — gaspillage d'énergie. Là où il y a contradiction, il y a conflit. Le conflit appelle à son tour l'effort, pour surmonter ce conflit — ce qui est une autre forme de résistance. Et lorsqu'on résiste, cela engendre aussi une certaine forme d'énergie — il est bien connu que lorsqu'on résiste à quelque chose, cette résistance même est source d'énergie...

Toute action est fondée sur cette friction entre ce qu'il faut et ce qu'il ne faut pas faire. Et ce type de résistance, cette forme de conflit, engendre effectivement une énergie ; mais cette énergie, si vous observez de très près, n'est pas créatrice, mais au contraire très destructrice... La plupart des gens baignent dans la contradiction. Et s'ils possèdent un don, un talent, pour l'écriture ou la peinture, ou quoi que ce soit d'autre, la tension que crée en eux cette contradiction leur donne l'énergie d'exprimer, de créer, d'écrire, d'être. Plus forte est la tension, plus grand est le conflit, plus grandiose est le résultat, et c'est ce que nous appelons la création. Mais cela n'a rien à voir avec la création, ce n'est que le résultat d'un conflit. Faire face au fait que l'on baigne dans le conflit, la contradiction, fera jaillir cette qualité d'énergie qui n'est pas le fruit d'une résistance.

5 juin

L'ÉNERGIE CRÉATRICE

La question qui se pose est donc la suivante : existe-t-il une énergie qui ne relève pas du champ étroit de la pensée, qui ne découle pas de cette énergie irrépressible issue de nos propres contradictions, et qui ne résulte pas d'un accomplissement personnel qui n'est autre que de la frustration ? J'espère que je me fais bien comprendre. Car si nous ne parvenons pas à cette qualité d'énergie qui n'est pas un simple produit de la pensée — pensée qui engendre peu à peu de l'énergie, mais qui est aussi très mécanique — toute action sera destructrice, que nous nous occupions de réformes sociales, que nous écrivions des livres excellents, que nous soyons des hommes d'affaires habiles, que nous fomentions des divisions nationalistes ou participions à quelque autre activité politique, etc. : rien n'y fera. La question est donc de savoir si cette énergie existe — et pas en théorie ; car lorsqu'on est devant des faits, avancer des théories est infantile et immature. C'est comme si, au moment où un cancéreux doit être opéré, on discutait du choix de tel ou tel instrument, et autres considérations inutiles ; ce qui est indispensable, en revanche, c'est d'affronter le fait qu'il doit être opéré. De même, l'esprit doit être pénétrant, ou être dans un état où il ne soit pas esclave de la pensée. En définitive, toute pensée incluse dans le temps est invention : tous les gadgets, les avions à réaction, les réfrigérateurs, les fusées, l'exploration de l'espace, de l'atome, tout cela est le fruit du savoir, de la pensée. Ces choses-là ne sont pas de l'ordre de la création ; l'invention n'est pas la création ; la compétence n'est pas la création ; la pensée ne peut jamais être créatrice, car elle est toujours conditionnée et ne peut jamais être libre. La seule énergie créatrice est celle qui n'est pas issue de la pensée.

6 juin

LA PLUS HAUTE FORME D'ÉNERGIE

L'idée que l'on se fait de l'énergie, c'est tout autre chose que l'énergie elle-même en tant que fait. Nous ne manquons ni de formules ni de concepts sur le moyen d'accéder à une exceptionnelle qualité d'énergie. Mais une formule, cela n'a rien à voir avec cette qualité rénovatrice, régénératrice de l'énergie elle-même.

... L'apogée de cette énergie, sa plus haute forme, c'est l'état dans lequel l'esprit est dénué de toute idée, de toute pensée, de toute notion de directive ou de mobile — là est l'énergie pure. Et cette qualité d'énergie ne peut faire l'objet d'aucune quête. Impossible de dire : « Dites-moi donc comment l'acquérir, indiquez-moi la manière d'opérer, montrez-moi le chemin. » Il n'y a pas de chemin. Pour découvrir par nos propres moyens la nature de cette énergie, nous devons d'abord comprendre comment se dilapide l'énergie au quotidien — celle qu'il nous faut pour parler, écouter un oiseau, une voix, voir le fleuve, l'immensité du ciel, et les villageois, sales, mal vêtus, malades et affamés, et l'arbre qui se repose enfin, le soir venu, de toute la lumière de la journée. L'observation de toute chose est énergie. Cette énergie, nous la tirons de notre nourriture, des rayons du soleil. Cette énergie physique, quotidienne, dont nous disposons peut, bien sûr, être augmentée, accrue grâce à une alimentation adéquate, et ainsi de suite. C'est évidemment indispensable. Mais cette même énergie, qui devient l'énergie de la psyché — autrement dit la pensée —, cette énergie, dès qu'elle est en contradiction avec elle-même, n'est plus que de l'énergie gâchée.

7 juin

L'ART D'ÉCOUTER EST UN ART QUI LIBÈRE

Quelqu'un vous parle, vous écoutez. L'acte même d'écouter est l'acte qui libère. Lorsque vous voyez le fait, la perception même de ce fait vous en libère. Le fait même d'écouter, de voir une chose en tant que fait a un effet extraordinaire, sans que la pensée ne fasse aucun effort.

... Prenons l'ambition, par exemple. Nous en avons examiné suffisamment en détail les effets, les conséquences. Un esprit dévoré d'ambition ne peut jamais savoir ce qu'est le fait d'éprouver de la compassion, de la pitié, de l'amour. L'esprit ambitieux est cruel — tant sur le plan spirituel que sur le plan extérieur ou intérieur. Vous avez déjà entendu ces remarques. Vous les entendez donc, et en les entendant, vous les traduisez à votre façon et vous dites : « Comment puis-je vivre dans cet univers fondé sur l'ambition ? » Ce qui prouve que vous n'avez pas écouté. Vous n'avez fait que répondre, réagir à un énoncé, à un fait ; donc, vous ne regardez pas le fait. Vous vous contentez de l'interpréter, ou de donner votre opinion sur lui, ou de réagir par rapport à lui ; donc, vous ne regardez pas le fait... Si l'on écoute — en ce sens que l'on s'abstient de toute évaluation, de toute réaction, de tout jugement —, alors, assurément, le fait crée cette énergie qui anéantit, qui élimine, qui balaye l'ambition génératrice de conflit.

8 juin

UNE ATTENTION SANS RÉSISTANCE

Vous savez ce qu'est l'espace. Il y a de l'espace dans cette salle. La distance entre l'endroit où nous sommes et votre foyer d'étudiant, entre le pont et chez vous, entre cette rive du fleuve et l'autre — c'est tout cela, l'espace. Alors, y a-t-il aussi de l'espace dans votre esprit ? Ou est-il tellement encombré qu'il n'y a plus le moindre espace ? S'il y a de l'espace dans votre esprit, alors dans cet espace il y a le silence — et c'est de cet espace que vient tout le reste, car on peut alors écouter, on peut exercer une attention sans résistance. C'est pourquoi il est essentiel qu'il y ait de l'espace au sein de notre esprit. Si l'esprit n'est pas plein à craquer, s'il n'est pas sans cesse occupé, alors il peut écouter ce chien qui aboie, le bruit du train qui traverse le pont au loin, et avoir aussi pleinement conscience de ce que dit une certaine personne assise ici, à vous parler. Alors, l'esprit est une chose vivante, il n'est pas mort.

9 juin

UNE ATTENTION LIBÉRÉE DE TOUT EFFORT

Existe-t-il une attention dans laquelle rien ne vienne absorber l'esprit? Une attention excluant toute concentration sur un objet? Une attention dénuée de tout motif, de toute influence, de toute contrainte? L'esprit peut-il prêter pleinement attention à un objet sans qu'intervienne aucune notion d'exclusion? Il en est assurément capable, et c'est le seul état d'attention existant, les autres n'étant que complaisance, ou simple supercherie de l'esprit. Si vous êtes capable d'une attention parfaite sans vous laisser absorber par l'objet, et sans aucune notion d'exclusion, alors vous découvrirez ce qu'est méditer; car dans cette attention n'entre ni effort, ni division, ni lutte, ni quête d'un résultat. La méditation est donc un processus dans lequel on libère l'esprit de tous les systèmes, et on exerce une attention exempte de toute absorption de l'esprit ainsi que de tout effort de concentration.

UNE ATTENTION QUI N'EST PAS EXCLUSIVE

Je pense qu'il existe une différence entre l'attention qui a un objet et l'attention qui est sans objet. On peut se concentrer sur une idée, une croyance, un objet particuliers — ce qui est un système exclusif; mais il y a aussi une attention, une conscience non exclusive. De même, il existe un mécontentement dénué de motif, qui n'est pas le fruit d'une frustration quelconque, qui ne peut pas être canalisé, qui ne peut trouver aucun apaisement. L'expression que j'utilise n'est peut-être pas adéquate, mais je crois que l'essentiel, c'est cet extraordinaire mécontentement. Sans cela, toute autre forme de mécontentement ne devient plus alors qu'une voie vers la satisfaction.

L'ATTENTION N'A NI FRONTIÈRES NI LIMITES

Dans l'éducation de la pensée, l'accent doit être mis sur l'attention et non sur la concentration. La concentration est un processus qui contraint l'esprit à rétrécir sa vision à un point, alors que l'attention n'a pas de frontières. Se concentrer, c'est emprisonner l'esprit dans des frontières, le limiter; mais ce qui nous intéresse, c'est de comprendre l'esprit dans sa totalité, donc la concentration devient une gêne. L'attention est illimitée, elle n'est pas contenue dans les frontières du savoir. Celui-ci est le résultat de la concentration d'esprit, mais tout accroissement du savoir est toujours cerné par ses propres frontières. Dans l'état d'attention, notre esprit peut se servir, et se sert effectivement, des connaissances, qui sont le résultat obligé de la concentration; mais la partie n'est pas le tout, et ce n'est pas en additionnant les parties qu'on parvient à la compréhension du tout. Le savoir, qui est le processus additif de la concentration, ne mène pas à la compréhension de l'immesurable. Un esprit qui se concentre ne peut jamais embrasser la totalité.

L'attention a donc une extrême importance, mais elle ne se produit pas par un effort de concentration. L'attention est un état dans lequel on est toujours en train d'apprendre sans un centre de conscience autour duquel s'amassent des connaissances sous forme d'expériences accumulées. Un esprit concentré sur lui-même se sert des connaissances comme moyen d'expansion personnelle, et cette activité devient contradictoire en elle-même et antisociale.

12 juin

L'ATTENTION TOTALE

L'attention : qu'entendons-nous par ce mot? Y a-t-il attention lorsque je force mon esprit à être attentif? Lorsque je me dis : « Je dois faire attention, je dois contrôler mon esprit et écarter toutes les autres pensées », peut-on appeler cela de l'attention? Ce n'est certainement pas cela, l'attention. Que se passe-t-il quand on se force à l'attention? L'esprit crée une résistance destinée à empêcher l'infiltration d'autres pensées; il est trop occupé à résister, à éliminer pour être capable d'attention. C'est la vérité, n'est-ce pas?

Pour comprendre totalement quelque chose, vous devez y investir votre attention complète. Mais vous allez vite vous apercevoir de l'extrême difficulté de l'opération, car votre esprit est habitué à être distrait; vous dites alors : « Faire attention, c'est bien,

mais, grands dieux, comment vais-je m'y prendre ? »
Autrement dit, vous en êtes revenu au désir de parvenir à un résultat, vous ne serez donc jamais totalement attentif... Quand vous voyez un arbre ou un oiseau, par exemple, faire preuve d'attention ne consiste pas à dire : « Ça, c'est un chêne », ou : « Ça, c'est un perroquet », puis à poursuivre votre chemin. En leur donnant un nom, vous avez déjà cessé d'y faire attention... Alors que si vous êtes pleinement conscient, totalement attentif lorsque vous regardez quelque chose, vous vous apercevrez qu'une transformation radicale se fait jour et cette attention totale, c'est cela, le bien. Il n'en existe pas d'autre, et cette attention ne s'obtient pas par la pratique. La pratique permet de se concentrer, c'est-à-dire de mettre en place des murs de résistance, derrière lesquels s'enferme celui qui se concentre — mais cela, ce n'est pas de l'attention, c'est de l'exclusion.

13 juin

LÀ OÙ FINIT LA PEUR COMMENCE L'ATTENTION

Comment provoquer l'état d'attention ? On ne peut pas le cultiver par la persuasion, la comparaison, la récompense ou la punition, qui sont toutes des formes de contrainte. L'élimination de la peur est le commencement de l'attention. La peur existe inévitablement tant qu'existe le désir d'être ou de devenir, qui est une quête du succès avec toutes ses frustrations et ses contradictions tortueuses. On peut enseigner la concentration, mais l'attention ne s'apprend pas, de même qu'on n'apprend pas à se libérer de la peur ; mais c'est par la compréhension même de ces causes que s'élimine la peur. L'attention naît donc spontanément lorsque autour de l'élève existe une atmosphère de bien-être, lorsqu'il se sent en sécurité, à l'aise, et qu'il est conscient d'une action désintéressée inspirée par l'amour. L'amour ne compare pas, de sorte que cessent la jalousie et la torture de « devenir ».

14 juin

UN PARCOURS SANS DESTINATION

L'humilité peut-elle être pratiquée ? Avoir conscience d'être humble n'est certainement pas faire preuve d'humilité. Vous voulez tous savoir que vous êtes arrivés au but. Cela n'indique-t-il pas que, si vous êtes ici à écouter, c'est dans le but d'accéder à un état particulier, à un lieu où vous ne serez jamais dérangés, où vous trouverez la félicité permanente, le bonheur éternel ? Mais, ainsi que je l'ai dit précédemment, il n'est pas question d'arriver, il y a seulement ce mouvement qui consiste à apprendre — et c'est cela, la beauté de la vie. Si on est arrivé, alors il n'y a plus rien. Et vous tous, vous êtes tous arrivés, ou désireux de l'être, et ce non seulement en affaires, mais dans tout ce que vous faites ; d'où votre insatisfaction, votre frustration, votre détresse. Mais il n'existe pas de lieu de destination, il y a uniquement ce mouvement d'apprendre, qui ne devient douloureux que lorsqu'on accumule le savoir. Un esprit qui écoute avec une attention parfaite ne cherchera jamais de résultat, parce qu'il s'élargit sans cesse ; il est comme un fleuve, toujours en mouvement. Cet esprit-là est totalement inconscient de sa propre activité, en ce sens qu'il ne se perpétue pas sous forme d'un « moi », sous forme d'un ego qui cherche à atteindre un but.

SAVOIR N'EST PAS AVOIR CONSCIENCE

La conscience claire est cet état d'esprit qui observe, sans condamnation ni acceptation, qui fait simplement face aux choses telles qu'elles sont. Lorsque vous observez une fleur sans vous soucier de botanique, vous voyez alors la totalité de la fleur, mais si votre esprit est complètement absorbé par la connaissance de ce qu'est cette fleur en termes de botanique, vous n'avez pas d'elle une vision totale. Vous avez beau connaître la fleur, si tout le terrain, tout le territoire de votre esprit, est investi par cette connaissance, alors vous ne regardez pas pleinement la fleur.

Regarder un fait, donc, c'est en avoir la conscience claire — une conscience sans choix, sans condamnation, sans préférence ni aversion. Ce dont nous sommes pour la plupart incapables, parce que, par tradition ou par profession, et de toute façon, nous ne sommes pas capables de faire face à un fait sans interférence de notre vécu antérieur. Il faut que nous soyons conscients de ce vécu. Il faut que nous soyons conscients de notre conditionnement, et il se manifeste lorsque nous observons un fait ; et comme ce qui vous intéresse, c'est l'observation du fait et non l'arrière-plan du vécu, ce dernier est éliminé de la scène. Lorsque vous avez pour intérêt principal de comprendre le fait et lui seul, et que vous voyez que le passé qui interfère vous empêche de comprendre le fait, alors l'intérêt vital que vous portez au fait efface définitivement ce passé.

L'INTROSPECTION EST IMPARFAITE

Dans la conscience claire il n'y a que le présent — autrement dit, votre prise de conscience vous permet de voir le mécanisme d'influence grâce auquel le passé contrôle le présent et modifie le futur. La conscience claire est un processus intégral, pas un processus de division. Par exemple, si je pose la question : « Est-ce que je crois en Dieu ? » — dans le processus même de ce questionnement, je peux observer, si je suis pleinement conscient, ce qui me pousse à poser cette question ; si je suis attentif et lucide, je peux repérer les forces passées et présentes qui m'obligent à poser cette question. Alors je prends conscience de diverses formes de peur — celles de mes ancêtres qui ont créé et m'ont transmis une certaine idée de Dieu, de sorte qu'en mêlant leur conception à mes réactions présentes, j'ai modifié ou changé ce concept de Dieu. Si je suis vigilant, l'ensemble de ce mécanisme du passé et ses effets sur le présent et sur l'avenir, je les perçois intégralement, comme un tout.

Si l'on sait être lucide, on voit comment la conception que nous avons de Dieu est liée à la peur ; ou peut-être y eut-il une personne qui, ayant eu l'expérience première de la réalité ou de Dieu, la communiqua à une autre personne, qui dans son avidité se l'appropria, et donna élan au processus d'imitation. La conscience claire est le processus de la perfection ; l'introspection est imparfaite. L'introspection a des effets morbides et douloureux, alors que la conscience claire est enthousiasme et joie.

VOIR L'INTÉGRALITÉ

Comment regardez-vous un arbre ? Le voyez-vous dans son intégralité ? Si vous ne voyez pas l'arbre intégral, alors vous ne le voyez pas du tout. Vous pouvez passer devant l'arbre et dire : « Tiens, un arbre, comme il beau ! » ou dire : « C'est un manguier », ou encore : « Je ne sais pas à quelle espèce appartiennent ces arbres, ce sont peut-être des tamariniers. » Mais quand vous êtes là, devant l'arbre, à le regarder — je veux dire vraiment, de manière réelle —, vous ne le voyez jamais en totalité ; et si vous ne voyez pas l'intégralité de l'arbre, vous ne voyez pas l'arbre. Il en va de même pour la conscience claire. Si ce n'est pas de manière totale que vous regardez les opérations de votre esprit — comme vous regardez l'arbre —, vous n'êtes pas pleinement conscient. L'arbre comprend les racines, le tronc, les branches, les grosses et les petites, jusqu'au petit rameau délicat qui se dresse là-haut ; et la feuille, la feuille morte, la feuille fanée et la feuille verte, celle qui est rongée, celle qui est laide, celle qui tombe, et le fruit, et la fleur — c'est cela que vous voyez comme un tout lorsque vous voyez un arbre. De même, dans cet état où vous *voyez* les opérations de votre esprit, dans cet état de vigilance, il y a vos réactions de condamnation, d'approbation, vos refus, vos luttes, votre futilité, votre désespoir, vos espoirs, vos frustrations ; la conscience claire couvre l'ensemble de tout cela, pas rien qu'une partie. Alors, avez-vous conscience de votre esprit en ce sens-là, qui est tout simple, aussi simple que de regarder un tableau en entier — au lieu d'en voir un seul pan et de demander : « Qui a peint ce tableau ? »

LA CONSCIENCE NE SE PLIE
À AUCUNE DISCIPLINE

Si la conscience fait l'objet d'une pratique, d'une habitude, alors son exercice devient fastidieux et douloureux. La conscience ne peut être pliée à aucune discipline. Ce qui fait l'objet d'une pratique n'est plus de l'ordre de la conscience claire, car toute pratique suppose l'instauration d'une habitude, la mise en œuvre d'un effort et l'exercice de la volonté. L'effort dénature tout. La conscience couvre non seulement notre environnement extérieur — le vol des oiseaux, les ombres, les flots agités de la mer, les arbres et le vent, le mendiant et le défilé des voitures de luxe — mais elle couvre aussi le mécanisme de notre psyché, nos tensions et conflits internes. Vous ne condamnez pas un oiseau en vol : vous l'observez, vous en voyez la beauté. Mais, lorsque vous considérez vos déchirements intimes, c'est pour les condamner ou les justifier. Vous êtes incapables d'observer ces conflits internes sans aucune notion de choix ni de justification.

Avoir pleinement conscience de ses pensées et de ses sentiments, sans s'identifier à eux ni les renier, n'a rien de fastidieux ni de douloureux ; mais si l'on est à l'affût d'un résultat, d'un objectif à atteindre, le conflit ne fait que s'accroître et l'ennui de l'effort s'installe.

LA FLORAISON DE LA PENSÉE

La conscience claire est un état d'esprit qui peut tout embrasser — le vol des corbeaux à travers le ciel, les fleurs sur les arbres, les gens assis là aux premiers rangs et les couleurs qu'ils portent —, il nous faut avoir cette amplitude de conscience qui exige que l'on examine, que l'on observe, que l'on remarque la forme de la feuille, la forme du tronc, la forme qu'a la tête du voisin, ce qu'il est en train de faire. Avoir cette amplitude de conscience, et agir sur ces bases — c'est cela, avoir conscience de la totalité de son être. Ne disposer que d'une capacité partielle, d'un fragment de capacité ou d'une capacité morcelée, cultiver celle-ci et fonder notre expérience sur la base de cette capacité qui est limitée — cela donne un esprit de qualité médiocre, limitée, étroite. Mais avoir conscience de la totalité de notre être — compris grâce à la perception de chaque pensée, de chaque sentiment, sans qu'on oppose de limites à cette perception, mais en laissant fleurir toutes les pensées, tous les sentiments —, être par conséquent pleinement conscient, voilà qui est tout autre chose qu'une action ou une concentration qui ne sont qu'une simple capacité, et qui sont de ce fait limitées.

Laisser fleurir une pensée ou un sentiment demande de l'attention — pas de la concentration. J'entends par laisser fleurir une pensée le fait de lui permettre de se déployer en toute liberté, et observer le résultat, voir ce qui se passe dans votre pensée, dans vos sentiments. Tout ce qui fleurit a besoin de liberté, de lumière, et ne peut être assujetti à aucune restriction. On ne peut pas l'évaluer, on ne peut pas dire : « C'est bien, c'est mal ; ceci est acceptable, cela ne l'est pas » — car c'est ainsi qu'on limite cette floraison de la pensée. Or la floraison ne peut avoir lieu qu'à la lumière de cette conscience-là. Donc, si vous allez au fond des choses, vous découvrirez que la floraison de toute pensée en est aussi la fin ultime.

20 juin

LA VIGILANCE PASSIVE

Dans la perception lucide, il n'y a ni devenir, ni objectif à atteindre, mais une observation sans choix ni condamnation d'où naît la compréhension. Dans ce processus qui laisse libre cours au déploiement des pensées et sentiments — ce qui n'est possible que s'ils ne sont ni thésaurisés ni acceptés — survient alors une perception élargie, qui met au jour tous les niveaux occultes de notre être et leur signification. Cette perception nous révèle ce vide créateur qui ne peut être imaginé ni formulé. Perception élargie et vide créateur ne sont pas deux stades différents d'un même processus : ils forment un processus global. C'est lorsqu'on observe un problème silencieusement, sans condamnation ni justification, qu'il advient une conscience passive. À la lumière de cette conscience passive, le problème est compris et se dissout. Il y a en elle une sensibilité accrue, qui abrite la forme la plus élevée de pensée « négative ». Lorsque l'esprit est constamment occupé à formuler, à produire, nulle création n'est possible. Ce n'est que lorsque l'esprit est silencieux et vide, et qu'il ne suscite pas le moindre problème — ce n'est que là, dans cette passivité vigilante, qu'il y a création. La création ne peut avoir lieu qu'« en négatif » — ce « négatif » n'étant pas le contraire du positif. N'être rien n'est pas l'antithèse d'être quelque chose. Un problème n'apparaît que lorsqu'on est en quête de résultats. Quand cesse la quête, cessent les problèmes.

JAMAIS NE SE RÉPÈTE CE QUI EST PLEINEMENT COMPRIS

En matière de conscience du moi, toute confession est inutile, car cette conscience même forme le miroir dans lequel toute chose se reflète sans aucune distorsion. Tous les sentiments et pensées sont projetés sur l'écran de la conscience claire pour y être observés, étudiés et compris; mais ce flux de compréhension est stoppé dès qu'entrent en jeu condamnation ou acceptation, jugement ou identification. Mieux l'écran est observé et compris — pas comme s'il s'agissait d'un devoir ou d'une pratique obligée, mais parce que la souffrance et la détresse ont fait naître un intérêt insatiable qui suscite sa propre discipline —, plus grande est l'intensité de la perception, et cela provoque à son tour une compréhension élargie.

... On peut suivre du regard tout objet qui se meut lentement; mais si une machine fonctionne à un rythme rapide, il faut la ralentir pour pouvoir en examiner le mouvement. De même, la double faculté du penser-ressentir ne peut être étudiée et comprise que si l'esprit est capable d'adopter un mouvement lent; mais il peut, une fois qu'il aura éveillé cette capacité, se mouvoir à un rythme accéléré, ce qui le rend extrêmement calme. Les pales d'un ventilateur, quand elles tournent à grande vitesse, apparaissent comme un disque métallique plein. Notre handicap, c'est cette difficulté que nous avons à ralentir l'allure de notre esprit afin de pouvoir suivre et comprendre une à une chaque pensée-sentiment. Jamais ne se répète ce qui est appréhendé en profondeur et pleinement compris.

LA VIOLENCE

Que se passe-t-il lorsqu'on examine avec une attention totale cette chose que l'on appelle la violence — non seulement la violence en tant que séparation entre les êtres humains, divisés par leurs croyances, leurs conditionnements, et ainsi de suite, mais aussi la violence née de notre soif de sécurité personnelle, ou de la recherche d'une sécurité individuelle à travers un système de société? Êtes-vous capables de regarder cette violence avec une attention totale? Et quand vous la regardez avec une attention totale, que se produit-il? Quand vous mobilisez toute votre attention dans l'observation de quelque objet que ce soit, que se passe-t-il? J'ignore si vous avez déjà creusé la question — nous n'avons sans doute pratiquement jamais été pleinement attentifs à quoi que ce soit — mais quand c'est le cas, qu'arrive-t-il? Qu'est-ce que l'attention? Il va sans dire que, lorsque votre attention est totale, c'est que vous éprouvez un intérêt manifeste, et cet intérêt est impossible sans affection, sans amour. Et quand notre attention s'accompagne d'amour, peut-il y avoir violence? Est-ce que vous suivez? J'ai officiellement condamné la violence, ou je l'ai fuie, ou je l'ai justifiée, ou j'ai dit qu'elle était naturelle. Toutes ces attitudes ne sont que de l'inattention. Mais quand je fais attention à ce que je nomme la violence — et que cette attention est pleine d'intérêt, d'affection, d'amour —, comment peut-il y avoir encore place pour la violence?

EST-IL POSSIBLE DE FAIRE CESSER
LA VIOLENCE ?

Quand vous parlez de violence, qu'entendez-vous par là ? C'est une question très intéressante, si on l'approfondit, que de savoir si l'être humain, tel qu'il vit actuellement en ce monde, peut cesser radicalement d'être violent. Certaines sociétés, certaines communautés religieuses se sont efforcées de ne pas tuer les animaux. Certains vont jusqu'à dire : « Si vous ne voulez pas attenter à la vie des animaux » — et celle des végétaux, alors ? On peut en arriver à un point tel que nous cesserions d'exister. Jusqu'où peut-on aller ? Existe-t-il une frontière arbitraire, en accord avec votre idéal, votre désir, vos normes, votre tempérament, votre conditionnement, et qui vous permettrait de dire : « J'irai jusque-là, mais pas plus loin » ? Y a-t-il une différence entre la colère individuelle accompagnée d'un acte de violence émanant d'un individu et la haine organisée d'une société qui crée et renforce une armée dans le but de détruire une autre société ? Où, à quel niveau de la violence se situe votre débat ? Quel fragment de violence fait l'objet du débat ? Ou bien voulez-vous que l'objet du débat soit de savoir si l'homme peut être libéré de toute violence, et non d'un fragment particulier de violence qu'il appelle *la* violence ?...

Nous savons ce qu'est la violence sans avoir à l'exprimer en mots, en phrases ou en actes. En tant qu'être humain en qui l'animal est encore très présent, malgré des siècles de prétendue civilisation, par quel bout vais-je l'aborder ? En commençant par la périphérie, c'est-à-dire la société, ou par le centre, c'est-à-dire moi-même ? Vous me dites qu'il ne faut pas être violent, parce que c'est laid. Vous m'expliquez toutes les raisons, et je vois que la violence est une chose abominable qui affecte les hommes au-dehors et au-dedans. Est-il possible de faire cesser toute cette violence ?

LA CAUSE ESSENTIELLE DES CONFLITS

Ne croyez pas qu'il suffise d'appeler la paix de vos vœux pour qu'elle vous soit donnée, alors que dans vos relations au quotidien vous êtes agressif, âpre au gain, avide de sécurité psychologique, tant ici-bas que pour l'au-delà. Il faut que vous compreniez la cause essentielle des conflits et de la souffrance et qu'ensuite vous la fassiez disparaître, au lieu d'attendre que la paix vous vienne d'une aide extérieure. Mais le problème, c'est que nous sommes presque tous indolents. Nous sommes trop paresseux pour nous prendre en charge et nous comprendre nous-mêmes, et à cause de cette paresse, qui est en réalité une forme de suffisance, nous pensons que c'est aux autres de résoudre ce problème à notre place et de nous apporter la paix, ou bien qu'on n'a qu'à abattre ceux — très peu nombreux, à ce qu'il paraît — qui sont responsables des guerres. Quand l'individu est en conflit interne avec lui-même, il déclenche inévitablement des conflits à l'extérieur, et il est le seul à pouvoir faire éclore la paix en lui-même et dans le monde, car il *est* le monde.

PRENEZ CONSCIENCE
DE VOTRE PROPRE VIOLENCE

L'animal est violent. L'être humain, qui est l'aboutissement de l'espèce animale, est également violent ; la violence, la colère, la jalousie, l'envie, la soif de pouvoir, de réussite sociale, de prestige et tout ce qui s'ensuit, le désir de domination, l'agressivité — tout cela fait partie intégrante de son être. L'homme est violent — les innombrables guerres en sont la preuve — et il a élaboré une idéologie qu'il appelle la non-violence.

Et lorsque la violence s'exprime dans les faits sous forme d'une guerre entre tel pays et tel autre, tout le monde y participe. On adore ça. Or, si vous êtes réellement violent et que vous ayez un idéal de non-violence, cela crée en vous un conflit. Vous essayez sans cesse d'être non-violent — c'est un des éléments du conflit. Vous vous maîtrisez afin de ne pas être violent — là encore, il y a un conflit, une friction. Donc, lorsque vous êtes violent mais que vous avez un idéal de non-violence, vous êtes essentiellement violent. La première chose à faire, c'est de vous rendre compte que vous êtes violent — et non d'essayer de devenir non violent. Voir la violence telle qu'elle est, ne pas essayer de la traduire, de la maîtriser, de la vaincre, de la réprimer, mais la regarder comme si vous la voyiez pour la première fois — c'est cela, la regarder en l'absence de toute pensée. J'ai déjà expliqué ce que nous entendons par regarder un arbre avec innocence — c'est-à-dire le regarder en l'absence de toute image ayant un lien avec le mot lui-même. Le regarder sans le moindre mouvement de la pensée, c'est le regarder comme si vous le regardiez pour la première fois, donc avec innocence.

26 juin

SE LIBÉRER DE LA VIOLENCE

Êtes-vous donc capables de voir en la violence un fait — un fait non seulement extérieur à vous-même, mais également présent en vous — sans laisser d'intervalle de temps entre l'instant où vous écoutez et celui où vous agissez ? Cela signifie que par l'acte même d'écouter vous vous libérez de la violence. Vous êtes totalement libéré de toute violence parce que vous n'avez pas donné libre accès au temps, à l'idéologie d'un temps qui serait susceptible de vous débarrasser à la longue de la violence. Cela exige de nous une méditation très profonde, pas un simple accord ou désaccord verbal. Jamais nous n'écoutons : notre esprit, les cellules de notre cerveau, sont tellement conditionnés aux idéologies sur la violence que nous ne regardons jamais la violence en tant que fait. Nous avons sur le fait de la violence un regard qui passe par une idéologie, et regarder la violence à travers le prisme d'une idéologie crée un intervalle de temps. Et quand vous donnez libre accès au temps, la violence n'a plus de cesse : vous continuez à faire preuve de violence, tout en prêchant la non-violence.

27 juin

LA CAUSE ESSENTIELLE DE LA VIOLENCE

La principale cause de la violence est, je pense, le fait que chacun d'entre nous soit en quête de sécurité sur le plan intérieur, psychologique. En chacun de nous, ce besoin de sécurité psychique — ce sentiment intérieur d'être protégé — se projette sous forme d'une exigence de sécurité — extérieure, cette fois. Au fond de nous-mêmes, chacun d'entre nous veut être en sécurité, sûr, certain. C'est la raison d'être de toutes nos lois sur le mariage — qui nous permettent de posséder une femme, ou un homme, et d'assurer la sécurité de notre relation. Si cette relation est attaquée nous devenons violents, ce qui est l'expression de notre besoin psychique, de notre

198

demande intérieure d'être sûrs de nos relations en quelque domaine que ce soit. Mais la certitude, la sécurité n'existent dans aucune relation. Intérieurement, psychologiquement, nous voudrions des certitudes, mais la sécurité permanente n'existe pas...

Tout cela fait partie des causes de la violence qui se généralise et fait rage partout dans le monde. Je crois que toute personne ayant observé, même très modestement, ce qui se passe dans le monde, et plus particulièrement dans ce malheureux pays, peut aussi, sans nul besoin d'une étude intellectuelle poussée, observer et découvrir en lui-même tous les phénomènes qui, après projection extérieure, sont à l'origine de cette brutalité, de cette dureté, de cette indifférence et de cette violence extraordinaires.

28 juin

NOTRE VIOLENCE EST UN FAIT AVÉRÉ

Nous voyons tous combien il est capital que cesse la violence. Mais moi, en tant qu'individu, comment vais-je faire pour m'en libérer — pas juste à un niveau superficiel, mais au plus profond de moi, et ce de manière totale, absolue? Si l'idéal de non-violence s'avère incapable de libérer l'esprit de la violence, l'analyse des causes de cette violence va-t-elle alors contribuer à l'éradication de la violence?

Car c'est bien là l'un de nos plus grands problèmes, n'est-ce pas? Le monde entier est en proie à la violence, à la guerre; notre société, fondée sur l'appât du gain, est par ses structures mêmes fondamentalement violente. Et si vous et moi en tant qu'individus voulons être délivrés de la violence — en être libérés totalement, au plus profond de nous, et non au simple niveau des mots et seulement en surface —, alors comment s'y prendre sans pour autant devenir égocentrique?

Vous comprenez le problème, n'est-ce pas ? Si, par souci de libérer mon esprit de toute violence, je m'astreins à une discipline afin de venir à bout de ma violence et de la changer en non-violence, cela suscite, bien entendu, une pensée et une action égocentriques, parce que mon esprit se focalise constamment sur les moyens de se débarrasser d'une chose pour en acquérir une autre. Et pourtant, je vois l'importance de l'enjeu de cette libération de l'esprit par rapport à la violence. Que faire alors ? La question n'est certainement pas de savoir comment faire pour ne plus être violent. Nous sommes violents, c'est un fait, et demander : « Comment vais-je faire pour ne plus l'être ? » ne sert qu'à donner forme à un idéal de non-violence, ce qui me paraît tout à fait futile. Mais si l'on est capable de regarder de front la violence et de la comprendre, alors peut-être sera-t-il possible de l'éradiquer totalement.

29 juin

LA HAINE ANÉANTIE

Nous constatons à quel point l'univers de la haine est florissant de nos jours. Cet univers de haine a été créé par nos ancêtres et par leurs propres ancêtres — et par nous. Ainsi, l'ignorance étire indéfiniment ses racines jusqu'au plus lointain passé. Elle n'est pas née spontanément. Elle est le fruit de l'ignorance humaine, c'est un processus historique, n'est-ce pas ? Nous y avons participé en tant qu'individus, au même titre que nos ancêtres, qui, tout comme leurs propres ancêtres, ont mis en marche ce mécanisme de la haine, de la peur, de l'avidité, et ainsi de suite. Aujourd'hui, en tant qu'individus, nous participons à cet univers de haine dans la mesure où, individuellement, nous nous y complaisons.

Le monde est donc un prolongement de vous-même. Si vous, en tant qu'individu, avez le désir d'anéantir la haine, alors vous devez, en tant qu'individu, cesser de haïr. Pour anéantir la haine, vous devez vous dissocier de la haine sous toutes ses formes, grossières ou subtiles, mais dès l'instant où vous en êtes prisonnier, vous participez à cet univers d'ignorance et de peur. Le monde est donc une extension de vous-même, un autre vous-même cloné et multiplié. Le monde n'existe pas en dehors de l'individu. Il peut exister en tant que notion abstraite, en tant qu'état, en tant qu'organisation sociale, mais pour mettre en pratique cette notion abstraite, ou pour faire fonctionner ces organismes sociaux ou religieux, il faut que l'individu soit là. C'est son ignorance, son avidité et sa peur qui maintiennent les structures de l'ignorance, de la cupidité et de la peur. Si l'individu change, peut-il affecter l'univers, l'univers de haine, de cupidité, et ainsi de suite ?... Le monde est une extension de vous-même, tant que vous êtes inconséquent, plongé dans l'ignorance, la haine, la cupidité ; mais lorsque vous êtes motivé, attentif et conscient, non seulement il intervient une dissociation par rapport à tous les phénomènes si laids qui sont à l'origine de toute douleur et de toute détresse, mais cette compréhension-là est également porteuse d'une complétude, d'une plénitude.

30 juin

ON DEVIENT CE CONTRE QUOI L'ON SE BAT

Il ne fait aucun doute que nous finissons par devenir cela même contre quoi nous nous battons... Si je suis en colère et que vous répondiez à ma colère par la colère, quel est le résultat ? Encore plus de colère.

Ce que je suis, vous l'êtes devenu. Si je suis le mal et que vous me combattez par le mal, vous devenez vous aussi le mal, même si vous vous croyez juste. Si je suis brutal et que vous utilisiez pour avoir raison de moi des méthodes brutales, vous devenez brutal, comme moi. Voilà ce que nous faisons depuis des milliers d'années. Il y a sûrement une autre approche que de répondre à la haine par la haine, ne croyez-vous pas ? Si j'ai recours à des méthodes violentes pour réprimer la colère que j'ai en moi, je mets alors de mauvais moyens au service d'une juste fin, de sorte que cette fin cesse d'être juste. En pareil cas, toute compréhension est exclue ; de même qu'il est impossible alors de transcender la colère. Il faut étudier la colère en toute tolérance, et la comprendre ; et non la dompter par des moyens violents. La colère peut être due à une multitude de causes et si celles-ci ne sont pas comprises, la colère est inévitable.

C'est nous qui avons forgé l'ennemi, le bandit, et nous changer à notre tour en ennemi ne permet pas le moins du monde de faire cesser la haine. Nous devons comprendre les causes de cette haine et cesser de l'alimenter par nos pensées, nos sentiments, nos actes. La tâche est rude et elle exige de notre part une lucidité permanente à l'égard de nous-mêmes et une souplesse intelligente, car nous sommes ce qu'est la société, ce qu'est l'État. L'ami et l'ennemi sont le résultat de nos pensées et de nos actions. C'est nous qui sommes responsables de l'apparition de la haine, et mieux vaut être conscients de nos pensées et de nos actes plutôt que de nous soucier de l'ennemi ou de l'ami, car une pensée juste met fin à la division. L'amour transcende l'ami et l'ennemi.

Juillet

LE BONHEUR

LA DOULEUR

LES BLESSURES

LA SOUFFRANCE

BONHEUR CONTRE SATISFACTION

Quel est le but que poursuivent la plupart d'entre nous ? Quel est notre désir le plus profond ? Dans ce monde agité, où tous s'efforcent de trouver une paix, un bonheur, un refuge, il est important, n'est-ce pas, que chacun de nous sache le but qu'il veut atteindre, l'objet de ses recherches. Nous sommes probablement presque tous à la poursuite d'une forme de bonheur, d'une sorte de paix. Dans un monde où règnent le désordre, les luttes, les conflits, les guerres, nous voulons trouver un peu de paix dans un refuge. Je crois que la plupart d'entre nous ont ce désir. Et nous le poursuivons en passant d'une autorité à l'autre, d'une organisation religieuse à une autre, d'un sage à un autre.

Mais est-ce le bonheur que nous cherchons ou une sorte de satisfaction dont nous espérons tirer un bonheur ? Le bonheur et la satisfaction sont deux choses différentes. Peut-on « chercher » le bonheur ? Peut-être est-il possible de trouver une satisfaction, mais peut-on « trouver » le bonheur ? Le bonheur est un dérivé ; c'est le sous-produit de quelque chose. Et avant de consacrer nos esprits et nos cœurs à une recherche qui exige beaucoup de sincérité, d'attention, de réflexion, de soins, nous devons savoir si c'est le bonheur que nous voulons, ou une satis-faction.

LA PATIENTE EXPLORATION DE LA JOIE

Très peu d'entre nous connaissent la joie. Le spectacle d'un coucher de soleil, de la pleine lune, d'un être splendide, d'un bel arbre, d'un oiseau en vol, de danseurs, nous réjouit à peine. En fait, rien ne nous procure aucune joie. Nous sommes des spectateurs que les choses amusent ou excitent superficiellement, nous éprouvons une sensation que nous appelons la joie. Mais la joie, c'est une chose bien plus profonde, qui doit être comprise et approfondie...

À mesure que nous vieillissons, même si nous avons encore envie de jouir des choses, l'élan n'est plus le même ; nous voulons goûter à des sensations d'un autre type : les passions, le désir, le pouvoir, la position sociale. Ce sont des choses de la vie tout à fait normales, même si elles restent superficielles ; il ne faut ni les condamner, ni les justifier, mais les comprendre et leur accorder leur juste place. Si vous les condamnez comme étant des choses sans valeur, tapageuses, stupides ou antispirituelles, vous anéantissez tout le mécanisme de la vie...

Pour savoir ce qu'est la joie, il faut creuser bien plus profond. La joie n'est pas une simple sensation. Elle exige un extraordinaire raffinement d'esprit, mais pas le raffinement de l'ego cherchant à amasser de plus en plus pour son propre profit. Un tel ego, un homme comme celui-là ne pourra jamais comprendre cet état de joie, cette jouissance sans jouisseur. Il nous faut comprendre cette chose extraordinaire ; sinon, la vie devient petite, mesquine, superficielle — elle se réduit à naître, à apprendre quelques petites choses, à avoir des responsabilités, à gagner de l'argent, à s'offrir quelques divertissements intellectuels —, puis à mourir.

IL NE FAUT PAS COURIR APRÈS LE BONHEUR

Qu'est-ce, d'après vous, que le « bonheur » ? Certains disent que le bonheur consiste à obtenir ce qu'on désire. Vous avez envie d'une voiture, vous l'avez, et vous êtes heureux ; moi, j'ai envie d'un sari ou de vêtements ; j'ai envie d'aller en Europe, et si j'y parviens, je suis heureux. Je voudrais être le... plus grand homme politique, et si j'y arrive, je suis heureux ; dans le cas contraire, je suis malheureux. Ce que vous appelez le bonheur, c'est parvenir à vos fins — connaître la réussite ou le succès, devenir noble, obtenir tout ce dont vous avez envie. Tant que vous désirez une chose et que vous pouvez l'obtenir, votre bonheur est parfait, vous n'êtes pas frustré, mais si vous n'arrivez pas à obtenir ce que vous voulez, alors le malheur commence. Et cela nous concerne tous — et pas uniquement les pauvres et les riches. Pauvres et riches veulent tous obtenir quelque chose, pour leur propre profit, celui de leur famille ou de la société ; mais en cas d'empêchement, d'obstacle, ils sont inévitablement malheureux. Nous ne sommes pas ici en train d'argumenter, de dire que les pauvres n'ont pas le droit d'obtenir ce qu'ils veulent. Là n'est pas la question. Nous cherchons à savoir ce qu'est le bonheur, et si le bonheur est une chose dont on a conscience. Dès l'instant où l'on est conscient d'être heureux, ce n'est plus le bonheur, ne croyez-vous pas ? Il ne faut donc surtout pas courir après le bonheur. Dès que vous avez conscience d'être humble, vous cessez de l'être. Il ne faut donc pas traquer le bonheur : il vient spontanément. Mais si on court après il vous échappe.

LE BONHEUR N'EST PAS UNE SENSATION

L'esprit ne peut jamais trouver le bonheur. Le bonheur n'est pas une chose que l'on peut chercher et trouver, comme la sensation. On peut trouver et retrouver sans cesse la sensation, car on la perd toujours ; mais on ne peut pas trouver le bonheur. Le souvenir du bonheur n'est qu'une sensation, une réaction pour ou contre le présent. Ce qui n'est plus n'est pas le bonheur ; l'expérience du bonheur qui n'est plus n'est qu'une sensation, car le souvenir, c'est du passé, et le passé est sensation. Le bonheur n'est pas une sensation...

Ce que vous connaissez est le passé, non le présent ; et le passé est sensation, réaction, mémoire. Vous avez le souvenir d'avoir été heureux ; mais le passé peut-il dire ce qu'est le bonheur ? Il peut rappeler, mais il ne peut pas être. La reconnaissance n'est pas le bonheur. La reconnaissance est la réponse de la mémoire ; et l'esprit, qui est un complexe de souvenirs, d'expériences — peut-il jamais être heureux ? Le fait même de reconnaître empêche la perception directe.

Lorsque vous avez conscience d'être heureux, est-ce là le bonheur ? Lorsqu'il y a bonheur, en avez-vous conscience ? La conscience ne vient qu'avec le conflit, le conflit du souvenir d'un plus. Le bonheur n'est pas le souvenir d'un plus. Là où il y a conflit, le bonheur n'est pas. Le conflit est où est l'esprit. La pensée à tous les niveaux est la réponse de la mémoire, et ainsi la pensée engendre invariablement le conflit. La pensée est sensation, et la sensation n'est pas le bonheur. Les sensations cherchent toujours des satisfactions. La fin est une sensation, mais le bonheur n'est pas une fin : on ne peut pas se lancer à sa recherche.

QUÊTE DE L'OBJET, CLÉ DU BONHEUR?

Nous cherchons le bonheur dans les objets, les relations, les pensées, les idées. Et ainsi ce sont les objets, les relations et les idées qui passent au premier plan — et non le bonheur. Quand nous cherchons le bonheur à travers un objet, quel qu'il soit, celui-ci prend alors plus de valeur que le bonheur. Ainsi exposé, le problème paraît simple; et il l'est. Nous cherchons le bonheur dans la propriété, dans la famille, dans le nom; alors, la propriété, la famille, l'idée deviennent essentiels, car le bonheur est alors recherché comme un moyen, et alors le moyen détruit la fin. Peut-on trouver le bonheur par l'intermédiaire d'un moyen quelconque, d'un objet quelconque, façonné par la main ou l'esprit? Les objets, les relations et les idées sont impermanents — c'est d'une limpidité éclatante; ils nous rendent toujours malheureux... Les objets sont impermanents, ils s'usent ou se perdent; nos relations ne sont que frictions incessantes — et la mort guette; les idées et les croyances n'ont aucune stabilité, aucune permanence. Nous cherchons le bonheur en elles, mais c'est sans nous rendre compte de leur impermanence. Ainsi, pour nous, la souffrance devient un problème, la vaincre en devient un second.

Pour découvrir le véritable sens du bonheur, il nous faut explorer le fleuve de la connaissance de soi. Mais la connaissance de soi n'est pas une fin en soi. Un fleuve a-t-il réellement une source? C'est chaque goutte d'eau du début à la fin qui fait le fleuve. C'est une erreur de s'imaginer qu'on va rencontrer le bonheur à la source. La rencontre se fait au point où vous vous trouvez sur le fleuve de la connaissance de soi.

UN BONHEUR SANS AUCUN LIEN
AVEC L'ESPRIT

Nous pouvons glisser d'un raffinement à un autre, d'une subtilité à une autre, d'une jouissance à une autre, mais au centre de tout cela, il y a le « moi » — le « moi » qui prend son plaisir, qui veut plus de bonheur, le « moi » qui cherche le bonheur, qui l'attend, le désire ardemment, le « moi » qui lutte, le « moi » qui devient de plus en plus raffiné, mais n'a jamais envie d'arriver à son terme. Or c'est seulement lorsque le « moi » sous toutes ses formes subtiles cesse d'exister que survient un état de félicité dont la quête est impossible, une extase, une joie véritable, dénuée de toute souffrance, de toute corruption...

Quand l'esprit va au-delà de l'idée du « moi » — au-delà de l'observateur, du penseur, de celui qui perçoit — s'offre alors la possibilité d'un bonheur incorruptible. Le bonheur, au sens usuel du terme, ne peut être permanent. Notre esprit est pourtant à la recherche du bonheur permanent, de quelque chose de durable, qui se perpétue. Ce désir de continuité même est corruption...

Si nous pouvons comprendre le processus de la vie, sans condamner, sans dire que c'est bien ou mal, alors, je le pense, survient un bonheur créatif qui n'appartient ni à « vous » ni à « moi ». Ce bonheur créatif est comme le soleil. Si vous voulez garder pour vous seul toute sa lumière, il cesse d'être cette lumière chaude et claire, génératrice de vie. De même, si vous désirez le bonheur parce que vous souffrez, ou parce que vous avez perdu quelqu'un, ou que vous avez échoué, ce n'est alors qu'une simple réaction. Mais quand l'esprit est capable d'aller au-delà est alors un bonheur sans aucun lien avec l'esprit.

COMPRENDRE LA SOUFFRANCE

Pourquoi la question : « Qu'est-ce que le bonheur ? » nous préoccupe-t-elle ? Est-ce la bonne façon d'aborder la question ? La bonne manière d'explorer ? Nous ne sommes pas heureux. Si nous l'étions, le monde où nous vivons serait tout différent ; notre civilisation, notre culture seraient totalement, radicalement différentes. Nous sommes de pauvres humains, malheureux, petits, pitoyables, laborieux, vaniteux, qui s'entourent de choses futiles, d'objets inutiles, et que des ambitions mesquines, de l'argent et une situation suffisent à satisfaire. Nous sommes malheureux, même si nous avons des connaissances, de l'argent, de belles maisons, de nombreux enfants, des voitures, de l'expérience. Nous sommes des êtres malheureux, souffrants, et parce que nous souffrons, nous voulons le bonheur, et nous nous laissons mener par ceux qui nous promettent le bonheur — social, économique, ou spirituel...

À quoi bon savoir si le bonheur existe, alors que je souffre ? Suis-je capable de comprendre la souffrance ? C'est cela, le problème — et non de trouver la recette du bonheur. Je suis heureux quand je ne souffre pas, mais dès l'instant où j'en ai conscience, ce n'est plus le bonheur... Il me faut donc comprendre ce qu'est la souffrance. Mais puis-je comprendre la souffrance alors qu'une partie de mon esprit court après le bonheur, cherche une issue à cette souffrance ? Ne dois-je pas alors, pour pouvoir comprendre la souffrance, ne faire qu'un avec elle, ne pas la rejeter, ni la justifier, ni la condamner, ni la comparer, mais rester en sa présence et la comprendre ?

La vérité sur le bonheur viendra si je sais écouter. Je dois savoir prêter l'oreille à la souffrance ; si je sais écouter la souffrance, je sais écouter le bonheur, parce que c'est cela que je suis.

LA SOUFFRANCE N'EST PAS *MA* SOUFFRANCE

Votre souffrance individuelle est-elle différente de la mienne, ou de celle d'un homme vivant en Asie, en Amérique ou en Russie? Les circonstances, les incidents peuvent varier, mais en essence la souffrance de l'autre est identique à la mienne, n'est-ce pas? La souffrance est *la* souffrance, elle n'est ni la vôtre ni la mienne, bien sûr. Le plaisir n'est ni votre plaisir ni le mien — c'est *le* plaisir. Lorsque vous avez faim, cette faim ne concerne pas que vous, c'est aussi la faim de l'Asie tout entière. Lorsque vous êtes mû par l'ambition, lorsque vous êtes sans scrupules, c'est la même absence de scrupules qui meut le politicien, l'homme de pouvoir, qu'il soit en Asie, en Amérique ou en Russie.

C'est cela, voyez-vous, que nous refusons d'admettre. Nous ne voyons pas que nous ne sommes tous qu'une seule et même humanité — mais tous enclos dans des sphères différentes, des zones différentes de l'existence. Quand vous aimez quelqu'un, ce n'est pas *votre* amour. Car alors il devient tyrannique, possessif, jaloux, angoissé, brutal. De même, la souffrance est *la* souffrance — non votre souffrance ou la mienne. Loin de moi l'idée de rendre toutes ces choses impersonnelles, abstraites. Quand on souffre, on souffre. Quand un homme n'a ni nourriture, ni vêtements, ni maison, il souffre — qu'il vive en Asie ou en Occident. Ils souffrent, en ce moment, tous ceux qui se font tuer, blesser — Vietnamiens ou Américains. Comprendre cette souffrance — qui n'est ni à vous ni à moi, qui n'est pas non plus impersonnelle ou abstraite, mais réelle, et partagée par nous tous — est une chose qui requiert une grande pénétration, une grande lucidité de perception. Et la fin de cette souffrance apportera naturellement la paix, tant intérieure qu'extérieure.

IL FAUT COMPRENDRE LA SOUFFRANCE

Pourquoi vous ou moi sommes-nous si insensibles à la souffrance d'autrui ? Pourquoi sommes-nous indifférents au coolie qui porte un lourd fardeau, à la femme qui porte un enfant ? Pourquoi sommes-nous si endurcis ? Pour le comprendre, nous devons comprendre pourquoi la souffrance nous engourdit. C'est, à n'en pas douter, la souffrance qui nous endurcit ; ne la comprenant pas, nous y devenons indifférents. Si je comprends la souffrance, j'y deviens sensible, je deviens attentif à tout, non seulement à moi-même, mais à ceux qui m'entourent, à ma femme, à mes enfants, à l'animal, au mendiant. Mais nous ne voulons pas comprendre, et cette fuite devant la souffrance nous engourdit l'esprit et nous finissons par nous endurcir. Le fait est que cette souffrance, si elle n'est pas comprise, nous engourdit l'esprit et le cœur, et nous ne comprenons pas la souffrance parce que nous voulons y échapper, en comptant sur un gourou, sur un sauveur, sur les mantras, la réincarnation, les idées, l'alcool et toute autre forme de dépendance — tout est bon pour échapper à *ce qui est...*

Pourtant, comprendre la souffrance ne consiste pas à en découvrir les causes. Tout homme est à même de connaître les causes de la souffrance : sa propre inconséquence, sa stupidité, son étroitesse d'esprit, sa brutalité, et ainsi de suite. Mais si je regarde la souffrance elle-même sans désir de réponse, que se passe-t-il alors ? Alors, n'étant pas en position de fuite, je commence à comprendre la souffrance ; mon esprit est attentif, alerte, vif, aiguisé, ce qui veut dire que je deviens sensible, et parce que je suis sensible, j'ai conscience de la souffrance des autres.

LES CROYANCES, REMPART
CONTRE LA DOULEUR

La douleur physique est une réaction nerveuse ; mais la douleur psychologique surgit lorsque je m'accroche à des choses qui me sont agréables, car je redoute alors tout ce qui pourrait m'en priver. Les accumulations psychologiques constituent un barrage à cette souffrance tant qu'elles ne sont pas menacées : je suis un paquet d'accumulations et d'expériences qui s'opposent à tout ce qui pourrait les déranger. Je refuse de me laisser déranger, donc j'ai peur, et c'est du connu que j'ai peur, de ces accumulations physiques ou psychologiques dont je me suis entouré pour écarter la douleur ou pour empêcher l'affliction de se produire. Mais l'affliction est incluse dans le processus même de ces accumulations destinées à éviter la souffrance. Les connaissances aussi ont pour but de l'éviter. De même que les connaissances médicales sont utiles contre la douleur physique, les croyances le sont contre la douleur psychologique, et c'est pour cela que j'ai peur de perdre mes croyances, bien que je sois imparfaitement renseigné à leur sujet et que je n'aie pas de preuve concrète de leur vérité. Il peut m'arriver de rejeter certaines des croyances traditionnelles qui m'avaient été inculquées, et de m'appuyer sur une expérience personnelle qui m'éclaire et me donne force, compréhension et confiance en moi ; mais ces croyances et cette expérience sont de même nature : ce sont des moyens d'éviter la douleur.

UNE COMPRÉHENSION INTÉGRALE

Quel sens faut-il donner au mot « souffrance » ? Est-ce quelque chose dont vous êtes dissocié ? Est-ce une chose qui reste en dehors de vous — qu'elle vous affecte intérieurement ou extérieurement — et que vous observez, dont vous faites l'expérience ? N'êtes-vous que l'observateur en train de vivre l'expérience ? Ou s'agit-il d'autre chose ? C'est certainement là un point important, n'est-ce pas ? Quand je dis : « Je souffre », que veux-je dire par là ? Suis-je distinct de la souffrance ? Là est la question, assurément. Explorons-la.

La souffrance est là — parce qu'on ne m'aime pas, ou que mon fils est mort, que sais-je encore. Une part de moi-même veut savoir pourquoi, exige une explication, veut connaître les raisons, les causes. Une autre, pour des motifs divers, souffre atrocement. Mais il en existe une autre encore, qui veut se libérer de la souffrance, qui veut la transcender. Nous sommes cet ensemble de choses, n'est-ce pas ? Et si une part de moi-même rejette la souffrance, lui résiste, tandis qu'une autre cherche des explications, s'empêtre dans des théories et une autre encore fuit le fait — alors comment puis-je comprendre la totalité de la souffrance ? Ce n'est que lorsque je suis capable de comprendre pleinement qu'il m'est possible d'être libéré de la souffrance. Mais si je suis écartelé entre des tendances contradictoires, alors la vérité m'échappe...

Je vous en prie, écoutez très attentivement, et vous verrez qu'en présence d'un fait, d'une vérité, la compréhension apparaît uniquement lorsque je suis capable d'appréhender ce tout, sans division — et non lorsqu'il y a séparation entre la souffrance et le « moi » qui l'observe. Voilà la vérité.

12 juillet

VOUS *ÊTES* LA SOUFFRANCE

Lorsqu'il n'y a pas un *observateur* qui souffre, la souffrance est-elle autre chose que moi-même? Je *suis* elle. La douleur et moi ne sommes pas dissociés. Et alors que se passe-t-il? Il n'y a pas de mot, pas d'étiquette, qui vienne écarter cette douleur en lui donnant un nom. Lorsque je ne la nomme pas, lorsqu'il n'y a pas de peur suscitée par elle, est-ce qu'il existe une relation entre la souffrance et le moi en tant que centre de conscience? Si le centre est en état de relation avec cette souffrance, il en a peur. Mais s'il *est* cette souffrance même, que peut-on faire? Il n'y a rien que l'on puisse faire. On *est* cela, on ne peut ni l'accepter ni le refuser, ni lui donner un nom. Pouvez-vous encore dire que « vous » souffrez? Mais déjà une transformation fondamentale s'est produite. Il n'y a plus de « Je souffre », parce qu'il n'y a pas de centre pour souffrir. Le centre ne souffre que parce que nous n'avons pas examiné ce qu'est ce centre. Nous ne vivons qu'en passant d'un mot à un autre mot, d'une réaction à une autre réaction.

13 juillet

LA SOUFFRANCE EST-ELLE INÉVITABLE?

Il existe tellement de variétés, de complexités et de degrés dans la souffrance. Nous le savons tous. Vous le savez très bien, et nous portons ce fardeau tout au long de notre vie, pratiquement de l'instant de notre naissance à l'instant où nous basculons dans la tombe...

Si nous disons que la souffrance est inévitable,

216

alors il n'y a pas de réponse ; alors vous avez déjà cessé d'enquêter. Vous avez fermé les portes à toute investigation plus poussée ; si vous fuyez la souffrance, vous aussi vous avez refermé la porte. Vous pouvez fuir à travers l'autre, homme ou femme, ou dans l'alcool, les distractions, diverses formes de pouvoir, d'ambition sociale, de prestige, et dans le bavardage intérieur de votre néant. Vos échappatoires passent alors au premier plan ; les objets à travers lesquels vous fuyez prennent une importance colossale. Vous avez donc à votre tour fermé votre porte à la souffrance, comme la majorité d'entre nous... Alors, pouvons-nous cesser de fuir par tous les moyens possibles, et revenir à la souffrance ?... Ce qui signifie ne pas lui chercher de solution. Certes la souffrance physique existe — rages de dents, maux d'estomac, opérations, accidents, formes diverses de douleurs physiques ayant toutes leur propre réponse. Il y a aussi la peur des douleurs à venir, futures causes de souffrance. La souffrance est étroitement liée à la peur, et sans compréhension de ces deux éléments essentiels de la vie, nous ne comprendrons jamais ce que c'est que d'être compatissant, aimant. Un esprit qui se préoccupe de comprendre la compassion, l'amour et tout le reste ne peut évidemment que comprendre ce qu'est la peur et ce qu'est la souffrance.

14 juillet

SOUFFRANCE CONSCIENTE ET INCONSCIENTE

La souffrance, c'est... le chagrin, l'incertitude, le sentiment d'une solitude absolue. La souffrance peut être liée à la mort, à l'incapacité à se réaliser, au fait de ne pas être reconnu, ou d'aimer sans être payé de retour. Il existe d'innombrables formes de souffrance, et il me semble qu'en l'absence d'une compréhension de la souffrance, les conflits, les malheurs, les souffrances quotidiennes qui accompagnent la corruption et la déchéance n'auront jamais de fin...

Il y a la souffrance consciente, et il y a la souffrance inconsciente, celle qui paraît sans fondement, sans cause directe. C'est la souffrance consciente qui nous est le mieux connue, et nous savons aussi comment l'aborder. Ou bien nous la fuyons par le biais d'une croyance religieuse, ou bien nous la rationalisons, ou bien nous avons recours à une drogue quelconque — intellectuelle ou matériellement tangible ; ou bien nous nous grisons de mots, de distractions, de divertissements futiles. Malgré tous ces efforts, nous n'arrivons pas à nous défaire de la souffrance consciente.

Et puis il y a la souffrance inconsciente qui nous a été léguée en héritage au fil des siècles. L'homme a toujours cherché à vaincre cette chose extraordinaire que l'on nomme souffrance, chagrin, détresse, mais même lorsque nous sommes superficiellement heureux, que tous nos désirs sont comblés, les racines de la souffrance sont toujours là, tapies dans les replis profonds de l'inconscient. Donc, lorsque nous parlons de la fin de la souffrance, nous voulons dire la fin de *toute* souffrance, consciente et inconsciente.

Pour mettre un terme à la souffrance, il faut avoir un esprit très clair et très simple. La simplicité n'est pas une simple idée. Pour être simple, il faut beaucoup d'intelligence et de sensibilité.

LA PEUR DE BLESSER

Comment faire pour agir sans blesser les autres ? Est-ce ce que vous voulez savoir ? La réponse, je le crains, est qu'il ne faut rien faire du tout. Si vous vivez pleinement votre existence, vos actions sont susceptibles de causer des heurts ; mais qu'est-ce qui compte le plus : découvrir ce qui est vrai, ou ne pas perturber les autres ? La question est si simple qu'elle mérite à peine une réponse. Pourquoi voulez-vous respecter les sentiments et opinions des autres ? Avez-vous peur qu'on veuille heurter vos propres sentiments ou peser sur vos opinions ? Si certains ont des opinions différentes des vôtres, vous ne pouvez savoir si elles sont justes qu'en les remettant en question, en entrant en contact effectif avec elles. Et si vous constatez le manque de justesse de ces opinions et de ces sentiments, votre découverte va probablement troubler ceux qui chérissent ces sentiments, ces opinions. Que faire alors ? Devez-vous y souscrire ou vous en accommoder, afin de ne pas blesser vos amis ?

L'IMAGE DU MOI, SOURCE DE DOULEUR

Pourquoi cette division entre problèmes majeurs et problèmes mineurs ? Toute chose n'est-elle pas un problème ? Pourquoi faisons-nous d'elle un grand problème ou un petit, un problème essentiel ou un problème sans importance ? Si nous parvenions à comprendre un problème, un seul, à l'étudier à fond, qu'il soit grand ou petit, alors nous éluciderions *tous* les problèmes. Et ceci n'a rien d'une réponse rhétorique. Prenez un problème quelconque : la colère, la jalousie, l'envie, la haine — elles nous sont toutes très familières. Si vous explorez la colère à fond, au lieu de l'écarter, alors, qu'est-ce que cela implique ? Pourquoi est-on en colère ? Parce qu'on vous a blessé, parce qu'on vous a fait une réflexion méchante ; mais quand on vous fait une remarque flatteuse, vous êtes content. Pourquoi est-on blessé ? À cause de l'importance que l'on s'accorde, n'est-ce pas ? Pourquoi nous donnons-nous tant d'importance ?

Parce que nous nous faisons une idée de nous-même, nous avons un symbole, une image du moi, l'image de ce qu'il faudrait être, de ce que nous sommes ou de ce qu'il ne faut pas être. Pourquoi se crée-t-on une image de soi-même ? Parce qu'en réalité on n'a jamais examiné ce que l'on est. Nous pensons qu'il faut être ceci, ou cela, l'idéal, le héros, l'exemple. Ce qui déclenche la colère, c'est que notre idéal, l'idée que nous nous faisons de nous-même, soit attaqué. Et l'idée que nous avons de nous-même est notre moyen d'éluder un fait — la réalité de ce que nous sommes. Mais lorsque vous observez votre réalité propre en tant que fait, personne ne peut vous blesser. Alors, si vous êtes menteur et que quelqu'un vous traite de menteur, cela ne signifie pas que vous soyez blessé : c'est un fait. Mais si vous prétendez ne pas être menteur et qu'on vous accuse de l'être, vous êtes en colère, vous devenez violent. Nous vivons donc sans cesse dans un monde idéalisé, un monde de mythes, et jamais dans le monde réel. Pour observer *ce qui est*, pour le voir vraiment, pour se familiariser avec *ce qui est*, il ne doit y avoir ni jugement, ni évaluation, ni opinion, ni peur.

LE PLAISIR PERVERS

Le sadisme existe. Savez-vous ce que ce mot signifie ? Un écrivain, le marquis de Sade, raconta dans un de ses livres l'histoire d'un homme qui prenait plaisir à faire souffrir et à regarder souffrir ses victimes. Telle est l'origine du mot sadisme, qui signifie le fait d'éprouver du plaisir devant la souffrance d'autrui. Certaines personnes éprouvent une étrange satisfaction au spectacle de la souffrance. Observez-vous et voyez si vous éprouvez ce sentiment. Il peut ne pas être évident, mais s'il est présent, vous constaterez qu'il s'exprime dans le rire qui se déclenche impulsivement lorsqu'on voit tomber quelqu'un. On a envie de voir les puissants abattus ; on critique, on fait des commérages inconséquents — tout cela est l'expression d'une insensibilité, une espèce de désir de faire du mal aux autres. On peut blesser autrui délibérément, vraiment exprès, ou on peut le faire inconsciemment, d'un mot, d'un geste, d'un regard ; mais dans un cas comme dans l'autre, on cède au désir de faire mal à quelqu'un, et rares sont ceux qui renoncent définitivement à ce type de plaisir pervers.

18 juillet

LA VÉRITABLE ÉDUCATION

L'esprit crée à partir de l'expérience, de la tradition, de la mémoire. L'esprit peut-il, bien qu'il vive des expériences, se libérer de tout réflexe de stockage ? Comprenez-vous la différence ? Ce qu'il faut, c'est non pas cultiver les souvenirs, mais se libérer du mécanisme d'accumulation de l'esprit.

Vous me blessez, ce qui est pour moi une expérience ; et ma mémoire emmagasine cette blessure ; et cela devient ma tradition, et c'est en m'appuyant sur cette tradition que je vous regarde ; je réagis en fonction de cette tradition. C'est le mécanisme quotidien de mon esprit et du vôtre. Est-il donc possible que, bien que vous me blessiez, ce mécanisme d'accumulation ne se déclenche pas ? Les deux mécanismes sont entièrement différents.

Si vous avez envers moi des mots durs, cela me fait mal ; mais si aucune importance ne leur est accordée, ils ne deviennent pas la base sur laquelle se fondent mes actions ; je peux vous aborder à nouveau, l'esprit frais. C'est cela, l'éducation véritable, au sens profond du terme. Parce que alors, bien que je constate l'effet de conditionnement induit par l'expérience, l'esprit n'est pas conditionné.

19 juillet

LA COLÈRE ABOLIE

Nous avons tous, j'en suis sûr, essayé de venir à bout de la colère, mais nos efforts semblent impuissants à la faire disparaître. Peut-on dissiper la colère autrement ?... La colère peut surgir pour des raisons d'ordre physique ou psychologique. Nous sommes en colère, peut-être parce que nous sommes en situation d'échec, que nos défenses s'effondrent, ou que notre sécurité, si soigneusement préservée, se trouve menacée, et ainsi de suite. La colère nous est familière à tous. Comment faire pour comprendre et dissiper la colère ? Si vous estimez que vos croyances, vos conceptions et vos opinions sont de la plus haute importance, alors vous ne pouvez que réagir violemment quand vous êtes mis en question. Mais si, au lieu de s'accrocher aux croyances et aux opinions, on commence à se demander si vraiment elles sont essentielles à notre compréhension de la vie, alors la compréhension des causes de la colère abolit celle-ci. Et ainsi commencent à céder nos résistances, cause de tant de douleur et de conflits. Il faut, là aussi, faire preuve de sérieux, de ferveur. Nous sommes habitués à nous maîtriser pour des considérations sociales ou religieuses ou par confort personnel, mais pour déraciner la colère il faut une lucidité extrême...

Vous dites que vous êtes en colère quand vous apprenez des injustices. Est-ce parce que vous aimez l'humanité, parce que vous êtes compatissant? La compassion et la colère font-elles bon ménage? Peut-il y avoir justice lorsqu'il y a colère et haine? Vous êtes peut-être en colère à la pensée de l'injustice en général, mais votre colère ne change rien à l'injustice ou à la cruauté; elle ne peut être que nocive. Pour que vienne l'ordre, vous devez être, vous-même, prévenant, compatissant. Toute action dictée par la haine ne peut qu'engendrer une haine plus grande. Rien de juste ne peut exister là où la colère règne. Justice et colère font mauvais ménage.

20 juillet

LE PARDON N'EST PAS LA VÉRITABLE COMPASSION

Qu'est-ce qu'être compatissant? Trouvez vous-même, cherchez à savoir si un esprit qui est blessé, ou qui peut l'être, est jamais capable de pardonner. Un esprit vulnérable aux blessures peut-il pardonner? Et cet esprit, qui est vulnérable, qui cultive la vertu, qui est conscient de sa propre générosité, peut-il être compatissant? La compassion, comme l'amour, n'est pas du domaine de l'esprit. Lorsqu'il manifeste de la compassion ou de l'amour, l'esprit n'a pas conscience de lui-même. Mais dès qu'on pardonne consciemment, l'esprit met à profit sa propre blessure pour renforcer son propre centre. L'esprit qui accorde son pardon consciemment ne peut jamais pardonner ; il ne connaît pas le pardon ; il pardonne pour éviter de nouvelles blessures.

Il est donc fondamental de découvrir pourquoi au juste l'esprit se souvient, pourquoi il stocke les souvenirs. C'est parce que l'esprit ne cesse de vouloir s'agrandir, prendre de l'ampleur, être quelque chose. Lorsque l'esprit est prêt à renoncer à être quoi que ce soit, prêt à n'être rien, absolument rien, alors dans cet état naît la compassion. Dans cet état il n'est ni pardon ni blessure ; mais, pour comprendre cela, il faut comprendre le développement conscient du « moi »...

Donc, tant que nous cultiverons de manière consciente quelque tendance particulière, quelque vertu particulière que ce soit, il ne pourra y avoir ni amour ni compassion, parce que l'amour et la compassion ne sont pas le fruit d'un effort conscient.

21 juillet

L'ÉVENTUALITÉ DE LA DOULEUR EXCLUT L'AMOUR

Celui qui s'interroge veut savoir comment il peut agir librement, sans autocensure, alors qu'il sait que son action va inévitablement heurter ceux qu'il aime. Aimer, en réalité, c'est être libre — les deux partenaires sont libres. Si la douleur est possible, si une éventuelle souffrance est envisageable dans l'amour, ce n'est pas l'amour, ce n'est qu'une forme subtile de possession, de mainmise. Si vous aimez quelqu'un, si vous l'aimez vraiment, il est tout à fait exclu que vous puissiez le blesser en faisant une chose que vous estimez juste. Ce n'est que lorsque vous voulez que l'autre agisse à votre guise ou qu'il veut que vous agissiez à sa guise qu'il y a souffrance. Autrement dit, vous avez envie qu'on vous possède; vous vous sentez rassuré, sécurisé, à l'aise; tout en sachant que cette sécurité n'est qu'éphémère, vous vous abritez dans cette situation confortable et transitoire. Donc, tous les efforts que l'on déploie dans le but d'être rassuré, encouragé, ne font en réalité que trahir une absence de richesse intérieure; donc tout acte qui tient l'autre à distance, à l'écart, suscite naturellement le désordre, la douleur et la souffrance; et l'un des deux partenaires, pour s'adapter à l'autre, doit refouler ce qu'il ressent vraiment. Autrement dit, cette répression permanente, dictée par un prétendu amour, détruit les deux partenaires. Dans ce type d'amour il n'y a pas de liberté; ce n'est qu'un asservissement subtil.

22 juillet

LA NATURE DU PIÈGE

La douleur résulte d'un choc, c'est l'ébranlement momentané d'un esprit installé, ayant accepté la routine de la vie. Quelque chose survient — une mort, la perte d'un emploi, la remise en cause d'une conviction privilégiée — et l'esprit est perturbé. Mais que fait l'esprit perturbé? Il essaye de retrouver une tranquillité, il se réfugie dans une autre croyance, dans un travail plus sûr, dans une nouvelle relation. Les vagues de la vie reviennent bientôt briser ces protections, mais l'esprit rebâtit très vite de nouvelles défenses; et cela continue. Ce n'est pas une façon de faire très intelligente, ne trouvez-vous pas?

... Nulle forme de contrainte, extérieure ou inté-

rieure, ne sera d'une aide quelconque, n'est-ce pas ?
Toute contrainte, si subtile soit-elle, est l'issue de
l'ignorance. Elle naît du désir de récompense ou de
la crainte de la punition. Comprendre la nature du
piège, dans son ensemble, c'est s'en libérer. Aucun
être, aucun système ne peut vous libérer. La vérité
contenue en cela est le seul facteur de libération —
mais vous devez le découvrir vous-même, vous ne
pouvez pas simplement en être persuadé. Il vous
appartient d'entreprendre ce voyage sur une mer
inconnue.

23 juillet

LA FIN DE LA SOUFFRANCE

Il suffit de descendre la route, et vous verrez la
splendeur de la nature, la beauté extraordinaire des
prés verdoyants et l'immensité du ciel ; et vous enten-
drez le rire des enfants. Mais il y a, en dépit de tout
cela, une sensation de souffrance. Il y a l'angoisse de
la femme qui porte en elle un enfant ; il y a la douleur
liée à la mort ; il y a la souffrance de celui qui attend
quelque chose qui n'arrive pas ; il y a la souffrance de
voir un pays qui s'effondre et tombe en décadence ;
et il y a la souffrance liée à la corruption, non seulement collective, mais aussi individuelle. La souffrance est présente jusque dans votre propre maison,
si vous regardez jusqu'au fond des choses : douleur
de ne pas réussir, douleur d'être mesquin ou incapable, et toutes sortes de douleurs inconscientes.
La vie, c'est aussi le rire. Le rire est une chose merveilleuse — rire sans raison, avoir le cœur en joie,
sans motif, aimer sans rien demander en retour.
Mais ce rire ne nous vient que très rarement. Nous
sommes écrasés de souffrance, notre vie est une succession de malheurs et de luttes, une déchéance

continuelle, et nous ne savons pratiquement jamais ce qu'est aimer de tout notre être...

Nous sommes à la recherche d'une solution, d'un moyen, d'une méthode grâce auxquels se volatiliserait ce fardeau de la vie, et ainsi nous ne regardons jamais vraiment la souffrance Nous essayons de la fuir à travers des mythes, des images, des spéculations ; nous espérons trouver un moyen d'éluder ce poids, d'éviter que la vague de souffrance ne nous rattrape.

... La souffrance a effectivement une fin — qui n'intervient ni grâce à un système ni grâce à une méthode quelconques. La souffrance cesse dès la perception de *ce qui est*.

24 juillet

RENCONTRE AVEC LA SOUFFRANCE

Comment faire face à la souffrance ? Pour la plupart d'entre nous, le face-à-face est, je le crains, très superficiel. Notre éducation, notre formation, nos connaissances, les influences sociologiques auxquelles nous sommes exposés font de nous des êtres si superficiels ! L'esprit superficiel est celui que sa fuite mène droit à l'église, à des conclusions, des conceptions, une conviction ou une idée. C'est le refuge de l'esprit superficiel en détresse. Et si vous ne trouvez refuge nulle part, vous vous faites une carapace et vous devenez cynique, dur, indifférent, ou vous trouvez une échappatoire facile dans la névrose. Toutes les défenses de ce genre contre la souffrance empêchent une exploration plus poussée...

Regardez donc votre propre esprit, voyez comment vous trouvez toujours des explications plausibles à vos peines, comment vous vous noyez dans

227

le travail, dans les idées, comment vous vous accrochez à une croyance en Dieu, ou à une existence futile. Et si aucune explication, aucune croyance ne vous satisfait, vous fuyez dans l'alcool et le sexe, ou vous devenez cynique, dur, amer et cassant... Une génération après l'autre, cet héritage se transmet de parents à enfants, mais jamais l'esprit superficiel n'expose sa plaie à nu; il ne connaît pas vraiment la souffrance, elle ne lui est pas familière. Elle n'est pour lui qu'une idée, une image, un symbole; jamais il ne rencontre la souffrance — mais seulement le mot *souffrance*.

25 juillet

LORSQU'ON FUIT LA SOUFFRANCE

La souffrance prend pour chacun de nous des formes différentes : elle peut être liée à une relation, à la mort de quelqu'un, à l'impossibilité de se réaliser qui mène au dépérissement et au néant, ou encore liée aux efforts pour réussir, devenir quelque chose, et qui se heurtent à l'échec total. Et il y a tout le problème de la souffrance sur le plan physique — la maladie, la cécité, le handicap, la paralysie, et ainsi de suite. Cette chose qu'on appelle la souffrance est partout — et la mort nous attend au tournant. Mais nous ne savons pas comment faire face à la souffrance, alors nous la vénérons, nous la rationalisons, ou nous essayons de la fuir. Allez dans n'importe quelle église chrétienne et vous constaterez qu'on y vénère la souffrance, considérée comme une chose extraordinaire et sainte; et l'on vous dit que ce n'est qu'à travers la souffrance, à travers le Christ crucifié que l'on peut trouver Dieu. L'Orient a ses propres formes d'évasion, d'autres moyens d'éviter la souffrance, et il me semble extraordinaire que si peu de gens, tant en Orient qu'en Occident, soient véritablement libérés de la souffrance.

Ne serait-ce pas merveilleux si, tandis que vous écoutez — en l'absence de tout sentiment ou émotion — ... vous pouviez réellement comprendre la souffrance et vous en libérer totalement ? Parce qu'il n'y aurait plus alors de mensonges envers soi-même ni d'illusions, d'angoisse, ou de peur ; et l'esprit pourrait fonctionner avec clarté, acuité et logique. Peutêtre saurions-nous alors ce qu'est l'amour.

26 juillet

SUIVEZ LE MOUVEMENT DE LA SOUFFRANCE

Qu'est-ce que la souffrance ?... Que veut dire souffrir ? Qu'est-ce qui souffre ? Je ne demande pas « pourquoi » il y a souffrance ni quelle est la « cause » de la souffrance, mais : « Que se passe-t-il en fait ? » Je ne sais pas si vous voyez la différence : je suis simplement dans l'état où la souffrance se perçoit ; elle n'est pas distincte de moi à la façon dont un objet est séparé de l'observateur ; elle est partie intégrante de moi-même, tout moi souffre. Dès lors je peux suivre son mouvement, voir où elle me mène. Et ainsi elle se révèle et je vois que j'ai donné de l'importance à moi-même et non à la personne que j'aimais. Celle-ci avait comme rôle de me cacher ma misère, ma solitude, mon infortune. J'espérais qu'*elle* aurait pu accomplir tout ce que *moi* je n'avais pas pu être. Mais elle n'est plus là, je suis abandonné, seul, perdu. Sans elle je ne suis rien. Alors je pleure. Non parce qu'elle est partie, mais parce que je demeure. Je suis seul.

... D'innombrables personnes sont là pour m'aider à m'évader : des milliers de personnes soi-disant religieuses, avec leurs croyances et leurs dogmes, leurs espoirs et leurs fantaisies : « C'est votre karma », « C'est la volonté de Dieu »..., vous connaissez toutes ces voies d'évasion. Mais si je peux demeurer avec cette souffrance, ne pas l'éloigner de moi, et ne pas essayer de la circonscrire ou de la nier, alors que se passe-t-il ? Quel est l'état de mon esprit lorsqu'il suit ainsi le mouvement de la souffrance ?

27 juillet

UNE COMPRÉHENSION SPONTANÉE

Nous ne disons jamais : « Voyons ce qu'est cette chose qui souffre. » Et on ne peut pas voir en se forçant, en se disciplinant. Il faut regarder avec intérêt, avec une compréhension spontanée. Et alors on s'aperçoit que ce nous appelions souffrance, douleur, et que nous cherchions à éviter ou à discipliner, que tout ce processus a disparu. Tant que je ne suis pas en relation avec cette souffrance comme si elle était extérieure à moi, le problème n'existe pas. Dès que j'établis un rapport entre elle et moi, comme si elle m'était extérieure, le problème existe. Tant que je considère ma douleur comme une chose extérieure — « je souffre parce que j'ai perdu mon frère, parce que je n'ai pas d'argent, à cause de ceci ou cela » —, j'établis une relation entre elle et moi et cette relation est fictive. Mais si je *suis* elle, si je vois ce fait, tout est transformé, tout a un autre sens. Car je suis dans un état d'attention totale, d'attention intégrée, et ce qui est complètement considéré est complètement compris et dissous, et par conséquent le mot *souffrance* n'existe plus.

LE CENTRE DE LA SOUFFRANCE

Lorsqu'on voit une chose très belle, une montagne magnifique, un coucher de soleil splendide, un sourire ou un visage ravissants, on se tait, abasourdi par l'émotion. Cela vous est sûrement déjà arrivé, n'est-ce pas ? On a l'impression d'étreindre l'univers. Votre esprit a été touché par une chose extérieure ; mais je parle d'un esprit qui, loin d'être abasourdi, a envie de regarder, d'observer. Mais êtes-vous capable d'observer sans que votre conditionnement ne remonte irrésistiblement à la surface ? Face à un être en proie à la souffrance, je la mets en mots, je l'explique : la souffrance est inévitable, elle découle de l'accomplissement des désirs. Ce n'est qu'une fois toutes les explications épuisées qu'on peut enfin la regarder — ce qui signifie qu'on ne la regarde pas à partir d'un centre. Lorsqu'on regarde à partir d'un centre, les facultés d'observation sont limitées. Si je n'arrive pas à m'arracher à un lieu tout en souhaitant être ailleurs, cela provoque en moi une tension, une douleur. Quand j'examine la souffrance à partir d'un centre, je souffre. C'est l'impossibilité d'observer qui cause la douleur. Je ne peux pas observer, si je pense, si j'agis ou si je regarde à partir d'un centre — comme c'est le cas lorsque je dis : « Je ne dois pas avoir mal », « Il faut que je sache pourquoi je souffre », « Je dois éviter la souffrance ». Lorsque j'observe à partir d'un centre — que ce centre soit une conclusion, une idée, ou l'espoir, le désespoir, ou quoi que ce soit d'autre —, cette observation reste très restreinte, très étroite, très mince, et cela engendre une souffrance.

UNE IMMENSITÉ INCOMMENSURABLE

Que se passe-t-il quand la mort vient vous arracher quelqu'un? La réaction immédiate est un sentiment de paralysie, et lorsqu'on sort de cet état de choc, il y a ce que nous appelons la souffrance. Mais que signifie au juste ce mot, *souffrance*? La présence du compagnon, le bonheur de l'échange, toutes ces choses agréables que vous faisiez et espériez faire ensemble — en une seconde tout vous est ôté, et vous demeurez vide, nu et seul. Ce que vous n'admettez pas, et contre quoi votre esprit se révolte, c'est le fait de vous retrouver soudain seul face à vous-même, absolument seul, vide, sans aucun soutien. Il est essentiel, alors, de vivre avec cette vacuité, de demeurer en sa présence, sans aucune réaction, sans la rationaliser, sans vous tourner, pour mieux la fuir, vers des médiums, vers la théorie de la réincarnation, et d'autres absurdités de ce genre : il faut vivre de tout votre être cette confrontation avec elle. Et si vous l'explorez à fond, pas à pas, vous verrez que cette souffrance a une fin — une fin réelle, pas une fin qui se limite à des mots, pas la fin superficielle qui accompagne la fuite, l'identification à un concept, ou l'engagement dans une idéologie. Vous découvrirez alors qu'il n'y a rien à protéger, car l'esprit est totalement vide et ne réagit plus : il n'essaye plus de combler ce vide; et quand toute cette souffrance sera achevée, vous aurez dès lors entrepris un nouveau voyage — un voyage qui n'a ni commencement ni fin. Il est une immensité qui est au-delà de toute mesure, mais nul ne peut pénétrer dans cet univers sans l'abolition totale de la souffrance.

IL FAUT VIVRE AVEC LA SOUFFRANCE

Nous subissons tous la souffrance. N'êtes-vous pas soumis à une forme ou une autre de souffrance? Et avez-vous envie de savoir ce qu'elle est? Si c'est le cas, vous pouvez l'analyser et expliquer pourquoi vous souffrez. Vous pouvez lire des livres à son sujet, ou aller à l'église, et vous ne tarderez pas être assez bien renseigné à ce propos. Mais je ne parle pas de cela; je parle de la fin de la souffrance. Le savoir ne met pas fin à la souffrance. L'abolition de la souffrance commence lorsqu'on affronte ses propres réalités psychologiques et qu'on est totalement conscient de toutes leurs implications d'instant en instant. Ce qui implique de ne jamais fuir devant le fait de notre souffrance, de ne jamais le rationaliser, de ne jamais exprimer d'opinion à son sujet, mais de le vivre de manière totale.

Vivre en présence de la beauté de ces montagnes sans tomber dans l'habitude est chose très difficile... On a contemplé ces montagnes, entendu le torrent, et vu les ombres s'insinuer dans la vallée, jour après jour; n'avez-vous pas remarqué comme on s'habitue facilement aux choses? On dit : « Oui, c'est très beau », et on passe son chemin. Il faut, pour vivre en présence de la beauté ou de la laideur, sans tomber dans l'habitude, une immense énergie — une vigilance qui empêche l'esprit de s'engourdir. De la même manière, la souffrance engourdit l'esprit si nous ne faisons que nous y habituer — et le plus souvent, c'est le cas. Mais il est inutile de s'habituer à la souffrance. On peut vivre avec la souffrance, la comprendre, l'explorer — mais pas dans but de la connaître.

Vous savez que la souffrance est là; c'est un fait, et il n'y a rien d'autre à savoir. Vous devez vivre.

NOUS DEVONS COMMUNIER
AVEC LA SOUFFRANCE

Nous ne sommes généralement pas en communion avec les choses. Il n'existe aucune communion directe entre nous et nos amis, nous et notre femme, nous et nos enfants...

Donc, pour comprendre la souffrance, il faut sans nul doute l'aimer, ne croyez-vous pas ? Autrement dit, il faut être en contact direct avec elle. Si l'on veut comprendre — que ce soit son voisin, sa femme, ou toute autre relation —, si l'on veut comprendre totalement une chose, il faut en être proche. On doit l'aborder sans objections, sans préjugés, sans condamnation ni répulsion ; on doit la regarder — n'est-ce pas ? Si je veux vous comprendre, je ne dois avoir envers vous aucun préjugé. Je dois être capable de vous regarder sans que viennent s'interposer les barrières, l'écran de mes préjugés et de mes conditionnements. Je dois être en communion avec vous, ce qui signifie que je dois vous aimer. De même, si je veux comprendre la souffrance, je dois l'aimer. Je dois communier avec elle. Je n'y parviens pas, parce que je cherche à lui échapper, par le biais d'explications, de théories, d'espoirs, d'atermoiements, qui sont tous des processus de verbalisation. Ainsi, les mots m'empêchent d'être en communion avec la souffrance. L'obstacle vient des mots — les mots des explications, des rationalisations, qui ne sont toujours que des mots, mais qui constituent notre processus mental —, ces mots qui m'empêchent d'entrer en communion directe avec la souffrance. C'est seulement lorsque j'entre en communion avec la souffrance que je la comprends.

Août

LA VÉRITÉ
LA RÉALITÉ
L'OBSERVATEUR ET L'OBSERVÉ
« *CE QUI EST* »

CŒUR PLEIN, ESPRIT VIDE

Il n'existe aucun chemin pour aller à la vérité, c'est elle qui doit venir à vous. Mais elle ne peut venir à vous que si votre cœur, votre esprit sont simples et clairs, et que votre cœur est rempli d'amour, et non des choses de l'esprit. Quand l'amour est dans votre cœur, vous ne parlez ni d'organiser la fraternité universelle, ni de croyances, ni de divisions, ni des pouvoirs qui les suscitent, vous n'avez nul souci de réconciliation. Vous êtes alors, tout simplement, un être humain sans étiquette, sans pays. Cela signifie que vous devez vous dépouiller de toutes ces notions et permettre à la vérité de venir au jour ; et elle ne peut advenir que lorsque l'esprit est vide, qu'il cesse de créer. Alors elle viendra sans que vous l'y invitiez. Alors elle viendra, vive comme le vent, et furtive. Elle vient en secret, pas lorsqu'on est aux aguets, à l'attendre. Elle surgit, soudaine comme le soleil, pure comme la nuit ; mais pour la recevoir, le cœur doit être plein et l'esprit vide. Alors qu'à présent vous avez l'esprit plein et le cœur vide.

LA VÉRITÉ EST UN ÉTAT

La vérité n'a pas de chemin, et il n'existe pas deux vérités. La vérité n'appartient ni au passé ni au présent, elle est hors du temps ; et celui qui cite la vérité de Bouddha, de Shankara ou du Christ, ou qui ne fait que répéter ce que je dis, ne trouvera pas la vérité, car la répétition n'est pas la vérité. La répétition n'est que mensonge. La vérité est un état, un mode d'être qui survient lorsque l'esprit — qui cherche à diviser, qui se veut exclusif, qui ne peut penser qu'en termes de résultats, de réussite — cesse d'exister. Alors seulement sera la vérité. L'esprit qui fait des efforts, qui se discipline afin de toucher au but ne pourra jamais connaître la vérité, parce que la fin recherchée est sa propre projection, et la poursuite de cette projection, si noble soit-elle, est une forme de vénération de soi. Cet être-là se vénère, c'est pourquoi il lui est impossible de connaître la vérité. On ne peut connaître la vérité que lorsqu'on a compris l'ensemble des mécanismes de l'esprit, c'est-à-dire quand cesse tout effort.

LA VÉRITÉ N'EST ANCRÉE NULLE PART

La vérité est un fait, et le fait ne peut être compris qu'une fois levés tous les obstacles qui se dressent entre l'esprit et le fait. Le fait, c'est la relation qui vous unit à vos biens, à votre femme, aux êtres humains, à la nature, aux idées ; et tant que vous ne comprenez pas le fait de votre relation, votre quête de Dieu ne fait qu'accroître la confusion car elle n'est qu'un ersatz de vérité, une évasion, et n'a donc pas le moindre sens. Tant que vous dominerez votre femme — ou qu'elle vous dominera —, tant que vous posséderez et serez possédé, vous ne pourrez pas connaître l'amour ; tant que vous continuerez à refouler, à substituer, tant que vous serez ambitieux, la vérité vous échappera.

Seul connaîtra la vérité celui qui ne cherche pas, ne fait pas d'efforts, ne cherche pas de résultat... La vérité n'a pas d'ancrage fixe, elle est élusive et non permanente, on ne la voit que d'instant en instant. Elle est toujours nouvelle, et donc intemporelle. Ce qui était vérité hier ne l'est plus aujourd'hui, ce qui est vérité aujourd'hui ne le sera plus demain. La vérité n'a aucune continuité. C'est l'esprit qui veut à tout prix donner une continuité à l'expérience qu'il baptise du nom de vérité, mais jamais un tel esprit ne la connaîtra. La vérité est toujours neuve : la vérité, c'est voir le même sourire comme un sourire neuf, voir la même personne d'un regard toujours neuf, voir les palmiers qui se balancent — voir la vie — comme pour la première fois.

4 août

SUR LE CHEMIN DE LA VÉRITÉ, IL N'Y A PAS DE GUIDE

Peut-on trouver Dieu en le cherchant ? Peut-on partir en quête de l'inconnaissable ? Pour trouver, vous devez savoir ce que vous cherchez. Si vous cherchez à trouver, ce que vous trouverez ne sera qu'une projection de vous-même ; ce sera un objet de votre désir, et ce qui est création du désir n'est pas la vérité. La recherche de la vérité en est la négation. La vérité n'a pas de domicile fixe ; nul chemin, nul guide ne peut vous y conduire et le mot vérité n'est pas la vérité. Peut-on trouver la vérité dans un lieu particulier, sous un climat particulier, au contact de certaines personnes? Est-elle ici et pas là? Cet homme est-il meilleur guide que cet autre pour vous conduire à la vérité? Existe-t-il même un guide? Quand on cherche la vérité, ce que l'on trouve ne peut venir que de l'ignorance, car la recherche elle-même est née de l'ignorance. Vous ne pouvez pas chercher la réalité: vous devez cesser pour que la réalité soit.

5 août

LA VÉRITÉ EST DANS L'INSTANT

La vérité ne peut pas être accumulée. Ce qui est accumulé est toujours détruit, puis se fane et meurt. La vérité ne peut jamais se faner car on ne la croise que d'instant en instant, dans l'instant de chaque pensée, de chaque relation, de chaque mot, de chaque geste, l'instant d'un sourire ou d'une larme. Et si vous et moi pouvons découvrir cela et le vivre — et le vivre c'est le découvrir — alors nous ne deviendrons pas des propagandistes: nous serons des êtres humains créatifs — pas parfaits, mais créatifs, et la différence est immense.

LE VÉRITABLE RÉVOLUTIONNAIRE

La vérité n'est pas pour les gens respectables, ni pour ceux qui cherchent à se prolonger, à se réaliser. La vérité n'est pas pour ceux qui ont soif de sécurité, de permanence; car la permanence qu'ils recherchent n'est que l'envers de l'impermanence. Pris comme ils le sont dans les filets du temps, ils se raccrochent à ce qui est permanent, mais la permanence qu'ils recherchent n'est pas le réel, puisque ce qu'ils cherchent est le produit de la pensée. Donc, tout homme soucieux de découvrir la réalité doit cesser de chercher — ce qui ne veut pas dire qu'il doive se satisfaire de *ce qui est*. Au contraire, celui qui est déterminé à trouver la vérité doit être en lui-même un révolutionnaire accompli. Il ne peut appartenir à aucune classe sociale, à aucune nation, à aucun groupe ni à aucune idéologie, à aucune religion établie; car la vérité n'est ni dans le temple ni dans l'église, la vérité ne se trouve pas dans les objets nés de la main ou de l'esprit. La vérité ne voit le jour que lorsqu'on éloigne ces objets façonnés par la main et l'esprit, et l'abandon de ces objets n'est pas une question de temps. La vérité vient à celui qui s'est libéré du temps, qui n'utilise pas le temps comme moyen de se prolonger. Le temps implique le souvenir de votre passé, de la famille, de la race, de votre caractère, et de l'accumulation de vos expériences — toute cette mémoire qui constitue le « moi » et le « mien ».

VOIR LA VÉRITÉ DANS LE FAUX

Il peut se faire que vous soyez superficiellement d'accord lorsque vous entendez dire que le nationalisme, avec tout son impact émotionnel et les intérêts qu'il défend, mène à l'exploitation et à l'opposition des hommes entre eux ; mais délivrer réellement votre esprit de la petitesse du nationalisme est une tout autre affaire. Se libérer non seulement du nationalisme, mais aussi de toutes les conclusions des religions établies et des systèmes politiques en place, est une chose essentielle si l'on veut avoir un esprit jeune, frais, innocent, autrement dit en état de révolution ; et cet esprit-là est le seul à pouvoir créer un monde nouveau — contrairement aux politiciens, qui sont morts, et aux prêtres, empêtrés dans leurs propres systèmes religieux.

Donc, heureusement ou malheureusement pour vous, vous avez entendu une parole vraie ; mais si vous ne faites que l'entendre sans qu'elle ne vous dérange de manière suffisamment agissante pour que votre esprit commence à se libérer de tout ce qui le rend mesquin et tortueux, alors la vérité entendue deviendra un poison. En vérité, telle l'infection rongeant peu à peu une plaie, la vérité se change en poison si, une fois entendue, elle reste inactive dans l'esprit. Mais découvrir par soi-même ce qui est vrai et ce qui est faux, et voir la vérité dans le faux, c'est permettre à cette vérité d'opérer et d'engendrer sa propre action.

COMPRENDRE LE FAIT RÉEL

Ce n'est pas vraiment complexe, bien que cela puisse être difficile. C'est que, voyez-vous, nous ne commençons pas par le fait réel, par ce que nous pensons, faisons ou désirons. Nous commençons par des suppositions, ou des idéaux, qui n'ont rien de réel, et c'est pour cela que nous nous égarons. Si l'on veut partir de la réalité et non de suppositions, il faut être extrêmement attentif, et toute forme de pensée qui n'a pas le réel pour origine est une distraction. C'est en cela qu'il est essentiel de comprendre ce qui se passe réellement en nous et autour de nous.

Si vous êtes chrétien, vous aurez des visions d'un certain type; si vous êtes hindou, bouddhiste ou musulman, elles seront fonction d'un autre modèle. Vous voyez le Christ, ou vous voyez Krishna, selon votre conditionnement, et c'est votre éducation, la culture dans laquelle vous avez été élevé, qui détermine les visions en question. Mais le réel, est-ce la vision, ou l'esprit qui a été façonné selon un modèle ? La vision est la projection de la tradition particulière qui se trouve constituer l'arrière-plan de l'esprit. C'est ce conditionnement, et non la vision qu'il projette, qui est la réalité, le fait. Il est simple de comprendre le fait réel, mais cela est rendu difficile par nos préférences et nos aversions, par notre condamnation du fait en question, et par les opinions et les jugements que nous portons sur ce fait réel. Se libérer de ces diverses formes d'évaluation, c'est saisir la réalité, comprendre *ce qui est*.

TRADUIRE LES FAITS EMPÊCHE DE LES VOIR

L'esprit qui se forge une opinion sur un fait est un esprit étroit, limité, destructeur... Vous et moi pouvons traduire le fait chacun à notre manière. Cette interprétation du fait est une malédiction qui nous empêche de le voir tel qu'il est et de pouvoir agir sur lui. Lorsque vous et moi confrontons nos opinions respectives à son sujet, cela n'a aucune influence sur le fait ; peut-être lui trouvez-vous des choses en plus, vous pouvez percevoir en lui plus de nuances, de sous-entendus, lui accorder plus d'importance que je ne le fais. Mais le fait ne souffre aucune interprétation : je ne peux donc pas me permettre la moindre opinion à son sujet. Le fait est tel qu'il est, et l'esprit a beaucoup de peine à l'admettre. Nous ne cessons de le traduire, de lui attribuer des sens différents, en fonction de nos préjugés, de nos conditionnements, de nos peurs et ainsi de suite. Il suffirait que vous et moi puissions voir le fait sans émettre aucune opinion, sans l'interpréter, sans lui attribuer de signification, pour qu'il devienne beaucoup plus vivant — non, pas plus vivant : le fait est là, il se suffit à lui-même, rien d'autre ne compte ; le fait a alors sa propre énergie qui vous mène dans la bonne direction.

L'IMPERMANENCE EST
LE SEUL ET UNIQUE FAIT

Nous essayons de découvrir s'il existe ou non un état permanent — non pas ce que nous aimerions, mais le fait réel, la vérité à ce sujet. Tout ce qui nous entoure, intérieurement comme extérieurement — nos relations, nos pensées, nos sentiments —, est impermanent et en fluctuation constante. Ayant conscience de cela, l'esprit recherche ardemment la permanence, un état perpétuel de paix, d'amour, de béatitude, une sécurité que ni le temps ni les événements ne peuvent détruire ; c'est pourquoi il crée l'âme, l'*atma*, et les visions d'un paradis éternel. Mais cette permanence est engendrée par la non-permanence, elle porte donc en elle les graines de cette non-durée. Il n'y a en définitive qu'une certitude : celle de la réalité de la non-permanence.

11 août

LA QUÊTE INSATIABLE DE L'INCONNAISSABLE

Vous voulez que je vous dise ce qu'est la réalité. L'indescriptible peut-il être mis en mots ? Pouvez-vous mesurer l'immesurable ? Pouvez-vous retenir le vent dans votre poing ? Si vous le faites, est-ce le vent ? Si vous mesurez l'immesurable, est-ce le réel ? Si vous le formulez, est-ce la vérité ? Non, car dès que vous décrivez ce qui échappe à la description, cela cesse d'être le réel. Dès que vous traduisez l'inconnaissable en termes de connu, il cesse d'être l'inconnaissable. Et pourtant c'est ce à quoi nous nous évertuons. Nous cherchons inlassablement à « savoir », dans l'espoir que la connaissance prolongera notre durée et nous permettra de capter l'ultime félicité dans une permanence. Nous voulons « savoir », parce que nous ne sommes pas heureux, parce que nous sommes usés, avilis par un misérable labeur. Et pourtant, au lieu de nous rendre compte du simple fait de notre déchéance, de notre lassitude, de notre détresse, nous voulons fuir du connu vers l'inconnu, lequel encore une fois devient le connu, de sorte que nous ne pouvons jamais trouver le réel.

12 août

LA SOUFFRANCE : UN SIMPLE MOT OU UNE RÉALITÉ ?

La souffrance n'est-elle qu'un mot ou une réalité ? Si c'est un fait, le mot, au point où j'en suis, n'a plus de sens ; il n'y a plus en moi que la perception d'une intense douleur. Par rapport à quoi ? Par rapport à une image, à une expérience, à quelque chose que je n'ai pas. Si je l'ai, je l'appelle plaisir ; sinon, c'est la douleur. La douleur, la souffrance existent *par rapport* à quelque chose. Ce « quelque chose », n'est-ce qu'une abstraction habillée de mots, ou est-ce une réalité ? Il est important de savoir ce qu'il est. De même que la peur n'existe pas en soi, mais est toujours la peur de quelque chose, la souffrance est toujours en relation avec une personne, un incident, un sentiment. Me voici maintenant pleinement conscient de la souffrance. Est-elle distincte de moi, ne suis-je que l'observateur qui la perçoit, ou est-elle « moi » ?

13 août

VOUS ET LE NÉANT NE FAITES QU'UN

Vous n'êtes rien. Vous avez beau avoir un nom, un titre, des biens, un compte en banque, le pouvoir, la célébrité, tous ces écrans protecteurs ne vous empêchent pas de n'être rien. Vous pouvez n'avoir aucune conscience de ce vide, de ce néant, ou vous pouvez simplement ne pas vouloir en prendre conscience ; mais, quoi que vous fassiez pour lui échapper, il est là. Vous pouvez essayer de fuir cela par mille subterfuges, par la violence individuelle ou collective, par l'étude ou les plaisirs, mais que vous dormiez ou soyez éveillés, il est toujours là. Vous ne pouvez entrer en contact avec ce néant et sa peur qu'en prenant conscience, lucidement et sans choix, de tous les subterfuges que vous utilisez pour le fuir. Vous n'êtes pas relié à ce néant comme une entité distincte, séparée ; vous n'êtes pas l'observateur qui le scrute ; sans vous — le sujet pensant, l'observateur —, il n'est pas. Vous et le néant ne faites qu'un ; vous et le néant constituez un unique phénomène, et non deux processus distincts. Si vous, le sujet pensant, avez peur de lui et vous approchez de lui comme d'une chose hostile, tout ce que vous pourrez entreprendre dans sa direction conduira inévitablement à l'illusion et à de nouveaux conflits et à d'autres souffrances. Lorsqu'il y a découverte, la révélation de ce néant qui est vous, alors la peur — qui n'existe que lorsque le penseur est distinct de ses pensées et essaye ainsi d'établir des relations avec elles — tombe et disparaît complètement.

14 août

COMMENT EN FINIR AVEC LA PEUR ?

Nous débattons ici d'une question qui suppose que vous soyez attentifs, et non en accord ou en désaccord. Il faut aborder la vie avec le maximum de rigueur, d'objectivité, de lucidité — pas en fonction de nos sentiments, de nos envies, de ce qui nous plaît ou ne nous plaît pas. C'est ce qui nous plaît et nous déplaît qui est à l'origine de toute cette souffrance. Et nous ne savons que dire : « Comment faire pour mettre fin à la peur ? » C'est un de nos grands problèmes — en effet, tout homme qui est incapable d'y mettre fin vivra dans les ténèbres éternelles —, pas au sens chrétien du terme, mais au sens usuel — l'éternité d'une vie, c'est déjà suffisant. Pour moi, en tant qu'être humain, il doit y avoir une autre issue que celle de susciter en moi l'espérance d'un avenir. Puis-je, en tant qu'être humain, mettre fin à la peur, de manière absolue, et non par petits bouts ? Vous ne vous êtes probablement jamais posé la question, sans doute parce que vous ne savez pas comment sortir de cette situation. Mais si vous la posiez avec le plus grand sérieux, non pas en voulant qu'on vous dise comment faire pour y mettre fin, mais en cherchant plutôt à en comprendre la nature, les mécanismes, vous verriez alors que, dès que vous avez découvert ce qu'il en est, la peur tombe instantanément, d'elle-même, sans que vous ayez rien à faire.

Lorsque nous la percevons et que nous entrons en contact direct avec elle, l'observateur *est* ce qu'il observe. Il n'y a plus de différence entre l'observateur et la chose observée. C'est quand la peur est observée sans l'observateur que naît une action — qui n'est pas celle de l'observateur agissant sur la peur.

15 août

LA DUALITÉ ENTRE PENSEUR ET PENSÉE

Quand vous observez quelque chose — un arbre, votre femme, vos enfants, votre voisin, les étoiles au cœur de la nuit, la lumière jouant sur l'eau, l'oiseau dans le ciel ou quoi que ce soit d'autre —, il y a toujours d'une part l'observateur, le censeur, le penseur, celui qui vit l'expérience, celui qui cherche, et de l'autre la chose qu'il observe; l'observateur et l'objet observé; le penseur et la pensée. Il y a donc toujours une division. C'est cette division qui constitue le temps. Cette division est l'essence même du conflit. Et quand il y a conflit, il y a contradiction. Il y a « l'observateur et l'observé » — c'est-à-dire qu'il y a une contradiction, une séparation. Et là où est la contradiction est aussi le conflit, chaque conflit faisant naître à son tour un besoin impérieux de dépasser le conflit, de le vaincre, de l'éviter, d'agir sur lui, et toute cette activité implique le temps... Tant qu'il y aura division, le temps continuera, et le temps, c'est la souffrance.

Tout homme qui veut comprendre la fin de la souffrance doit comprendre cela, doit le découvrir, doit aller au-delà de cette dualité entre le penseur et la pensée, entre le sujet et l'objet de l'expérience. Autrement dit, lorsqu'il y a division entre l'observateur et l'objet observé, le temps intervient, et la souffrance n'en finit donc jamais. Que faire, alors? Comprenez-vous la question? Je vois, présent en moi, l'observateur, toujours là à épier, juger, censurer, accepter, rejeter, discipliner, contrôler, modeler. Cet observateur, ce penseur, est le résultat de la pensée; c'est une évidence. C'est la pensée qui vient en premier, pas l'observateur, le penseur. S'il n'y avait pas du tout de pensée, il n'y aurait pas d'observateur, pas de penseur, il n'y aurait qu'une attention parfaite, absolue.

16 août

C'EST LA PENSÉE QUI CRÉE LE PENSEUR

La pensée est la sensation mise en mots; la pensée, c'est la réponse de la mémoire, c'est le mot, l'expérience, l'image. La pensée est transitoire, changeante, elle n'est pas permanente, et elle recherche la permanence. C'est pourquoi la pensée a créé le penseur, qui devient alors le symbole de la permanence. Il prend le rôle du censeur, du guide, du contrôleur, de celui qui façonne la pensée. Cette entité illusoire est le produit de la pensée, du transitoire. Cette entité est la pensée; sans la pensée, elle n'existerait pas. Le penseur est constitué de qualités distinctives qui sont inséparables de lui-même. Celui qui contrôle n'est pas différent de ce qu'il contrôle; il triche dans le jeu qu'il se joue à lui-même. Tant que le faux n'est pas perçu en tant que faux, la vérité ne peut pas être.

17 août

UN MUR DE PENSÉE INEXPUGNABLE

Comment peut-il y avoir fusion entre le penseur et ses idées? Cela ne peut pas avoir lieu par l'action de la volonté, ni par la discipline, ni par l'effort sous quelque forme que ce soit, ni par la maîtrise ou la concentration, ni par rien de semblable. L'utilisation d'un moyen implique qu'un agent l'accomplisse, n'est-ce pas? Et aussi longtemps qu'il y aura un acteur, il y aura division. La fusion ne peut avoir lieu qu'à partir du moment où l'esprit est parfaitement immobile sans avoir essayé de l'être. Et cette immobilité vient non pas quand le penseur n'existe plus, mais quand la pensée elle-même n'existe plus. Il faut se libérer de la réponse du conditionnement, c'est-à-dire de la pensée. Un problème est résolu quand l'idée, la conclusion ont cessé d'être. La conclusion, l'idée, la pensée sont agitation de l'esprit. Comment pourrait-il y avoir compréhension lorsque l'esprit est agité? Le sérieux doit être tempéré par la promptitude de la spontanéité. Vous découvrirez, si vous avez entendu ce qui a été dit, que la vérité apparaît lorsque vous ne l'attendez pas. Si je peux me permettre de vous le conseiller, soyez ouvert, sensible, ayez une conscience totale de *ce qui est* d'un moment à l'autre. Ne vous entourez pas d'un mur de pensée inexpugnable. La félicité de la vérité apparaît lorsque l'esprit n'est pas aux prises avec ses propres activités et ses luttes.

18 août

QUAND L'OBSERVATEUR EST L'OBJET OBSERVÉ

L'espace est une nécessité. Sans espace, pas de liberté — psychologiquement parlant... Ce n'est que lorsqu'il y a contact, lorsqu'il n'y a pas le moindre espace entre l'observateur et ce qu'il observe, que notre relation — avec un arbre, par exemple — est totale. Il ne s'agit pas de s'identifier à l'arbre — ou à la fleur, à tel homme, telle femme, ou que sais-je encore ; mais lorsqu'il n'y a absolument plus la moindre distance entre observateur et objet observé, alors s'ouvre un immense espace. Un espace où il n'y a pas de conflit ; et dans cet espace est la liberté.

La liberté n'est pas une réaction. On ne peut pas dire : « D'ailleurs, je suis libre ! » Dès l'instant où vous vous déclarez libre, c'est que vous ne l'êtes pas, parce que vous avez conscience d'être libre *par rapport* à quelque chose, vous êtes donc dans la même situation que l'observateur qui observe l'arbre. L'observateur a créé une distance et, dans cet espace, il permet au conflit de prendre corps. Ce qu'il faut pour comprendre tout cela, ce n'est ni manifester une approbation ou un désaccord intellectuels, ni dire : « Je ne comprends pas », mais entrer en contact direct avec *ce qui est*. C'est-à-dire voir que

251

toutes nos actions, et chaque instant d'une action, procèdent du rapport observateur-observé, et que, dans l'espace qui sépare l'un de l'autre, il y a le plaisir, la douleur et la souffrance, le désir de réalisation, la soif de célébrité. Au sein de cet espace-là, aucun contact avec quoi que ce soit n'est possible. Mais le contact, la relation, prend une tout autre signification dès que l'observateur n'est plus séparé de ce qu'il observe. Alors s'ouvre cet autre espace fabuleux, et alors est la liberté.

19 août

CELUI QUI OBSERVE LA SOLITUDE
EXISTE-T-IL VRAIMENT?

Mon esprit observe la solitude; il l'évite, il la fuit. Mais si je cesse de la fuir, y a-t-il une division, y a-t-il une séparation, existe-t-il encore un observateur qui examine la solitude? Ou n'y a-t-il plus qu'un état de solitude, mon esprit lui-même étant vide et seul — là où il avait un observateur conscient de la présence de la solitude? Je crois qu'il est capital de saisir cela au vol, sans trop s'attarder sur les mots. Quand nous disons par exemple : « Je suis envieux, je veux me débarrasser de mon envie », il y a alors un observateur et un phénomène observé; l'observateur souhaite se débarrasser de ce qu'il observe. Or, l'observateur et l'observé ne sont-ils pas une seule et même chose? C'est l'esprit lui-même qui a suscité cette envie, il lui est donc impossible d'agir sur elle. Mon esprit observe donc la solitude; le penseur a conscience de sa solitude. Mais s'il demeure avec elle, en un contact total, sans la fuir, sans la traduire, et ainsi de suite, existe-t-il encore à ce moment-là une différence entre l'observateur et l'observé? Ou n'y a-t-il plus comme unique fait que la réalité du vide et de la solitude de l'esprit? L'esprit a cessé d'observer le vide dans lequel il se trouve : il *est* lui-même ce vide. L'esprit peut-il donc, ayant pris conscience de sa vacuité comme d'un fait, et voyant que, quels que soient ses efforts, tout mouvement de recul face à cette vacuité n'est qu'une évasion, une dépendance — l'esprit peut-il donc se défaire de toute dépendance, et être ce qu'il est, complètement vide, complètement seul? Et s'il est dans cet état-là, n'est-on pas délivré de toute dépendance, de tout attachement?

ACCUMULATION ET VÉRITÉ

Aussi longtemps que celui qui expérimente se souvient de l'expérience, la vérité n'est pas. Car la vérité n'est pas quelque chose dont on se souvient, qu'on emmagasine, qu'on enregistre et qu'on reproduit ensuite. Ce qui s'accumule n'est pas la vérité. C'est le désir de faire l'expérience qui crée l'expérimentateur, qui à son tour accumule et se souvient. Le désir suscite la séparation entre le penseur et sa pensée; le désir de devenir, d'expérimenter, d'être plus ou d'être moins, suscite la division entre l'expérience et celui qui la fait. La prise de conscience de cette conséquence du désir est la connaissance de soi. Et la connaissance de soi est le commencement de la méditation.

L'ACTION IMMÉDIATE

Si vous êtes en contact avec quelque chose — avec votre femme, vos enfants, ou avec le ciel, ou n'importe quelle réalité — à l'instant même où la pensée intervient, le contact est rompu. La pensée a sa source dans la mémoire. La mémoire, c'est l'image, et c'est à partir de là que vous regardez ; c'est pourquoi il y a une séparation entre l'observateur et ce qu'il observe.

Il faut que vous compreniez cela en profondeur. C'est cette séparation entre l'observateur et la chose observée qui incite l'observateur à désirer toujours plus d'expériences, plus de sensations, c'est pourquoi il est sans cesse à la recherche, à la poursuite de quelque chose. Il faut donc comprendre, de manière totale et absolue, qu'aussi longtemps que persiste l'observateur, celui qui a soif d'expérience, le censeur, l'entité qui évalue, juge et condamne, il n'y a plus aucun contact immédiat avec *ce qui est*. Quand vous avez mal, la perception de la douleur est directe ; il n'y a pas d'observateur qui ressent la douleur : il n'y a que la douleur. Et parce qu'il n'y a pas d'observateur, une action immédiate se déclenche — il n'y a pas d'abord l'idée, et puis l'action. Mais l'action n'a lieu qu'en cas de douleur physique, parce qu'on est en contact immédiat avec elle. Et la douleur, c'est vous : il n'y a rien d'autre que la douleur. Tant que ce fait ne sera pas totalement compris, réalisé, exploré et profondément ressenti, tant qu'on n'aura pas saisi pleinement — et ce, non sur un plan intellectuel ou verbal — que l'observateur *est* ce qu'il observe, toute vie se transformera en conflit, en contradiction entre des désirs opposés, entre « ce qui devrait être » et « ce qui est ». Cela ne vous sera possible qu'à condition de savoir en toute lucidité si vous êtes ou non en position d'observateur, lorsque vous regardez une fleur, un nuage ou quoi que ce soit d'autre.

LA RÉALITÉ EST DANS *CE QUI EST*

Au lieu de demander qui s'est réalisé ou qui est Dieu, pourquoi ne pas appliquer toute votre attention et votre conscience à *ce qui est*? Alors, vous trouverez l'inconnu, ou plutôt il viendra à vous. Si vous comprenez ce qu'est le connu, vous vivrez cet extraordinaire silence qui n'est pas dû à une imposition ou à une persuasion, ce vide créatif, seule porte de la réalité. La réalité ne peut pas avoir lieu si vous êtes dans un état de *devenir*, de conflit; elle ne vient que là où se trouve un état d'*être*, une compréhension de *ce qui est*. Vous verrez alors que la réalité n'est pas dans le lointain; l'inconnu n'est pas loin de nous : il est dans *ce qui est*. De même que la réponse à un problème est dans le problème, la réalité est dans *ce qui est*. Si nous pouvons la comprendre, nous saurons ce qu'est la vérité.

FAIRE FACE AU FAIT

Je souffre. Psychologiquement, je suis terriblement perturbé; mais j'ai déjà mon idée sur ce point : ce que je dois faire, ce qu'il ne faut pas faire, ce qui doit changer. Cette idée, cette formule, ce concept m'empêche de regarder *ce qui est* comme un fait. Les systèmes d'idées et les formules sont un moyen d'éluder *ce qui est*. En cas de grand danger, l'action est immédiate. En pareil cas, vous n'avez aucune idée préconçue. Vous ne formulez pas d'abord une idée, pour agir ensuite en fonction de celle-ci.

L'esprit est devenu paresseux, indolent, se fiant à

une formule qui lui a donné le moyen d'échapper à toute action dirigée vers *ce qui est*. Conscients de tout le phénomène qui nous a été décrit — et que nous admettons non pas parce qu'on nous en a souligné l'évidence, mais pour l'avoir constatée nous-mêmes —, pouvons-nous affronter le fait, par exemple, que nous sommes violents ? Nous, les êtres humains, nous sommes violents, et nous avons fait sciemment de la violence, de la guerre et ainsi de suite, notre mode de vie. Bien que nous ne cessions de parler de la non-violence — surtout en Orient —, nous ne sommes pas non violents ; bien au contraire, nous sommes des êtres violents. La notion de non-violence n'est qu'une idée — qui peut être exploitée à des fins politiques. Et elle prend alors un tout autre sens ; mais la non-violence est une abstraction et non une réalité. L'être humain étant incapable d'affronter la réalité de la violence, il a inventé cet idéal de non-violence, ce qui lui évite de s'attaquer au fait réel.

Mais en définitive, la réalité, c'est celle de ma violence, de ma colère. Qu'avons-nous à faire d'une idée ? Ce qui compte, ce n'est pas l'idée de la colère, c'est la réalité de la colère. Il en va de même pour la réalité de la faim. Lorsqu'on a faim, il ne s'agit pas d'une idée. L'idée qui surgit à ce moment-là concerne ce qu'il faut manger, et ensuite, conformément aux exigences du plaisir, on mange. La seule façon d'agir par rapport à *ce qui est*, c'est de ne pas avoir la moindre idée d'avance sur la façon dont il convient d'aborder ce à quoi on se trouve confronté — c'est-à-dire *ce qui est*.

SE LIBÉRER DE *CE QUI EST*

Etre vertueux, c'est comprendre *ce qui est,* tandis que devenir vertueux, c'est masquer *ce qui est* derrière ce que l'on voudrait être et remettre indéfiniment à plus tard la solution. Et donc devenir vertueux signifie éviter toute action directe sur *ce qui est.* Ce processus qui consiste à éviter *ce qui est* en cultivant un idéal passe pour être vertueux ; mais si vous l'examinez de près et de façon directe, vous verrez qu'au contraire de ce que l'on dit, il n'est qu'un perpétuel refus de se trouver face à face à *ce qui est.* La vertu n'est pas le devenir de ce qui n'est pas mais la compréhension de *ce qui est,* laquelle nous libère de *ce qui est.* Et la vertu est essentielle dans une société qui se désintègre rapidement.

L'OBSERVATION DE LA PENSÉE

Je dois aimer la chose même que j'étudie. Si vous voulez comprendre un enfant, aimez-le, ne le blâmez pas, jouez avec lui, observez ses mouvements, ses caractéristiques personnelles, son comportement. Mais si vous ne faites que le blâmer, le contrarier ou l'accuser, toute compréhension de l'enfant est exclue. De même, pour comprendre *ce qui est,* vous devez observer ce que vous pensez, ressentez et faites d'instant en instant. C'est cela, l'actuel.

LA FUITE ENGENDRE LE CONFLIT

Pourquoi sommes-nous ambitieux ? Pourquoi voulons-nous réussir, être quelqu'un ? Pourquoi luttons-nous pour être supérieurs ? Pourquoi tous ces efforts pour s'affirmer soi-même, directement, ou par le truchement d'une idéologie, ou de l'État ? Cette affirmation de soi n'est-elle pas la cause essentielle de nos conflits et de notre confusion ? Sans ambition, péririons-nous ? Ne pouvons-nous survivre physiquement, sans être ambitieux ?

Pourquoi sommes-nous habiles et ambitieux ? L'ambition n'est-elle pas le moyen d'échapper à *ce qui est* ? Cette forme d'habileté n'est-elle pas stupide, tout comme nous le sommes ? Pourquoi avons-nous si peur de *ce qui est* ? À quoi bon fuir, si ce que nous sommes — quoi que cela puisse être — demeure ? Nous pouvons réussir à nous échapper, mais ce que nous sommes est toujours là, engendrant toujours conflit et misère. Pourquoi avons-nous tellement peur de notre solitude, de notre vide ? Toute activité tendant à fuir *ce qui est* ne peut que provoquer la douleur et l'antagonisme. Le conflit est la négation de *ce qui est*, la fuite devant *ce qui est;* il n'y a pas d'autre conflit que cela. Notre conflit devient de plus en plus complexe et insoluble, parce que nous ne regardons pas en face *ce qui est*. Il n'y a aucune complexité dans *ce qui est*, mais seulement dans toutes les évasions que nous recherchons.

UN MÉCONTENTEMENT
QUI RESTE SANS RÉPONSE

De quoi sommes-nous mécontents ? De *ce qui est*, bien sûr. *Ce qui est* peut être l'ordre social, ou bien une relation, ou encore ce que nous sommes essentiellement — c'est-à-dire notre laideur, nos pensées vagabondes, nos ambitions, nos frustrations et nos innombrables peurs : voilà ce que nous sommes. Et en nous éloignant de cela, nous allons, croyons-nous, trouver une réponse à notre mécontentement. Nous cherchons donc toujours un moyen, une façon de changer le *ce qui est* — c'est la préoccupation majeure de notre esprit. Si je suis le mécontentement même, et que je cherche à trouver une voie, un moyen d'accès au contentement, mon esprit s'intéresse au moyen, à la mise en œuvre de ce moyen permettant d'accéder au contentement. L'objet de mes préoccupations n'est donc plus le mécontentement — cette braise, cette flamme ardente qui a pour nom mécontentement. Nous ne cherchons pas à savoir ce qui se cache derrière lui. Nous cherchons simplement à éviter la flamme, à nous soustraire à la brûlure de cette angoisse...

C'est une tâche extrêmement difficile, car l'esprit, à l'examen de *ce qui est*, n'est jamais satisfait, jamais content. Il veut toujours transformer *ce qui est* en quelque chose d'autre — c'est cela, le processus de condamnation, de justification ou de comparaison. Si vous observez votre propre esprit, vous verrez que, lorsqu'il se trouve en face de *ce qui est*, il condamne, il compare avec « ce qui devrait être », ou alors il le justifie, et ainsi de suite, écartant de la sorte *ce qui est* et mettant hors champ cela même qui est à l'origine de ce désordre, de cette douleur et de cette angoisse.

L'EFFORT NOUS DISTRAIT DE *CE QUI EST*

Il nous faut comprendre le problème de l'effort. Si nous parvenons à saisir la signification de l'effort, alors nous pourrons le traduire en actes dans notre vie quotidienne. L'effort n'implique-t-il pas que l'on cherche à tout prix à changer *ce qui est* en ce qu'il n'est pas, ou en ce qu'il devrait être, ou en ce qu'il devrait devenir ? Nous ne cessons de fuir *ce qui est*, tout en voulant le transformer ou le modifier. Celui qui est réellement satisfait est celui qui comprend *ce qui est*, qui donne à *ce qui est* son juste sens. Le contentement véritable ne réside pas dans la pénurie ou l'abondance de nos possessions, mais dans la compréhension de la pleine signification de *ce qui est*. Ce n'est que par la vigilance passive que peut s'appréhender le sens de *ce qui est*. Ce dont je parle en ce moment, ce n'est pas des efforts physiques du travail de la terre, des travaux de construction ou de ceux liés à un problème technique, mais des efforts psychologiques. Les efforts et les problèmes psychologiques surpassent toujours ceux d'ordre physiologique. On a beau édifier une structure sociale très élaborée, tant que les ténèbres et les dissensions d'ordre psychologique ne seront pas comprises, elles mettront invariablement à bas cette structure soigneusement édifiée.

L'effort, c'est ce qui nous distrait de *ce qui est*. C'est lorsqu'on admet *ce qui est* que cessent les efforts. Il n'y a pas d'acceptation de *ce qui est* s'il y a désir de le transformer ou de le modifier. Et les efforts — qui sont signe de destruction — persisteront tant qu'existera le désir de changer *ce qui est*.

UN CONTENTEMENT ÉTRANGER À L'ESPRIT

N'est-il pas essentiel d'être mécontent, de ne pas étouffer le mécontentement, mais de l'encourager, de l'explorer, de le fouiller, de sorte qu'avec la compréhension de *ce qui est* vienne le contentement? Ce contentement n'est pas le fruit d'un système de pensée : il va de pair avec la compréhension de *ce qui est*. Ce contentement n'est pas le produit de l'esprit — cet esprit qui est perturbé, agité incomplet, quand il cherche la paix, quand il cherche à fuir *ce qui est*. C'est pourquoi l'esprit, par la justification, la comparaison, le jugement, essaie de modifier *ce qui est*, espérant de ce fait accéder à un état où il ne sera plus perturbé, où il sera pacifié, où la tranquillité régnera. Et lorsque l'esprit est perturbé par les conditions sociales, la pauvreté, la famine, la dégradation, la misère épouvantable, constatant la situation, il veut la changer; il s'empêtre dans la voie des changements, dans le changement érigé en système. Mais si, en revanche, l'esprit est capable de regarder *ce qui est*, sans comparaison, sans jugement, sans aucun désir de le transformer en quelque chose d'autre, alors vous verrez qu'il advient une forme de contentement qui ne dépend pas de l'esprit.

Le contentement qui est le produit de l'esprit n'est qu'une échappatoire. Il est stérile. Il est mort. Mais il y a un contentement qui n'est pas de l'esprit, qui naît avec la compréhension de *ce qui est*, et dans lequel il est une révolution profonde, qui affecte la société et les rapports individuels.

UN MÉCONTENTEMENT VIVACE

Le mécontentement n'est-il pas indispensable dans la vie, essentiel à tout questionnement, à toute investigation, à toute interrogation, à toute découverte du réel, de la vérité, de *ce qui est* la base de l'existence ? Il peut se faire que ce mécontentement ardent m'anime à l'âge d'étudiant ; puis je trouve un bon travail et ce mécontentement s'apaise, puis s'évanouit. Je suis satisfait, je lutte pour subvenir aux besoins de ma famille, je suis obligé de gagner ma vie, c'est ainsi que mon mécontentement est apaisé, réduit à néant : je deviens une entité médiocre qui se satisfait des choses de la vie, et je cesse d'être le mécontentement même. Pourtant, il faut entretenir la flamme du début à la fin, afin qu'il y ait une véritable investigation, un véritable approfondissement, un véritable questionnement quant à la nature du mécontentement. Et parce que l'esprit tombe très facilement sous l'emprise de toute drogue l'incitant à se satisfaire de vertus, de qualités, d'idées, d'actions, il tombe dans la routine et s'y englue. C'est une situation qui nous est familière, mais notre problème, ce n'est pas de savoir comment apaiser le mécontentement, c'est d'en entretenir la flamme, la vie, la vitalité. Toutes nos « saintes », écritures, tous nos gourous, tous les systèmes politiques veulent pacifier l'esprit, le calmer, l'inciter à se soumettre, à oublier son mécontentement et à se vautrer dans une forme quelconque de contentement... N'est-il pas absolument indispensable d'être mécontent pour pouvoir découvrir l'authentique ?

COMPRENDRE *CE QUI EST*

Nous sommes en conflit les uns avec les autres, et notre univers est en voie de destruction. Les crises, les guerres se succèdent; la famine et la misère règnent, avec d'un côté ceux qui sont immensément riches, drapés dans leur respectabilité, et de l'autre les pauvres. Ce qu'il faut pour résoudre ces problèmes, ce n'est ni un nouveau système de pensée, ni une révolution économique : c'est en comprenant *ce qui est* — le mécontentement —, en scrutant sans cesse au plus profond de *ce qui est,* que se déclenchera une révolution d'une portée beaucoup plus vaste que la révolution des idées. Et c'est cette révolution-là qui est si indispensable à l'avènement d'une autre culture, d'une autre religion, d'une autre relation d'homme à homme.

Septembre

L'INTELLECT

LA PENSÉE

LE SAVOIR

L'ESPRIT

NOUS NOUS PRENONS POUR
DES INTELLECTUELS

Nous disposons presque tous de capacités intellectuelles développées — ces capacités prétendues intellectuelles ne l'étant que de nom —, nous qui lisons tant de livres pleins des propos d'autrui et de leurs multitudes de théories et d'idées. Nous nous prenons pour d'authentiques intellectuels dès que nous pouvons citer d'innombrables œuvres, d'innombrables auteurs, avoir des lectures très diverses, et que nous sommes capables d'établir des corrélations et d'offrir des explications. Mais aucun d'entre nous — ou une si infime minorité — n'a de conceptions intellectuelles originales. À force de cultiver cet intellect — ou prétendu tel — nous avons perdu toutes les autres aptitudes, toutes les autres formes de sensibilité, et cela nous pose le problème de savoir comment rééquilibrer notre existence, non seulement afin de disposer des plus hautes aptitudes intellectuelles et d'être capables de raisonner objectivement, de voir les choses telles qu'elles sont — au lieu d'exprimer sans cesse des opinions sur des théories et des règles — mais aussi afin de pouvoir penser par nous-mêmes, et examiner de nous-mêmes très attentivement le vrai et le faux. Et voilà, à mon sens, l'une de nos difficultés : cette incapacité à percevoir non seulement les choses extérieures, mais aussi notre vie intérieure — à supposer que nous en ayons une.

TOUTE PENSÉE EST DISTRACTION

L'esprit qui est compétitif, qui s'empêtre dans le conflit du devenir, et qui pense en termes de comparaison, est incapable de découvrir le réel. Une pensée-perception qui est intensément en éveil et lucide s'engage dans un processus constant de découverte de soi — découverte qui, étant authentique, est libératrice et créative. Cette découverte de soi nous délivre de toute tendance à acquérir, et nous affranchit de la vie complexe de l'intellect. C'est cette vie complexe de l'intellect qui trouve sa satisfaction dans certaines tendances compulsives — que sont la curiosité destructrice, les spéculations, le simple savoir, l'exercice de nos talents, le commérage, et ainsi de suite; et tout cela fait obstacle à une vie simple. Toute tendance compulsive, toute activité spécialisée donne à l'esprit de l'acuité, ainsi qu'un moyen de focaliser la pensée, mais cela n'a rien à voir avec la floraison d'une pensée-perception pénétrant au cœur de la réalité.

Se libérer de toute distraction est chose plus difficile, car nous ne comprenons pas pleinement le processus de pensée-perception, qui devient à son tour un moyen de distraction. Bien qu'étant toujours incomplet, mais capable d'intérêt pour les spéculations abstraites, et capable de les formuler, cette pensée-perception a le pouvoir de se créer ses propres obstacles, ses propres illusions, qui empêchent d'avoir conscience du réel. Elle devient donc sa propre distraction, son propre ennemi. Étant donné que l'esprit est capable de créer des illusions, il faut d'abord comprendre ce pouvoir pour qu'il puisse ensuite se libérer totalement des distractions qu'il s'est créées lui-même. L'esprit doit être parfaitement tranquille, silencieux, car toute pensée peut être une source de distraction.

UNITÉ DU CŒUR ET DE L'ESPRIT

La formation de l'intellect n'a pas pour résultat de susciter l'intelligence. Mais en revanche, l'intelligence éclôt lorsque nous agissons en parfaite harmonie, tant sur le plan intellectuel qu'émotionnel. Il y a une énorme différence entre intellect et intelligence. L'intellect n'est autre que la pensée fonctionnant indépendamment de l'émotion. Lorsque notre intellect reçoit, sans qu'il soit tenu compte des émotions, une formation orientée dans une direction particulière, quelle qu'elle soit, nous pouvons avoir un intellect hors pair, mais nous n'avons pas l'intelligence, parce que l'intelligence a en elle la capacité naturelle de ressentir aussi bien que de raisonner ; dans l'intelligence, ces deux capacités sont présentes de manière égale, intense et harmonieuse.

De nos jours, l'éducation moderne développe l'intellect, diffusant de plus en plus d'explications sur la vie, de plus en plus de théories, mais il y manque cette qualité d'harmonie qu'apporte l'affection. Nous nous sommes forgé des esprits habiles, pour fuir le conflit ; c'est pourquoi nous nous contentons des explications que nous donnent les scientifiques et les philosophes. L'esprit — l'intellect — se satisfait de ces innombrables explications, mais l'intelligence n'est pas, car pour pouvoir comprendre, l'esprit et le cœur doivent agir en symbiose totale.

4 septembre

L'INTELLECT CORROMPT LA SENSIBILITÉ

Il y a, voyez-vous, d'une part l'intellect, et de l'autre la sensibilité pure — celle qui fait que nous aimons telle ou telle chose, que nous éprouvons de grandes émotions généreuses. L'intellect raisonne, calcule, pèse, équilibre. Il demande : « Est-ce que cela en vaut la peine ? En tirerai-je un bénéfice ? » Il y a, d'autre part, la sensibilité — ce sentiment extraordinaire qui naît au spectacle du ciel, face à votre voisin, votre femme ou votre mari, votre enfant, devant l'univers, la beauté d'un arbre, et ainsi de suite. Lorsque ces deux pôles de perception s'unissent — la mort est là. Comprenez-vous ? Mais lorsque la sensibilité pure est corrompue par l'intellect — la médiocrité est là. C'est le lot de la plupart d'entre nous. Notre existence est médiocre parce que nous calculons sans cesse, nous nous demandons sans cesse si cela vaut la peine, quel sera notre bénéfice, non seulement en matière d'argent, mais aussi dans le monde prétendument spirituel — « Si je fais ceci, vais-je avoir cela en échange ? »

5 septembre

L'INTELLECT NE RÉSOUDRA PAS
NOS PROBLÈMES

Nous sommes le plus souvent indifférents à cet univers extraordinaire qui nous entoure, nous ne remarquons jamais le balancement de la feuille sous le souffle du vent ; jamais nous n'observons un brin d'herbe, jamais nous ne l'effleurons de la main ni n'en connaissons la qualité d'être. Il ne s'agit pas d'une simple envolée lyrique de ma part, alors, je vous en prie, ne tombez pas dans états spéculatifs ou émotionnels. Je dis qu'il est essentiel d'avoir cette sensibilité profonde à la vie, au lieu de se laisser piéger dans les ramifications de l'intellect, dans les discussions, dans les examens à réussir, dans les citations — écartant au passage *ce qui est* neuf, en prétendant que c'est du déjà dit. La voie, ce n'est pas l'intellect. Il ne résoudra jamais nos problèmes ; il ne nous apportera pas cette nourriture qui est impérissable. L'intellect peut raisonner, discuter, analyser, tirer des conclusions à partir d'inductions, et ainsi de suite ; mais il est limité, car il est le résultat de notre conditionnement. Il n'en va pas de même pour la sensibilité. La sensibilité n'est pas conditionnée ; elle vous arrache d'un seul coup au territoire des peurs et des angoisses... Nous passons les jours et les années de notre vie à cultiver notre intellect, à argumenter, à discuter, à nous battre, à lutter pour devenir quelqu'un, et ainsi de suite. Pourtant, cet univers extraordinaire, merveilleux, cette terre qui est si riche — qui n'est ni la terre de Bombay ni la terre du Punjab, qui n'est ni une terre russe ni une terre américaine —, cette terre est à nous, elle nous appartient, à vous et à moi, et il ne s'agit pas là d'une élucubration sentimentale et ridicule : c'est un fait. Mais, malheureusement, nous l'avons morcelée, divisée, par mesquinerie, par esprit de clocher. Et nous savons pourquoi nous avons agi de la sorte : c'est pour nous assurer la sécurité, des emplois plus nombreux et meilleurs. Tel est le jeu politique actuellement en vigueur dans le monde entier, et c'en est au point que nous oublions d'être de simples humains, de vivre heureux sur cette terre qui est la nôtre, et d'en faire quelque chose de bien.

COMPRENDRE EN UN ÉCLAIR

Je ne sais pas si vous avez remarqué que la compréhension survient lorsque l'esprit est très silencieux, ne serait-ce que l'espace d'une seconde : l'éclair de compréhension est lorsqu'il n'y a pas de verbalisation de la pensée. Faites-en l'expérience toute simple, et vous verrez surgir en vous ce flash de compréhension, cet éclair de lucidité fulgurante, qui surgit lorsque l'esprit est tout à fait tranquille, que la pensée est absente, que l'esprit n'est pas assourdi par son propre tumulte. Ainsi, toute compréhension — qu'il s'agisse de comprendre un tableau moderne, un enfant, votre femme, votre voisin, ou la vérité — ne peut se faire que lorsque l'esprit est tout à fait tranquille. Mais cette tranquillité de l'esprit ne peut se cultiver, car si on la cultive, le résultat obtenu n'est pas un esprit tranquille, mais un esprit mort.

Plus vous vous intéressez à une chose, plus vous voulez comprendre, plus votre esprit est simple, lucide, libre. Alors cesse toute verbalisation. La pensée, en effet, n'est faite que de mots, et c'est le mot qui fait obstacle. C'est l'écran des mots, c'est-à-dire la mémoire, qui s'interpose entre le défi, et notre réponse au défi. C'est le mot qui répond au défi, et c'est ce que nous appelons l'intellection. Et donc, un esprit bavard, qui verbalise sans cesse, ne peut pas comprendre la vérité — la vérité telle qu'elle est dans la relation, et non une vérité abstraite. Il n'existe pas de vérité abstraite. Mais la vérité est chose très subtile...

Comme un voleur dans la nuit, elle vient quand on ne l'attend pas, secrète et mystérieuse.

L'INTELLECT PRIS AU DÉPOURVU

Vous ne pouvez vous connaître vous-même que lorsque vous n'êtes pas sur vos gardes, que vous ne calculez pas, ne vous protégez pas, que vous n'êtes pas constamment aux aguets, prêt à guider, à transformer, à soumettre, à contrôler, lorsque vous vous voyez de façon inopinée, c'est-à-dire quand l'esprit n'a aucune idée préconçue à son propre égard, quand l'esprit est ouvert, et ne se prépare pas d'avance à rencontrer l'inconnu.

Si votre esprit s'est préparé d'avance, vous ne pourrez assurément pas rencontrer l'inconnu, car vous *êtes* le connu. Si vous vous dites : « Je suis Dieu », ou « Je ne suis qu'une somme d'influences sociales, ou un paquet de qualités » — si vous avez des idées préconçues à votre propre égard, vous ne pouvez pas comprendre l'inconnu, qui est spontané.

Donc, la spontanéité ne peut jaillir que lorsque l'intellect n'est pas sur ses gardes, quand il ne se protège pas, quand il n'a plus peur de lui-même ; et cela ne peut jaillir que de l'intérieur. Autrement dit, le spontané doit être l'inédit, l'inconnu, l'incalculable, le créatif, ce qui doit impérativement être exprimé, aimé, et en quoi la volonté en tant que processus de l'intellect qui contrôle, qui dirige, ne joue aucun rôle. Observez vos propres états émotionnels et vous verrez que les instants de grande joie, d'immense extase, ne sont jamais prémédités : ce sont des événements imprévisibles, mystérieux, secrets.

LA MÉMOIRE N'A PAS D'EXISTENCE EN SOI

Qu'entendons-nous par ce terme de « pensée » ? À quel moment pensez-vous ? Il est évident que la pensée est le résultat d'une réponse, neurologique ou psychologique, n'est-ce pas ? C'est la réponse immédiate des sens à la sensation, ou c'est psychologique : la réponse des souvenirs accumulés. Il y a donc d'une part la réponse immédiate des nerfs à la sensation, et il y a d'autre part la réponse psychologique des souvenirs emmagasinés, l'influence liée à la race, au groupe, au gourou, à la famille, à la tradition, et ainsi de suite — tout cela étant ce qu'on appelle la pensée. Donc le processus de la pensée est la réponse de la mémoire, n'est-ce pas ? Vous n'auriez pas de pensées si vous n'aviez pas de mémoire, et c'est la réponse de la mémoire à une expérience donnée qui met en action ce processus de la pensée.

Qu'est-ce donc que la mémoire ? Si vous observez votre propre mémoire et la façon dont vous emmagasinez les souvenirs, vous remarquerez que la mémoire se rapporte à des faits, des techniques, à l'information, à l'art de la mécanique, aux mathématiques, à la physique, etc., ou bien qu'elle est le résidu d'une expérience incomplète, inachevée, n'est-ce pas ? Lorsque vous allez jusqu'au bout d'une expérience, qu'elle est achevée, elle ne laisse aucun souvenir au sens d'un résidu psychologique. Il n'y a de résidu que lorsqu'une expérience n'est pas pleinement comprise, et nous ne comprenons pas l'expérience parce que nous regardons chaque expérience à travers le prisme des souvenirs passés, c'est pourquoi nous ne rencontrons jamais l'inédit sous sa forme de chose neuve, mais toujours à travers l'écran de ce qui est vieux. Il en résulte clairement que notre réponse à l'expérience est conditionnée, toujours limitée.

LA CONSCIENCE SE RÉFÈRE AU PASSÉ

Si vous observez très soigneusement, vous verrez que ce mouvement de la pensée n'est pas continu, mais qu'un intervalle se produit entre deux pensées. Bien qu'il puisse ne durer qu'une fraction infinitésimale de seconde, cet intervalle existe et a son importance dans le mouvement de va-et-vient pendulaire de la pensée. Il est aisé de voir que l'activité de notre pensée est conditionnée par le passé, lequel est projeté dans le futur. Sitôt que l'on admet le passé, l'on doit aussi admettre le futur, car ces deux états dits passé et futur ne sont en fait qu'un seul état, qui inclut le conscient et l'inconscient, le passé collectif et le passé individuel. Ces deux passés, en réponse au présent, émettent certaines réponses qui créent la conscience individuelle. Notre conscience se réfère par conséquent au passé ; et là est tout l'arrière-plan de notre existence. Dès que vous avez le passé, vous avez inévitablement le futur, parce que le futur n'est que la continuation du passé modifié, c'est-à-dire encore du passé. Notre problème consiste donc à produire une transformation dans ce processus du passé sans créer une nouvelle forme de conditionnement, un autre passé.

POURQUOI SOMMES-NOUS IRRÉFLÉCHIS ?

Le penseur élabore ses pensées à partir de l'habitude, de la répétition, de l'imitation, ce qui n'aboutit qu'à l'ignorance et à souffrance. L'habitude n'est-elle pas de l'irréflexion ? La perception lucide suscite l'ordre, mais elle n'engendre aucune habitude. Les tendances persistantes n'aboutissent qu'à l'irréflexion, à l'inconséquence. Pourquoi sommes-nous irréfléchis ? Parce que penser est douloureux, cela crée des perturbations, suscite des oppositions, cela peut nous amener à agir à l'encontre des schémas établis. Alors que penser et ressentir de façon large et ample, exercer une lucidité sans choix ni exclusive, voilà qui peut nous entraîner jusqu'à des profondeurs inconnues. Or l'esprit est rebelle à l'inconnu ; c'est pourquoi il passe du connu au connu, d'une habitude à une autre habitude, d'un schéma à un autre. Ce type d'esprit n'abandonne jamais le connu pour aller à la découverte de l'inconnu. Se rendant compte de la douleur qui va de pair avec la pensée, le penseur, à force d'imitation, d'habitudes, finit par perdre le fil de ses pensées ; ayant peur de penser, il crée ce schéma de comportement irréfléchi. Comme le penseur a peur, ses actions naissent de la peur, il les regarde alors et s'efforce de les changer. Le penseur a peur de ses propres créations ; mais l'acte et celui qui le fait sont identiques, le penseur a donc peur de lui-même. Le penseur *est* la peur même ; il est la cause de l'ignorance, de la souffrance. Le penseur peut se diviser en de multiples catégories de pensée, mais la pensée et le penseur ne font toujours qu'un. Le penseur et les efforts qu'il fait afin d'être, de devenir, sont la cause même du conflit et de la confusion.

11 septembre

LE PENSEUR EST LA PENSÉE

N'est-il pas indispensable de comprendre celui qui pense, accomplit ou agit — le penseur, le faiseur, l'« acteur » — puisque sa pensée, son geste, son action sont indissociables de lui? Le penseur *est* la pensée, le faiseur *est* ce qu'il fait, l'acteur *est* l'action. C'est dans sa pensée que se révèle le penseur. Le penseur, par ses propres actions, est l'auteur de son propre malheur, de son ignorance, de ses conflits. Le peintre nous brosse ce tableau du bonheur passager, de la souffrance, de la confusion. Pourquoi produit-il cette image pénible? Il est évident que c'est cela, le problème à étudier, comprendre et dissiper. Pourquoi le penseur conçoit-il ses pensées, qui sont la source de toutes ses actions? La voilà, la muraille de roc à laquelle on se heurte, n'est-ce pas? Si le penseur peut se transcender, alors tout conflit cessera; et pour se transcender, il faut qu'il se connaisse. Ce qui est connu et compris, ce qui est réalisé et achevé ne se répète pas. C'est la répétition qui donne une continuité au penseur.

12 septembre

LA LIBERTÉ DE PENSÉE N'EXISTE PAS

Je ne sais pas s'il est clair pour nous tous que nous passons notre vie dans un état de contradiction. Nous parlons de paix, et nous préparons la guerre. Nous parlons de non-violence, et nous sommes fondamentalement violents. Nous parlons de bonté, et nous ne sommes pas bons. Nous parlons d'amour, et nous sommes dévorés d'ambition, imbus d'un esprit de compétition, d'efficacité sans scrupules. Il y a donc contradiction. Toute action née de la contradiction n'aboutit qu'à la frustration et à de nouvelles contradictions.

C'est que, voyez-vous, toute pensée n'est que fragmentaire; elle ne peut jamais être totale. La pensée est la réponse de la mémoire, et la mémoire est toujours fragmentaire, car la mémoire est le résultat de l'expérience vécue, la pensée est donc la réaction d'un esprit qui est conditionné par l'expérience. Toute forme de pensée, d'expérience, de savoir, est inévitablement parcellaire; la pensée est donc impuissante à résoudre les nombreux problèmes qui sont les nôtres. Vous avez beau essayer de raisonner sur ces problèmes de manière saine et logique, il vous suffira d'observer votre propre esprit pour constater que votre mode de pensée est conditionné par votre condition sociale, par l'environnement culturel dans lequel vous êtes né, par les aliments que vous consommez, par le climat sous lequel vous vivez, par les journaux que vous lisez, par les pressions et les influences subies dans votre vie quotidienne...

Nous devons donc comprendre de façon très claire que notre pensée, c'est la réponse de la mémoire, et que la mémoire fonctionne mécaniquement. Le savoir sera toujours incomplet, et toute pensée issue du savoir est limitée, parcellaire, et n'est jamais libre. La liberté de pensée n'existe pas, mais nous pouvons commencer à découvrir une liberté qui n'est pas un processus de pensée, et dans laquelle l'esprit a simplement conscience de tous ses conflits et de toutes les influences auxquelles il se heurte.

13 septembre

LA PENSÉE SANS LE PENSEUR

Le singe dans l'arbre a faim, puis lui vient le désir de cueillir un fruit ou une noix. L'action vient d'abord, puis l'idée que l'on aurait intérêt à stocker la nourriture. Ou pour exprimer les choses différemment : qu'est-ce qui vient en premier, l'action, ou celui qui exécute l'action? Sans l'action, y a-t-il un « acteur »? Comprenez-vous? C'est cela que nous

nous demandons toujours : qui est-ce qui voit ? Qui est l'observateur ? Le penseur est-il distinct de ses pensées, l'observateur distinct de ce qu'il observe, le sujet de l'expérience distinct de l'expérience, celui qui agit distinct de l'action ?... Mais si vous examinez réellement le processus, très attentivement, de près, et intelligemment, vous verrez qu'il y a toujours d'abord l'action, et que cette action, qui a une fin en vue, crée l'« acteur ». Est-ce que vous suivez ? Si l'action a un objectif en vue, la réalisation de cet objectif engendre l'« acteur ». Si vous pensez très clairement et sans préjugés, sans conformisme, sans essayer de convaincre qui que ce soit, sans objectif en vue, en cet acte même de penser, le penseur est absent — il n'y a que l'acte de penser. Ce n'est que lorsque vous visez, en pensant, à la réalisation d'un but, que vous devenez important, et non la pensée. Certains d'entre vous ont peut-être remarqué cela. C'est en réalité une chose importante à découvrir, parce que, de là, nous saurons comment agir. Si le penseur précède la pensée, alors il est plus important que la pensée ; or, toutes les philosophies, les coutumes et les activités de notre civilisation actuelle sont fondées sur ce postulat ; mais si c'est la pensée qui vient en premier, alors la pensée est plus importante que le penseur.

14 septembre

LA PERCEPTION IMMÉDIATE

Il n'y a pour moi qu'une seule chose qui compte : la perception — c'est-à-dire le fait de percevoir si une chose est vraie ou fausse de manière immédiate. C'est cette perception immédiate de ce qui est faux et de ce qui est vrai qui constitue le facteur essentiel — et non l'intellect, avec ses raisonnements fondés sur son habileté, son savoir, ses engagements. Il vous est certainement arrivé de temps à autre de voir immédiatement la vérité d'une chose — par exemple cette vérité qui est que nous ne devons absolument appartenir à rien. C'est cela, la perception : voir la vérité d'une chose, immédiatement, sans analyse, sans raisonnement, sans aucune de toutes ces choses que l'intellect crée à seule fin de différer la perception. C'est tout à fait différent de l'intuition, mot dont nous faisons un usage facile, trop facile...

Pour moi, rien ne compte que cette perception directe — et non le raisonnement, le calcul, l'analyse. Vous devez être capables d'analyser ; pour raisonner, vous devez avoir l'esprit bien fait, incisif ; mais l'esprit qui se limite à la raison et à l'analyse est incapable de percevoir ce qu'est la vérité...

Si vous êtes en communion avec vous-même, vous saurez pourquoi vous appartenez, pourquoi vous vous êtes engagé ; et si vous poussez plus loin, vous verrez l'esclavage, l'amputation de la liberté, l'absence de dignité humaine qu'entraîne cet engagement. Lorsque vous percevez cela instantanément, vous êtes libre ; vous n'avez pas besoin de faire d'efforts pour être libre. Voilà pourquoi la perception est essentielle.

15 septembre

UNE COMPRÉHENSION D'INSTANT
EN INSTANT

La compréhension fondamentale de soi-même n'est pas le fruit d'une accumulation de connaissances ou d'expériences. Celles-ci s'appuient sur la mémoire, tandis que la connaissance de soi est d'instant en instant. Si nous ne faisons qu'accumuler des données sur le moi, ces informations mêmes nous empêchent de nous comprendre plus profondément, car cet entassement de savoir et d'expériences devient un foyer où la pensée se concentre et a son être.

16 septembre

COMPRENEZ LE PROCESSUS
DE VOTRE PENSÉE

Supposez que vous n'ayez jamais lu aucun livre de religion ou de psychologie, et que vous deviez trouver le sens, la signification de la vie. Comment vous y prendriez-vous ? Supposez qu'il n'y ait pas de maîtres, pas de religions organisées, ni Bouddha, ni Christ, et que vous ayez à commencer depuis le commencement. Comment vous y prendriez-vous ? Tout d'abord, il vous faudrait comprendre votre processus de pensée, n'est-ce pas, et ne pas vous projeter, vous et vos pensées, dans le futur et créer un Dieu qui vous fasse plaisir : ce serait trop enfantin. Donc, tout d'abord, il vous faudrait comprendre le processus de votre pensée. Et c'est la seule façon de découvrir quelque chose de neuf, ne croyez-vous pas ?

Lorsque nous disons que le savoir et les connaissances sont un obstacle, une gêne, nous ne parlons pas des connaissances techniques — savoir conduire une voiture, faire fonctionner une machine, etc. — ni de l'efficience qu'elles confèrent. Nous pensons à tout autre chose : à ce sens de félicité créative qu'aucune somme de savoir ou de connaissances ne donnera jamais. Etre créatif, dans le vrai sens de ce mot, c'est être libéré du passé, d'instant en instant ; car c'est le passé qui constamment projette son ombre sur le présent. Nous accrocher à des informations, aux expériences d'autrui, à ce qu'un tel a dit —

quelque grand qu'il soit — et essayer de conformer nos actes à ces pensées, tout cela est du monde des connaissances —, mais pour découvrir du neuf, l'on doit partir tout seul, complètement démuni, surtout de connaissances ; car il est très facile, au moyen de connaissances et de croyances, d'avoir des expériences ; mais celles-ci n'étant que des produits de projections personnelles sont irréelles, fausses.

17 septembre

LE SAVOIR N'EST PAS LA SAGESSE

Notre soif de savoir, notre désir d'acquérir sans cesse quelque chose nous font perdre l'amour, et ainsi s'émoussent et le sentiment que nous avons de la beauté, et notre sensibilité à la cruauté. Nous nous spécialisons de plus en plus et sommes de moins en moins intégrés. La sagesse ne saurait être remplacée par les connaissances, et aucune somme d'explications ni aucune accumulation de faits ne libéreront l'homme de la souffrance. Le savoir est nécessaire, la science a son utilité ; mais si le cœur et l'esprit sont étouffés par les connaissances, et si la cause de la souffrance est oblitérée par des explications, la vie devient vaine et n'a plus de sens...

L'information, la connaissance des faits, bien qu'elle augmente en permanence, est, par sa nature même, limitée. La sagesse est infinie, elle inclut la connaissance et le processus de l'action ; mais nous saisissons une branche et croyons que c'est l'arbre entier. La connaissance d'une partie ne peut jamais nous faire réaliser la joie du tout. L'intellect ne peut conduire au tout, car il n'est lui-même qu'un fragment, qu'une partie.

Nous avons séparé l'intellect de la sensibilité, et

avons développé celui-ci à son détriment. Nous sommes comme un objet à trois pieds dont l'un serait beaucoup plus long que les deux autres, et nous n'avons pas d'équilibre. Nous sommes entraînés à être des intellectuels; notre éducation dispense à l'intellect une formation qui l'aiguise, le rend habile, capable d'acquérir, et c'est ainsi qu'il tient le rôle majeur dans nos vies. L'intelligence est bien supérieure à l'intellect, car elle est l'intégration de l'amour et de la raison. mais il n'y a d'intelligence qu'en la connaissance de soi, en la profonde compréhension du processus total de soi-même.

18 septembre

LA FONCTION DE L'INTELLECT

Je ne sais si vous avez déjà réfléchi à la nature de l'intellect. L'intellect et ses activités ne posent aucun problème à un certain niveau, n'est-ce pas? Mais quand l'intellect porte atteinte à cette pure sensibilité de perception, alors la médiocrité s'installe. Pour connaître la fonction de l'intellect, et avoir conscience de cette pure perception, sans les laisser se mêler l'une à l'autre et se détruire mutuellement, il faut avoir une grande clarté, une grande acuité de conscience.

La fonction de l'intellect est donc toujours, n'est-ce pas, d'explorer, d'analyser, de chercher à savoir; mais parce que nous avons soif de sécurité intérieure, psychologique, parce que nous sommes effrayés, angoissés par la vie, nous en arrivons à une conclusion donnée, et nous engageons à son service. Un engagement nous amène à un autre, et je dis que cet esprit-là, cet intellect-là, qui s'est fait l'esclave d'une conclusion, a cessé de penser, de s'interroger.

SOYEZ DIFFÉRENT

J'ignore si vous avez déjà remarqué le rôle immense que l'intellect joue dans notre vie. Les journaux, les magazines, tout, autour de nous, privilégie la raison. Non que je sois opposé à la raison. Au contraire, nous devons être capables de raisonner très clairement, très finement, mais vous constaterez, à bien y regarder, que l'intellect ne cesse d'analyser afin de savoir pourquoi nous avons besoin ou non d'appartenir, pourquoi il faut être différent, si l'on veut découvrir la réalité, et ainsi de suite. Il y a donc l'intellect, avec son aptitude à s'interroger, à analyser, à raisonner et à tirer des conclusions, et il y a la sensitivité, la perception pure, qui est sans cesse interrompue, dénaturée par l'intellect. Et quand l'intellect interfère avec la perception pure, cette interférence produit un esprit médiocre. Nous avons d'un côté l'intellect, avec sa capacité de raisonnement, fondée sur ses préférences et ses aversions, sur son conditionnement, sur son expérience et son savoir, et de l'autre côté nous avons la sensitivité, qui est corrompue par la société, par la peur. Vont-ils à eux deux nous révéler la vérité ? Ou n'y a-t-il que la perception, et rien d'autre ?

20 septembre

UN ESPRIT QUI APPREND

Qu'entendons-nous par « apprendre » ? Est-ce apprendre que de se borner à acquérir des connaissances, à engranger des informations ? C'est une certaine façon d'apprendre, n'est-ce pas ? Si vous faites des études techniques, vous étudiez les mathématiques, et ainsi de suite, vous apprenez, vous vous informez sur le sujet. Vous accumulez des connaissances afin de les utiliser à des fins pratiques. Vous apprenez alors par accumulation, par addition. Mais lorsque l'esprit ne fait qu'absorber, additionner, acquérir, est-ce apprendre? Apprendre, n'est-ce pas une tout autre chose? Je dis que ce processus accumulatif que nous désignons actuellement par le terme d'apprendre n'a rien à voir avec ce qu'est apprendre. Ce n'est rien d'autre que cultiver la mémoire, qui devient mécanique; et l'esprit qui fonctionne mécaniquement, comme une machine, est incapable d'apprendre. Apprendre est tout autre chose, ainsi que je vais essayer de vous le montrer.

L'esprit qui apprend ne dit jamais: « je sais », parce que le savoir est toujours fragmentaire, alors qu'apprendre est toujours quelque chose d'intégral. Apprendre ne signifie pas partir d'une certaine somme de connaissances pour en ajouter de nouvelles. Cela n'est qu'un simple processus mécanique; or, apprendre est quelque chose de très différent. Pour moi, apprendre est quelque chose de tout autre. J'apprends à propos de moi-même d'instant en instant, et ce moi-même est vital, essentiel; il vit, il bouge, il n'a ni commencement ni fin. Dès que je dis: « Je me connais », c'en est fini d'apprendre, tout s'achève dans le savoir accumulé. Apprendre, ce n'est jamais accumuler; c'est un mouvement du connaître qui n'a ni commencement ni fin.

21 septembre

LE SAVOIR S'ARROGE L'AUTORITÉ

Aucun mouvement d'apprendre n'est possible lorsqu'on ne fait qu'acquérir des connaissances: les deux choses sont incompatibles, elles sont contradictoires. Le mouvement d'apprendre suppose un état dans lequel l'esprit n'a aucune expérience préalable, emmagasinée sous forme de savoir. Le savoir est une acquisition; apprendre, au contraire, est un mouvement constant qui n'est pas un processus d'acquisition ou d'addition : il suppose donc un état dans lequel l'esprit n'est investi d'aucune autorité. Le savoir s'arroge toujours l'autorité, et l'esprit qui se retranche derrière l'autorité du savoir est absolument incapable d'apprendre. L'esprit ne peut apprendre que lorsque le processus d'accumulation a définitivement cessé.

Pour la majorité d'entre nous, il est assez difficile de faire la différence entre la notion d'apprendre et celle d'acquérir des connaissances. Grâce à l'expérience, en lisant, en écoutant, l'esprit accumule des connaissances, c'est un processus de thésaurisation, par lequel nous ajoutons à ce qui est déjà connu, et c'est sur la base de cet arrière-plan que nous fonctionnons. En fait, par ce terme d'« apprendre », nous désignons le plus souvent ce processus même d'acquisition d'informations nouvelles, qui viennent s'ajouter au stock de connaissances que nous possédons déjà... mais je parle ici de quelque chose de tout à fait différent. Le terme « apprendre » ne signifie pas pour moi que l'on ajoute à ce que l'on sait déjà. On ne peut apprendre que lorsqu'il n'y a pas la moindre trace d'attachement au passé sous forme de savoir, c'est-à-dire lorsqu'on ne traduit pas en termes de connu tout ce qu'on voit de neuf.

L'esprit qui apprend est un esprit innocent, alors que l'esprit qui acquiert simplement des connaissances est un esprit vieux, stagnant, corrompu par le passé. L'esprit innocent a une perception instantanée; il apprend constamment, sans rien accumuler, et seul un tel esprit est mûr.

C'EST LE CERVEAU QUI PRODUIT L'ESPRIT

... Qu'est-ce que l'esprit ? Quand je pose cette question, il ne faut pas s'attendre à ce que j'y réponde. Regardez votre esprit, observez le fonctionnement de votre pensée. Ce que je décris n'a qu'une simple valeur indicative ; ce n'est pas la réalité. La réalité, c'est à vous d'en faire l'expérience. Le mot, la description, le symbole, n'est pas la chose réelle. Le mot *porte* n'est évidemment pas la porte. Le mot *amour* n'est pas le sentiment, l'extraordinaire qualité de sentiment que ce mot désigne. Ne confondons donc pas le mot, le nom, le symbole, avec le fait. Si vous ne faites que rester au niveau verbal, et discuter de la nature de l'esprit, vous êtes perdu, parce que jamais vous ne percevrez la qualité de cette chose étonnante qu'on appelle l'esprit.

Qu'est-ce donc que l'esprit ? L'esprit est, évidemment, l'ensemble de nos facultés perceptives ou de notre conscience ; c'est le processus total de notre existence, le processus global de notre pensée. L'esprit est le fruit du cerveau. Le cerveau engendre l'esprit. L'esprit est l'enfant du cerveau. Sans le cerveau, point d'esprit, mais l'esprit est pourtant distinct du cerveau. Si le cerveau est limité ou endommagé, l'esprit lui aussi sera endommagé. Le cerveau, qui enregistre toutes les sensations, toutes les réactions de plaisir ou de douleur, le cerveau avec tous ses tissus, tous ses réflexes, crée ce que nous appelons l'esprit, bien que l'esprit soit cependant indépendant du cerveau.

Vous n'êtes pas obligés d'admettre tout cela. Vous pouvez le passer au crible de l'expérience, et tirer vos propres conclusions.

23 septembre

L'ESPRIT RETENU PAR SON ANCRE

Nous poursuivons, telles des machines, notre harassante routine quotidienne. Avec quel empressement l'esprit se plie à un schéma de vie, et avec quelle ténacité il s'y accroche ! L'esprit est rivé en place par l'idée — comme par un clou — et c'est autour de l'idée qu'il organise son existence et fonde son être. L'esprit n'est jamais libre, souple, car il est toujours retenu par son ancre ; il évolue dans l'enceinte, tantôt large, tantôt étroite, de son propre centre. Il n'ose pas s'aventurer loin de ce centre ; et, lorsqu'il le fait, il est éperdu de peur. Pas la peur de l'inconnu, mais celle de perdre ce qui est connu. L'inconnu ne suscite pas la peur, alors qu'être dépendant du connu la provoque. La peur est toujours liée au désir, désir du plus ou du moins. L'esprit, qui tisse sans cesse sa toile de schémas, est le géniteur du temps ; et le temps apporte avec lui la peur, l'espoir, et la mort.

24 septembre

L'ESPRIT EST LE RÉSULTAT DU TEMPS

L'esprit est constamment incité à se conformer à certains schémas de pensée. Autrefois, seules les religions constituées cherchaient à s'assurer la maîtrise des esprits, mais de nos jours les gouvernements ont largement pris le relais. Ils veulent modeler et contrôler les esprits. En apparence, l'esprit peut résister à leur contrôle... En surface, vous avez votre mot à dire dans cette affaire, mais sous la surface, dans les profondeurs de l'inconscient, il y a tout le poids du temps, de la tradition qui vous entraîne dans des directions données. Au niveau conscient, l'esprit est capable, dans certaines limites, de se contrôler et de se guider par lui-même, mais dans l'inconscient, vos ambitions, vos questions non résolues, vos pulsions, vos superstitions, vos craintes sont là, palpitantes, pressantes, aux aguets...

Tout ce champ de l'esprit est le résultat du temps; l'esprit est le résultat des conflits et des accommodements, de toute une succession de consentements donnés sans pleine compréhension. Donc, nous vivons en état de contradiction; notre vie est un processus de lutte incessante. Nous sommes malheureux, et nous aspirons au bonheur. Bien que violents, nous souscrivons à un idéal de non-violence. Et ainsi le conflit se poursuit — notre esprit est un champ de bataille. Nous avons soif de sécurité, en sachant, tout au fond de nous, qu'il n'en existe aucune. À vrai dire, nous refusons d'être confrontés au fait que la sécurité n'existe pas; nous sommes donc toujours à la poursuite de la sécurité, avec pour résultat la peur que suscite son absence.

25 septembre

LA PLUS FORMIDABLE DES RÉVOLUTIONS,
C'EST LA VIE

L'esprit est maintenu dans un modèle. Son existence même est le cadre à l'intérieur duquel il fonctionne et se meut. Le modèle fait référence au passé ou au futur, c'est l'espoir et le désespoir, la confusion et l'utopie, c'est ce qui a été et ce qui devrait être. Nous connaissons tous parfaitement bien ces questions. Vous dites vouloir briser l'ancien schéma et le remplacer par un « nouveau », qui n'est autre qu'une version modifiée de l'ancien... Vous voulez édifier un monde nouveau. C'est impossible. Vous pouvez vous mentir à vous-même et tromper les autres, mais tant que l'ancien modèle ne sera pas totalement détruit, il ne pourra y avoir de transformation. Et même si vous pouvez trouver l'idée séduisante, ce n'est pas vous qui représentez l'espoir du monde. Briser les modèles, les anciens comme les soi-disant nouveaux, est de la plus extrême importance si l'on veut mettre de l'ordre dans ce chaos. C'est pourquoi il est tellement important de comprendre le mécanisme de l'esprit...

Est-il possible que l'esprit n'ait pas de modèle, qu'il soit libéré de ce mouvement pendulaire du désir entre passé et futur ? C'est effectivement possible. C'est l'action qui consiste à vivre dans le présent. Vivre, c'est être sans espoir, faire fi du lendemain ; ce qu'il ne faut pas confondre avec le désespoir ou l'indifférence. Mais nous ne *vivons* pas, nous sommes toujours à la poursuite de la mort, du passé ou du futur. La plus formidable des révolutions, c'est la vie. La vie n'a pas de modèles, mais la mort en a : le passé ou le futur, ce qui a été, ou l'utopie. Vous vivez pour l'utopie, et ce faisant, vous sollicitez la mort, et non la vie.

26 septembre

LA RÉVOLUTION INTÉRIEURE

La vérité ne se rencontre que d'instant en instant, ce n'est pas un phénomène continu, mais l'esprit qui cherche à la découvrir, étant lui-même le produit du temps, ne peut fonctionner que dans le champ du temps ; il est donc incapable de trouver la vérité.

Si je veux connaître l'esprit, l'esprit doit se connaître lui-même, car il n'existe pas de « je » indépendant de l'esprit. Il n'y a pas de qualités qui soient indépendantes de l'esprit, de même que les qualités du diamant sont indissociables du diamant lui-même. Pour comprendre l'esprit, vous ne pouvez pas l'interpréter en fonction des idées d'un autre que vous, mais vous devez observer comment fonctionne votre propre esprit dans sa globalité. Lorsque vous en connaissez tout le mécanisme — son mode de raisonnement, ses désirs, ses motivations, ses ambitions, ses centres d'intérêt, son envie, son avidité, sa peur — alors l'esprit peut aller au-delà de lui-même, et c'est lorsqu'il se transcende que l'on découvre quelque chose de totalement nouveau. Cette qualité de nouveauté suscite en l'être une formidable passion, un formidable enthousiasme qui provoque une révolution intérieure profonde : et seule cette révolution intérieure peut transformer le monde — ce qu'aucun système politique ou économique n'est capable de faire.

27 septembre

LA CONSCIENCE EST UNE

Il n'y a en fait qu'un seul état, et non deux, le conscient et l'inconscient. Il n'y a qu'un état d'être, lequel est conscience, bien que certains veuillent y voir les deux formes du conscient et de l'inconscient. Mais cette conscience est toujours du passé, jamais du présent. L'on n'est conscient que de ce qui est passé. Vous n'êtes conscients de ce que j'essaie de dire que la seconde d'après, n'est-ce pas ? Vous le comprenez un moment plus tard. Vous n'êtes jamais conscients du « maintenant ». Vous ne le percevez pas. Observez vos cœurs et vos esprits, et vous verrez que la conscience fonctionne entre le passé et le futur et que le présent n'est que le passage du passé au futur...

Si vous observez le fonctionnement de votre esprit, vous verrez que le mouvement, tant vers le passé que vers le futur, est un processus dans lequel le présent n'est pas. Tantôt le passé est un chemin d'évasion hors du présent (lequel est probablement désagréable), tantôt le futur est un espoir situé en dehors du présent. L'esprit est toujours absorbé dans le passé ou dans futur et rejette le présent... Soit il condamne et rejette le fait, soit il l'accepte et s'identifie avec lui. Un tel esprit est évidemment incapable de voir un fait en tant que fait. Tel est notre état de conscience, conditionné par le passé, et notre pensée est une réponse conditionnée à la provocation d'un fait ; plus vous réagissez selon le conditionnement d'une croyance, d'un passé, plus vous renforcez le passé.

Ce renforcement du passé n'est évidemment qu'un prolongement du passé lui-même, qu'il appelle futur. L'état de notre esprit, de notre conscience, est celui d'un pendule qui va et vient entre le passé et le futur.

28 septembre

AU-DELÀ DU TEMPS

Il va de soi que l'esprit qui est conditionné ne peut pas découvrir ce qui est au-delà du temps. Autrement dit, l'esprit tel que nous le connaissons est conditionné par le passé. Le passé, se prolongeant à travers le présent jusqu'au futur, conditionne l'esprit ; et cet esprit conditionné, en proie au conflit, au malheur, à la peur, à l'incertitude, est à la recherche de quelque chose qui dépasse les frontières du temps. Voilà ce que nous faisons tous de différentes manières, n'est-ce pas ? Mais comment un esprit qui est le produit du temps peut-il jamais trouver ce qui est hors du temps ?

La demeure de vos croyances, vos biens, vos attachements et vos modes de pensée rassurants est sans cesse violée, fracturée, mais l'esprit persiste à vouloir la sécurité ; il y a donc conflit entre ce que vous désirez et ce que l'engrenage de l'existence exige de vous. C'est ce qui nous arrive à tous...

J'ignore si ce problème présente le moindre intérêt pour vous. L'existence quotidienne, avec toutes ses difficultés, semble suffire à la plupart d'entre nous. Notre unique préoccupation est de trouver une réponse immédiate à nos problèmes divers, mais tôt ou tard les réponses immédiates s'avèrent peu satisfaisantes, parce que, quel que soit le problème, il n'y a pas de réponse, si ce n'est dans le problème lui-même. Et si je sais comprendre le problème, si j'en saisis les moindres nuances, alors il n'existe plus.

29 septembre

L'ESPRIT QUI A DES PROBLÈMES MANQUE DE SÉRIEUX

L'une des principales questions que l'on doit se poser est de savoir jusqu'à quel point, jusqu'à quel niveau de profondeur l'esprit est capable de voir clair en lui-même. Telle est la qualité de sérieux, laquelle suppose que nous ayons conscience de tout l'ensemble des structures psychologiques de notre être, avec ses exigences, ses pulsions, son désir d'accomplissement, et ses frustrations, ses misères, ses tensions et ses angoisses, ses luttes, ses souffrances et les innombrables problèmes qui sont les siens. Un esprit perpétuellement assailli de problèmes n'est en aucun cas un esprit sérieux, mais l'esprit qui comprend chacun des problèmes au fur et à mesure de leur apparition, et sait les dissiper immédiatement, afin qu'ils ne se reportent pas sur le jour suivant — cet esprit-là, lui, est sérieux...

Par quoi sommes-nous généralement intéressés? Si nous avons de l'argent, nous nous tournons vers les choses dites spirituelles, ou les divertissements intellectuels, ou nous avons des discussions sur l'art, ou nous nous mettons à la peinture, afin de nous exprimer. Si nous n'avons pas d'argent, nous passons le plus clair de notre temps à en gagner, et, jour après jour, nous sommes happés par cette misère, cette routine sans fin et l'ennui qu'elle distille. Nous sommes pratiquement tous rodés à fonctionner de façon mécanique dans un travail quelconque, année après année. Nous avons des responsabilités, une femme et des enfants dont il faut assurer la charge, et pris dans l'engrenage de ce monde fou, nous essayons d'être sérieux, nous essayons de suivre une voie religieuse, nous allons à l'église, nous rejoignons les rangs de telle organisation, religieuse ou autre — ou bien nous entendons parler de réunions comme celle-ci, et, puisque nous sommes en vacances, nous venons y faire un tour. Mais rien de tout cela ne déclenchera cette formidable mutation de l'esprit.

30 septembre

L'ESPRIT RELIGIEUX INCLUT L'ESPRIT SCIENTIFIQUE

L'esprit religieux est celui qui s'est affranchi de toute autorité. Et il est extrêmement difficile de ne dépendre d'aucune autorité — ni celle imposée par autrui, ni celle de l'expérience que nous avons engrangée et qui est liée au passé, à la tradition. L'esprit religieux n'a pas de croyances, pas de dogmes; il s'attache à un fait, puis à un autre : l'esprit religieux est donc aussi un esprit scientifique. Mais en revanche, l'esprit scientifique n'est pas un esprit

religieux. L'esprit religieux inclut l'esprit scientifique, mais il ne suffit pas que l'esprit soit rodé aux
connaissances scientifiques pour qu'il soit religieux
pour autant.

L'esprit religieux s'intéresse à l'existence humaine
dans sa totalité, à son fonctionnement global, et non
pas à une fonction particulière. Le cerveau, lui,
s'intéresse à une fonction particulière : il se spécialise. Il fonctionne dans le cadre d'une spécialité,
comme chez le scientifique, le médecin, le musicien,
l'artiste, l'écrivain. Ce sont ces techniques spéciali-
sées, dont le champ est très restreint, qui sont responsables des divisions non seulement intérieures,
mais extérieures. C'est sans doute le scientifique qui,
au même titre que le médecin, est actuellement
considéré par la société comme le plus éminent et le
plus indispensable de ses membres. La fonction
prend donc une importance prédominante, car le
statut social, c'est-à-dire le prestige, en dépend. Là
où il y a spécialisation, il y a donc fatalement contradiction, et aussi un rétrécissement de l'esprit; ainsi
fonctionne le cerveau.

Octobre

LE TEMPS

LA PERCEPTION

LE CERVEAU

LA TRANSFORMATION

LA SOLUTION N'EST PAS DU CÔTÉ DU TEMPS

Toutes les religions affirment depuis toujours que le temps est nécessaire — le temps psychologique dont nous parlons ici. Le paradis est loin, très loin, et l'on ne peut y accéder que par un processus graduel d'évolution, qui passe par la répression, ou par l'accomplissement, ou par l'identification à un objet, à une entité d'ordre supérieur. Or nous voulons savoir s'il est ou non possible de se libérer de la peur de façon immédiate. Dans le cas contraire, la peur engendre le désordre, le temps psychologique suscite inévitablement en nous le désordre.

Je conteste toute cette notion d'évolution — non pas celle de l'être physique, mais celle de la pensée, qui s'est identifiée à une forme particulière d'existence liée au temps. Le cerveau, de toute évidence, a évolué pour parvenir à son stade actuel, et il est toujours susceptible d'évoluer, de se développer encore. Mais en tant qu'être humain, je vis depuis quarante ou cinquante ans au sein d'un univers tissé de théories, de conflits et de concepts en tous genres, et au sein d'une société dans laquelle la rapacité, l'envie et la compétition ont engendré tant de guerres. Je fais partie intégrante de tout cela. Pour celui qui souffre, chercher la solution du côté du temps, compter sur la lente évolution de notre espèce dans les deux millions d'années à venir, voilà qui n'a aucun sens. Pouvons-nous, tout en étant constitués comme nous le sommes, nous libérer de la peur et du temps psychologique ? Le temps physique doit exister : nul ne peut y échapper. Mais la question est de savoir si le temps psychologique est en mesure d'apporter l'ordre non seulement à l'individu, mais aussi à la société. Nous faisons partie de la société, nous n'en sommes pas isolés. Que l'ordre règne au-dedans, au sein d'un être humain, et il régnera forcément au-dehors, dans la société.

2 octobre

UN ÉTAT HORS DU TEMPS

Lorsque nous parlons de temps, nous n'entendons pas par là le temps chronologique, le temps des horloges. Ce temps-là existe, et il doit exister. Pour prendre un autobus, ne pas rater le train ou le rendez-vous prévu pour demain, le temps chronologique est nécessaire. Mais, d'un point de vue psychologique, demain existe-t-il ? Psychologiquement parlant, demain a-t-il une existence réelle ? Ou ce demain est-il créé par la pensée, qui, au vu de l'impossibilité de tout changement direct, immédiat, invente ce système de progression graduelle ? Je vois bien moi-même, en tant qu'être humain, qu'il est terriblement difficile de mettre en œuvre, dans ma manière de vivre, de penser, de ressentir, et dans mes actions, une révolution radicale, et je me dis : « Il me faudra du temps, mais je vais changer — demain, ou dans un mois. » C'est de ce temps-là dont nous parlons ici : de la structure psychologique du temps, de demain, du futur, et c'est dans ce temps-là que nous vivons. Le temps, c'est le passé, le présent, le futur — pas le temps comptable des horloges. Ce que je fus hier opère à travers le présent pour créer le futur. C'est un phénomène relativement simple. J'ai vécu, il y a un an, une expérience qui a laissé une empreinte dans mon esprit, et je traduis le présent en fonction de cette expérience, du savoir, de la tradition, du conditionnement, et c'est ainsi que je crée ce lendemain. Je reste prisonnier de ce cercle. C'est cela qu'on appelle la vie ; c'est cela qu'on appelle le temps.

La pensée — c'est-à-dire vous —, la pensée avec tous ses souvenirs, son conditionnement, ses idées, ses espoirs et ses désespoirs, et cette solitude absolue de l'existence, c'est tout cela, le temps... mais si nous voulons comprendre cet autre état — qui est hors du temps, dans lequel le temps s'est arrêté — il faut parvenir à savoir si l'esprit peut être totalement libéré de toute expérience — c'est-à-dire délivré du temps.

3 octobre

L'ESSENCE MÊME DE LA PENSÉE

La pensée, c'est le temps ; la pensée, c'est le mécanisme de la mémoire qui crée le temps sous forme d'hier, d'aujourd'hui et demain, sous forme de ce qui nous permet de nous accomplir, et qui nous tient lieu de mode de vie. Le temps revêt pour nous une importance extrême — vie après vie, une vie menant à une autre vie, qui est modifiée, qui continue. Il est évident que le temps est l'essence même de la pensée : la pensée, c'est le temps. Tant que le temps existe comme moyen de parvenir à quelque chose, l'esprit est incapable de se transcender — aller au-delà de soi-même est la qualité propre à l'esprit neuf, qui, lui, s'est libéré du temps. Le temps est un élément de peur. Ce que je désigne par ce terme de temps n'est pas le temps chronologique, celui que scandent les horloges — seconde, minute, heure, jour, année — mais le temps sous forme de processus intérieur, psychologique. Là est le fait qui est responsable de la peur. Le temps, c'est la peur; le temps, parce qu'il est la pensée, engendre la peur; c'est le temps qui crée la frustration et les conflits, car la perception immédiate du fait, toute vision lucide du fait, est en dehors du temps...

Donc, pour comprendre la peur, nous devons avoir pleinement conscience du temps — le temps en tant que distance, d'espace, de « moi », créés par la pensée sous forme d'hier, aujourd'hui, demain, pensée qui utilise le souvenir de l'hier pour s'adapter au présent et conditionner ainsi le futur. Pour la plupart d'entre nous, donc, la peur est une réalité formidablement vraie; et tout esprit qui est piégé dans les ramifications complexes de la peur ne peut jamais être libre; il ne peut jamais comprendre la peur dans sa totalité s'il ne comprend le temps dans toute sa complexité. La peur et le temps sont inséparables.

4 octobre

CE DÉSORDRE QUE CRÉE LE TEMPS

Le temps c'est le mouvement qui part de *ce qui est* pour aller vers « ce qui devrait être ». J'ai peur, mais un jour je me délivrerai de la peur; le temps est donc nécessaire pour se libérer de la peur — en tout cas, nous le croyons. Passer de *ce qui est* à « ce qui devrait être » demande du temps. Et le temps implique un effort occupant l'intervalle entre *ce qui est* et « ce qui devrait être ». La peur me déplaît : je vais faire des efforts pour la comprendre, l'analyser, la disséquer, ou en découvrir les causes, ou bien je vais la fuir radicalement. Tout cela requiert des efforts — et nous sommes habitués à en faire. Nous sommes pris dans un conflit permanent entre *ce qui est* et « ce qui devrait être ». « Ce qui devrait être » n'est qu'une idée, une fiction, qui ne correspond pas à « ce que je suis » — qui, en revanche, est le fait réel ; et « ce que je suis » ne peut subir de changement que lorsque je comprends ce désordre qu'engendre le temps.

M'est-il donc possible de me débarrasser de la peur, de manière absolue, et instantanée ? Si je laisse le champ libre à la peur, je vais provoquer un désordre permanent ; nous voyons donc que le temps est un élément de désordre, pas un moyen de venir enfin à bout de la peur. Aucun processus graduel ne permet de se libérer de la peur, de même qu'aucun processus graduel ne permet de se débarrasser du nationalisme. Si vous êtes nationaliste, tout en proclamant l'avènement prochain de la fraternité universelle, en attendant, ce ne sont que guerres, haines, et misère, et toute cette abominable division entre l'homme et son semblable ; c'est donc le temps qui suscite le désordre

5 octobre

LE TEMPS EST UN POISON

Vous avez dans votre salle de bains un flacon étiqueté « poison », et vous savez que c'est du poison ; vous faites très attention à ce flacon, même dans le noir. Vous vous en méfiez. Vous ne dites pas : « Comment vais-je faire pour éviter tout contact avec ce flacon, pour faire attention ? » Vous savez que c'est un poison, vous êtes donc extrêmement vigilant. Le temps est un poison ; il suscite le désordre. Si ce fait est bien réel pour vous, alors vous allez comprendre de mieux en mieux comment vous délivrer instantanément de la peur. Mais si vous considérez toujours le temps comme le moyen de vous libérer, alors aucune communication entre vous et moi n'est possible.

Mais ce n'est pas tout : il se peut, en fait, qu'il y ait une tout autre espèce de temps. Nous ne connaissons que deux types de temps : le temps physique et le temps psychologique, et nous sommes piégés dans le temps. Le temps physique joue un rôle important dans le psychisme, qui à son tour a une influence sur tout ce qui est physique. Nous nous trouvons pris dans cette bataille, soumis à cette influence. Il faut accepter le temps physique, si l'on veut pouvoir attraper un bus ou un train, mais si l'on rejette complètement le temps psychologique, alors on accède à un temps tout à fait autre, sans aucun rapport avec les deux autres formes de temps. J'aimerais tellement que vous puissiez pénétrer avec moi dans ce temps ! Alors, le temps n'est plus le désordre, mais l'ordre le plus formidable qui soit.

6 octobre

UN FLASH DE VÉRITÉ

La vérité ou la compréhension surgit comme un éclair, et ce flash n'a pas de continuité ; il n'est pas dans le champ du temps. Il vous suffit de le constater vous-même. Comprendre est quelque chose de frais, d'instantané ; ce n'est pas le prolongement du passé. Le passé ne vous permettra jamais de comprendre. Tant qu'on est à la recherche d'une continuité — qu'on a soif de permanence, en amour, et dans ses relations, ou qu'on recherche la paix éternelle, et tout ce qui s'ensuit — on est à la poursuite de quelque chose qui est dans le périmètre du temps et qui, par conséquent, n'appartient pas à ce qui est hors du temps.

UNE QUÊTE VAINE

Tant que nous penserons en termes de temps, la peur et la mort seront là, inévitablement. J'ai beaucoup appris, mais sans jamais rencontrer l'ultime réalité, et, avant de mourir, je dois la découvrir ; en tout cas si je ne la trouve pas avant l'heure de ma mort, je garde au moins l'espoir de la rencontrer dans une autre vie, et ainsi de suite. Toute l'activité de notre pensée est fondée sur le temps. Notre pensée, c'est le connu, c'est le fruit du connu, et le connu n'est autre que le processus du temps ; et c'est avec cet esprit-là que nous cherchons à trouver ce qui est immortel, ce qui est au-delà du temps — quête tout à fait vaine. Et qui n'a aucun sens, sauf pour les philosophes, les théoriciens et autres penseurs. Si je veux trouver la vérité, non pas demain, mais là, tout de suite, ne dois-je pas — le « moi », l'ego qui ne cesse d'amasser, de lutter, et de se donner une continuité à travers la mémoire, ne doit-il pas — cesser de se perpétuer ? Ne pouvons-nous mourir de notre vivant — non pas en perdant artificiellement la mémoire, ce qui serait de l'amnésie, mais en cessant effectivement d'emmagasiner toute chose par l'intermédiaire de la mémoire, et donc en cessant de perpétuer le « moi » ? Notre esprit peut-il, tandis que nous vivons dans ce monde imbriqué dans le temps, faire éclore un état dans lequel le sujet et l'objet de l'expérience soient sans fondement ? Tant qu'il y a un sujet qui vit l'expérience, un observateur, un penseur, il y a la peur de cesser d'exister, et par conséquent la peur de la mort...

Ainsi, s'il est possible que l'esprit sache tout cela, soit pleinement conscient, au lieu de dire seulement : « Effectivement, c'est simple » — si l'esprit sait percevoir en toute lucidité tout le mécanisme de la conscience, voir tout ce que signifient la continuité et le temps, constater la futilité de cette quête qui prétend découvrir ce qui est au-delà du temps tout en passant par lui — si l'esprit sait voir tout cela lucidement, il se pourrait alors qu'il y ait une mort qui soit un véritable état créatif transcendant totalement le temps.

8 octobre

CETTE PERCEPTION QUI AGIT

Vous voyez et je ne vois pas — pourquoi cette situation ? Je pense qu'elle est due au fait que nous sommes tous impliqués dans le temps ; vous ne voyez pas les choses dans une perspective de temps, alors que je le perçois sous cet angle. Votre perception lucide est une action dans laquelle tout votre être est impliqué, et vous n'êtes pas tout entier piégé dans le temps ; vous ne pensez pas en termes de progression graduelle ; quand vous voyez une chose, c'est de manière immédiate, et c'est cette perception même qui agit. Moi, je ne vois rien ; je cherche à savoir ce qui me rend aveugle. Qu'est-ce qui peut me permettre de voir les choses de manière si complète, si totale que je les saisisse instantanément ? Vous, vous voyez le panorama complet des structures de la vie : vous en voyez la beauté, la laideur, la souffrance, la joie, la sensibilité extraordinaire, la splendeur — vous en voyez tout l'ensemble, moi pas. Je n'en vois qu'une partie, pas la totalité... Celui qui voit une chose de manière totale, qui perçoit la globalité de la vie, est forcément en dehors du temps, c'est une évidence. Écoutez bien, je vous en prie, car tout ceci a vraiment un rapport direct avec notre existence quotidienne ; il ne s'agit pas de considérations d'ordre spirituel ou philosophique n'ayant aucun lien avec la vie quotidienne. Si nous comprenons cette chose-là, alors nous comprendrons la routine du quotidien, l'ennui et les souffrances qui nous assaillent, les peurs et les angoisses qui nous donnent la nausée. Alors, ne balayez pas tout cela en disant : « En quoi notre existence quotidienne est-elle concernée ? » Elle l'est. Il est clair — en tout cas, pour moi c'est une évidence — qu'il est possible de sectionner, comme le ferait un chirurgien, le cordon qui nous lie au malheur, et ce, de manière immédiate. C'est pourquoi je veux approfondir la question avec vous.

À LA LISIÈRE DE TOUTE PENSÉE

Vous est-il déjà arrivé — oui, j'en suis sûr — d'avoir la perception soudaine d'un événement, et que, dans cet instant de perception, le problème s'évanouisse ? Le problème a définitivement cessé à l'instant même où vous l'avez perçu. Est-ce que vous comprenez ? Vous avez un problème, alors vous y songez, vous en discutez, vous vous tracassez à son sujet ; vous mettez en œuvre, pour l'appréhender, tous les moyens dont vous disposez dans les limites de votre pensée. Et à la fin, vous dites : « Je ne peux rien faire de plus. » Personne ne peut vous venir en aide, aucun gourou, aucun livre. Vous restez seul face au problème, et il n'y a pas d'issue. Ayant exploré le problème dans la pleine mesure de vos capacités, vous le laissez tomber. Votre esprit ne s'en préoccupe plus, cesse de s'y user, et vous cessez de dire : « Je dois trouver la réponse » ; il devient alors silencieux, n'est-ce pas ? Et dans ce silence, vous trouvez la réponse. Cela ne vous est-il jamais arrivé, à une occasion ou une autre ? Il n'y a rien d'exceptionnel à cela. C'est une chose qui arrive à de grands mathématiciens et scientifiques, et certaines personnes en font parfois l'expérience dans leur vie quotidienne. Et qu'est-ce que cela veut dire ? Que l'esprit, après avoir exercé pleinement toutes ses facultés de pensée, est arrivé à la lisière extrême de toute pensée sans avoir trouvé de réponse ; donc, il fait silence — mais pas par lassitude, pas par épuisement, ni parce qu'il s'est dit : « Je vais faire silence, grâce à quoi je trouverai la réponse. » Ayant épuisé toutes les possibilités pour trouver la réponse, l'esprit devient spontanément silencieux. Alors est une conscience lucide, une conscience qui ne choisit rien, n'exige rien, une conscience d'où toute angoisse est absente ; et dans cet état d'esprit est la perception. Seule cette perception saura résoudre tous nos problèmes.

10 octobre

CETTE CONSCIENCE SANS CHOIX

Les grands visionnaires nous ont toujours dit que l'expérience était nécessaire. Selon eux, c'est grâce à l'expérience que l'on comprend. Mais seul l'esprit qui est innocent, qui n'est pas obscurci par l'expérience mais qui est totalement délivré du passé — seul cet esprit-là peut percevoir ce qu'est la réalité. Si vous voyez cette vérité, si vous la percevez, ne serait-ce que l'espace d'une fraction de seconde, vous saurez ce qu'est la formidable clarté de l'esprit innocent. Ce qui suppose la disparition de tout ce qui est incrusté dans notre mémoire, et donc l'abandon du passé. Mais pour percevoir cela, les « comment faire ? » sont hors de question. Votre esprit ne doit pas se laisser distraire par des « comment », par des désirs de réponse. Car un tel esprit n'est pas un esprit attentif. Comme je l'ai dit précédemment au cours de cette causerie, au commencement est la fin. Au commencement est, en germe, la fin de ce que nous appelons la souffrance. C'est dans la souffrance elle-même — non dans la fuite devant elle — que se réalise la fin de toute souffrance. S'écarter de la souffrance n'est rien d'autre que vouloir trouver une réponse, une conclusion, une échappatoire ; mais la souffrance continue. Alors que si vous lui accordez toute votre attention, c'est-à-dire si vous y impliquez tout votre être, vous verrez alors qu'il y a une perception n'impliquant ni le temps, ni l'effort, ni le moindre conflit ; c'est cette perception immédiate, cette conscience sans choix, qui met fin à la souffrance.

11 octobre

UN ESPRIT IMMOBILE ET ACTIF

L'esprit qui est réellement silencieux est étonnamment actif, vivant et puissant — mais sans aucune visée particulière. Seul cet esprit est littéralement libre —, libre de toute influence de l'expérience, du savoir. Un tel esprit est capable de percevoir la vérité, d'avoir la perception directe, qui est au-delà du temps.

L'esprit ne peut être silencieux que lorsqu'il a saisi le mécanisme du temps, et cela requiert de la vigilance, ne croyez-vous pas ? Ne faut-il pas que cet esprit soit non seulement libre par rapport à toute chose, mais libre tout court ? Nous ne connaissons de liberté que relative. L'esprit qui est libéré de quelque chose n'est pas un esprit libre ; sa liberté, qui existe en fonction de quelque chose, n'est qu'une réaction ; ce n'est pas la liberté. L'esprit qui est à la recherche de la liberté n'est jamais libre. Mais il est libre dès qu'il comprend le fait, tel qu'il est, sans le traduire, le condamner, ni le juger ; et parce qu'il est libre, cet esprit est innocent, qu'il ait vécu cent jours ou cent ans d'existence ou connu toutes les expériences. S'il est innocent, c'est parce qu'il est libre, non par rapport à quoi que ce soit, mais libre en soi. Seul un tel esprit est en mesure de percevoir le vrai, cette réalité hors du temps.

12 octobre

DE LA PERCEPTION JAILLIT L'ÉNERGIE

Tout le problème, assurément, consiste à libérer l'esprit de façon absolue, de sorte qu'il soit dans un état de perception sans frontières, sans limites. Et comment l'esprit peut-il découvrir cet état? Comment peut-il atteindre à cette liberté?

J'espère que cette question, vous vous la posez à vous-même sérieusement, car ce n'est pas à moi qu'il incombe de vous la poser. Je ne cherche pas à vous influencer, je ne fais que souligner à quel point il est capital de se poser cette question. Mais si elle est posée par un autre, la question est sans valeur : vous devez vous la poser vous-même, avec une insistance pressante. Notre marge de liberté se rétrécit de jour en jour, ainsi que vous le savez, si vous êtes un tant soit peu observateur. Les politiciens, les décideurs, les prêtres, les journaux et les livres que vous lisez, les connaissances que vous assimilez, les croyances auxquelles vous vous agrippez — tout cela rend de plus en plus étroite la marge de liberté dont chacun dispose. Si vous avez conscience de toute cette situation, si vous avez réellement la perception lucide de cet état de choses persistant, de cet esclavage grandissant de l'esprit, vous vous apercevrez alors que de cette perception jaillit l'énergie ; et c'est cette énergie née de la perception qui va briser en éclats cet esprit mesquin, cet esprit respectable, cet esprit qui va au temple, cet esprit qui a peur. La perception est donc la voie qui conduit à la vérité.

LE BAVARDAGE DE L'ESPRIT

La véritable perception est une formidable expérience. J'ignore si vous avez jamais perçu quoi que ce soit de manière authentique — si vous avez déjà réellement perçu une fleur, un visage, ou le ciel, ou la mer. Bien sûr, toutes ces choses, vous les voyez, quand vous passez à leur niveau, en autobus ou en voiture; mais je me demande si, en fait, vous avez jamais pris la peine de regarder une fleur. Et dans ce cas, que se passe-t-il? Vous la nommez immédiatement, vous cherchez à savoir à quelle espèce elle appartient, ou vous dites : « Quelles couleurs splendides elle a! J'aimerais la cultiver dans mon jardin; j'aimerais l'offrir à ma femme, ou la porter à la boutonnière », et ainsi de suite. En d'autres termes, dès que vous regardez une fleur, votre esprit se met aussitôt à bavarder à son sujet; vous ne percevez donc jamais vraiment la fleur. La perception n'est possible que lorsque l'esprit est silencieux, étranger à tout bavardage. Si vous êtes capable de contempler l'étoile du berger scintillant au-dessus de la mer sans le moindre mouvement de votre esprit, alors vous en percevez réellement la beauté extraordinaire; et lorsqu'on perçoit la beauté, ne fait-on pas simultanément l'expérience de l'amour? L'amour et la beauté sont identiques, bien sûr. Sans l'amour, il n'est point de beauté, et sans la beauté, il n'est point d'amour. La beauté est partout — elle est dans la forme, elle est dans le discours, elle est dans notre conduite. Si l'amour est absent, notre conduite tourne à vide; elle n'est que l'expression de la société, d'une culture particulière, et le résultat est mécanique et sans vie. Mais quand l'esprit sait percevoir sans la moindre fébrilité, alors il est capable de voir jusqu'au plus profond de lui-même; et cette perception échappe à toute notion de temps. Il n'y a rien à faire de spécial pour la susciter; il n'existe ni discipline, ni pratique, ni méthode qui permette d'apprendre à percevoir de cette façon-là.

14 octobre

LE SAVOIR DÉVOIE L'ESPRIT

L'esprit est l'unique instrument dont vous disposiez; et l'esprit, c'est également le cerveau. Donc, pour pouvoir comprendre la vérité en ce domaine, vous devez comprendre le mécanisme de l'esprit, n'est-ce pas? Si l'esprit est faussé, la vision juste ne sera jamais juste; et si l'esprit est très limité, il est impossible de percevoir ce qui est sans limites. L'esprit est l'instrument de la perception, et pour percevoir véritablement, il doit être remis dans le droit fil, lavé de tout conditionnement, de toute peur. L'esprit doit être aussi libéré du savoir, car le savoir dévoie l'esprit et distord tout. Cette immense capacité d'invention, d'imagination, de spéculation, de réflexion qui est le propre de l'esprit — ne faut-il pas s'en défaire, si l'on veut que l'esprit puisse retrouver sa fraîcheur, sa simplicité? Car seul l'esprit innocent — l'esprit qui, tout en ayant une vaste expérience de la vie, est en même temps vierge de tout savoir, de toute expérience —, seul un tel esprit peut découvrir cette chose qui est plus que le cerveau et l'esprit. Sinon, ce que vous découvrirez sera dénaturé par l'expérience déjà vécue, et votre expérience n'est que le résultat de votre conditionnement.

CES INFLUENCES QUI NOUS SUBMERGENT

Pourquoi l'esprit vieillit-il ? Il devient vieux en ce sens qu'il se délabre, se détériore, se répète, s'engonce dans les habitudes, qu'elles soient sexuelles, religieuses, professionnelles, ou liées à l'ambition. L'esprit est tellement encombré par des myriades d'expériences et de souvenirs, tellement meurtri et éprouvé par la souffrance qu'il ne peut plus rien voir d'un regard frais ; il ne sait que traduire ce qu'il voit en termes de souvenirs personnels, de conclusions, de formules, de notions d'emprunt ; il se plie à l'autorité : il est devenu vieux. Les raisons de ce phénomène sont évidentes. Toute notre éducation privilégie la mémoire ; il y a aussi la communication de masse, par les journaux, la télévision ; il y a les professeurs qui donnent des conférences et répètent sans arrêt les mêmes choses, jusqu'à ce que votre cerveau soit gavé de tous ces rabâchages, que vous recrachez au cours des examens, après quoi vous décrochez votre diplôme, et le processus reprend : travail, routine, répétition perpétuelle. Outre cela, il y a la lutte qui se joue en vous en termes d'ambition, avec toutes ses frustrations, et en termes de compétition, non seulement pour le travail, mais à propos de Dieu, du désir de s'en approcher, ou de savoir quel est le plus court chemin pour l'atteindre...

Le résultat est donc qu'à force de pressions, à force de stress, notre esprit est submergé par les influences, noyé dans la souffrance, consciemment et inconsciemment... Au lieu d'en faire bon usage, nous sommes en train d'user peu à peu notre esprit.

CERVEAU ANCESTRAL, CERVEAU ANIMAL

Je crois qu'il est capital de comprendre comment opère, comment fonctionne, comment agit notre « vieux » cerveau, notre cerveau ancestral. Quand le cerveau neuf entre en action, notre vieux cerveau est dans l'incapacité totale de le comprendre. Ce n'est que lorsque notre vieux cerveau, c'est-à-dire notre cerveau conditionné, notre cerveau archaïque, animal, notre cerveau tel qu'il s'est peaufiné au fil du temps depuis des siècles, et qui est perpétuellement en quête de sécurité, de réconfort — ce n'est que lorsque ce vieux cerveau fera silence que vous constaterez la présence d'un tout autre mouvement, et c'est par ce mouvement que viendra la clarté. Car ce mouvement est la clarté même. Pour le comprendre, il faut d'abord comprendre notre cerveau ancestral, en être pleinement conscients, en connaître tous les mouvements, les activités, les exigences, les objectifs ; c'est pourquoi la méditation a une telle importance. Je ne désigne pas sous ce terme l'entretien répété, absurde et systématique d'une habitude de pensée donnée, et tout ce qui s'ensuit ; tout cela est par trop immature et puéril. Par méditation, j'entends le fait de comprendre le fonctionnement de ce cerveau ancestral, de l'observer, d'en connaître les réactions, les réflexes, les tendances, les besoins, les visées agressives — la compréhension de tout cet ensemble, sous ses aspects conscients et inconscients. Lorsque vous connaissez ce cerveau, que vous en avez une perception lucide, mais qui ne tend ni à contrôler, ni à diriger, ni à dire : « Telle chose est bonne, je la garde ; telle autre est mauvaise, je n'en veux pas » — lorsque vous voyez l'ensemble du mouvement de votre vieux cerveau, que vous voyez tout de lui, alors il se tait.

UN ESPRIT FRAIS

Je crois que les efforts constants que l'on déploie pour être, pour devenir quelque chose, sont la cause réelle de la détérioration et du vieillissement de l'esprit. Regardez comme nous vieillissons vite, et cela s'applique non seulement à ceux qui ont dépassé la soixantaine, mais également aux jeunes. Comme ils sont déjà vieux mentalement! Très peu d'entre eux réussissent à maintenir, à entretenir cette qualité de jeunesse de l'esprit. J'entends par jeune non pas l'esprit qui ne cherche qu'à s'amuser, à prendre du bon temps, mais celui qui n'est pas contaminé, qui n'est pas égratigné, gauchi, faussé par les incidents et les accidents de la vie, celui qui n'est pas usé par les conflits, les chagrins, les efforts perpétuels. Il est évidemment indispensable d'avoir un esprit jeune, car notre vieil esprit est tellement couturé de cicatrices laissées par les souvenirs qu'il est incapable de vivre, de manifester aucune ardeur; c'est un esprit mort, un esprit figé dans ses décisions. L'esprit qui a déjà décidé de tout et vit en fonction de ses décisions est un esprit mort; mais l'esprit jeune décide toujours de manière inédite, l'esprit frais ne s'encombre pas d'innombrables souvenirs. L'esprit qui ne porte pas en lui les ténèbres de la souffrance, même s'il traverse une vallée de larmes, reste vierge de toute égratignure...

Je ne pense pas qu'un tel esprit jeune puisse s'acquérir, puisse s'acheter par l'effort ou le sacrifice. La pièce pour en payer le prix n'existe pas, d'ailleurs ce n'est pas un objet marchand, mais si vous en voyez l'importance, la nécessité, si vous en voyez la vérité, alors quelque chose d'autre se produit.

IL FAUT REJETER TOUTES LES MÉTHODES

Comment peut naître l'esprit religieux, ou l'esprit jeune ? Allez-vous recourir à une méthode — une méthode étant un système, une pratique, une routine qui se répète jour après jour ?... Il est certain que toute méthode suppose une pratique assidue, suivant certaines lignes directrices pour l'obtention d'un certain résultat — ce qui revient à acquérir une habitude mécanique et à vouloir obtenir, grâce à cette habitude toute mécanique, un esprit qui ne le soit pas...

Lorsque vous parlez de « discipline », il faut voir que toute discipline est fondée sur une méthode qui se conforme à un certain modèle, lequel vous promet un résultat déterminé d'avance par un esprit qui a déjà une croyance, qui a déjà pris position. Dans ces conditions-là, une méthode, au sens le plus large ou le plus étroit du terme, est-elle capable de faire apparaître cet esprit nouveau ? Si tel n'est pas le cas, alors la méthode en tant que pratique habituelle doit être définitivement écartée, car elle est fausse... La méthode ne fait que conditionner l'esprit en fonction du résultat escompté. Vous devez rejeter tous les processus mécaniques de l'esprit... L'esprit doit rejeter tous les processus mécaniques de pensée. Donc, l'idée selon laquelle un système, une discipline, une continuité d'habitude permettra à cet esprit d'éclore, n'est pas exacte. Ainsi, tout cela, étant de nature mécanique, doit faire l'objet d'un rejet total. L'esprit qui fonctionne mécaniquement est un esprit traditionnel ; il ne peut pas être au contact de la vie, qui est non mécanique ; toute méthode est donc à proscrire.

UN ESPRIT SANS ANCRAGE NI HAVRE SÛRS

Il vous faut un esprit neuf, un esprit libéré du temps, un esprit qui ne pense plus en termes de distance ou d'espace, un esprit sans aucun horizon pour limites, un esprit sans ancrage ni havre sûrs. Il vous faut un esprit tel que celui-là pour affronter non seulement l'éternel, mais aussi les problèmes immédiats de l'existence.

Le problème est donc le suivant : cet esprit neuf peut-il être accessible à chacun de nous ? Pas par un effet graduel, pas par un entraînement, car toute forme d'entraînement, de développement, de processus implique le temps. L'effet doit être immédiat : la transformation doit avoir lieu maintenant, au sens où elle est par essence hors du temps. La vie, c'est la mort, et la mort vous guette ; il est impossible d'argumenter avec la mort comme vous argumentez avec la vie. Est-il donc possible d'accéder à cet esprit — sans souci d'une réussite à accomplir, d'un but à atteindre, d'une cible à toucher, sans chercher à arriver quelque part, parce que tout cela implique le temps et l'espace ? Nous avons une théorie très luxueuse et très pratique, selon laquelle il faut du temps pour progresser, pour arriver, pour réussir, pour approcher la vérité. C'est une idée fallacieuse, une illusion totale — le temps, sous cet aspect-là, est une illusion.

ACTIF MAIS SILENCIEUX

Pour découvrir l'esprit nouveau, il est indispensable non seulement que nous comprenions les réactions de notre vieux cerveau, mais aussi que celui-ci se taise. Le vieux cerveau doit être actif mais silencieux. Est-ce que vous me suivez? Si vous voulez découvrir par vous-même, sans intermédiaire, sans vous fier aux dires de quiconque, si la réalité suprême, si Dieu existe — sans oublier que le mot *Dieu* n'est pas le fait lui-même —, ce vieux cerveau qui est le vôtre, qui a été élevé dans une tradition, favorable ou hostile à Dieu, qui a baigné dans une culture, dans l'influence et la propagande propres à son environnement, et qui poursuit depuis des siècles son désir d'affirmation sociale — ce vieux cerveau doit se taire. Parce que, sinon, il ne fera que projeter ses propres images, ses propres concepts, ses propres valeurs. Mais ces valeurs, ces concepts, ces croyances résultent de tout ce qui vous a été dit, ou de vos réactions à ce qu'on vous a dit; donc, inconsciemment, vous vous dites : « C'est ma propre expérience ! »

Vous devez donc remettre en question la validité même de votre propre expérience — la vôtre ou celle de quiconque; peu importe qui est en cause. Alors, à force de remises en cause, d'investigations, d'interrogations, de demandes, à force de regards et d'écoute attentive, les réactions du vieux cerveau se calment, se taisent. Le cerveau n'est pas pour autant endormi; il est très actif, mais silencieux. Il est arrivé à cette tranquillité par l'observation, par l'investigation. Et pour mener l'enquête, pour observer, vous avez besoin de lumière : cette lumière, c'est votre vigilance de tous les instants.

UNE TRANQUILLITÉ S'INSTALLE

J'espère que vous allez écouter, mais pas avec le souvenir de ce que vous savez déjà; et c'est extrêmement difficile. Vous écoutez quelque chose, et votre esprit réagit instantanément, en gardant l'écho de ses connaissances, de ses conclusions, de ses opinions, de ses souvenirs passés. Il écoute dans l'espoir de pouvoir explorer l'avenir. Constatez-le par vous-mêmes, voyez comment vous écoutez, et vous constaterez que c'est effectivement ce qui se passe. Ou bien vous écoutez avec vos conclusions préalables, votre savoir, certains souvenirs, ou bien vous voulez une réponse, et vous êtes impatient. Vous voulez des explications sur tout, vous voulez tout savoir de la vie, de son extraordinaire complexité. En fait, vous n'écoutez pas du tout. On ne peut écouter que lorsque l'esprit est tranquille, silencieux, lorsqu'il ne réagit pas de manière immédiate, lorsqu'il y a un intervalle entre ce qui nous est dit et notre réaction à ces propos. Alors dans cet intervalle il y a une tranquillité, un silence, et ce n'est que là que survient une compréhension qui n'est pas de nature intellectuelle. S'il y a un espace entre ce qui est dit et votre propre réaction à ce qui est dit, dans cet intervalle — peu importe que vous le fassiez durer indéfiniment, longtemps, ou juste quelques secondes — si vous observez bien, dans cet intervalle jaillit la clarté totale et lucide. C'est cet intervalle qui constitue le cerveau neuf. Alors que la réaction immédiate, c'est le vieux cerveau, lequel fonctionne dans son propre sens — la voie traditionnelle, admise, réactionnaire, instinctive, animale. Mais dès que tout est en suspens, qu'il y a suspension de la réaction, qu'il y a intervalle vacant, alors vous découvrirez que le cerveau neuf agit, et seul le cerveau neuf, et non celui qui est vieux, a la capacité de comprendre.

22 octobre

NOTRE RESPONSABILITÉ

Pour transformer le monde, nous devons commencer par nous-mêmes; et dès lors, ce qui compte, c'est l'intention. Notre intention doit être de nous comprendre vraiment, et non de laisser à d'autres le soin de se transformer, ou de provoquer une modification extérieure par une révolution de la gauche ou de la droite. Il est important de comprendre que là est notre responsabilité à vous et à moi; car, si petit que soit notre monde, si nous pouvons nous transformer, introduire un point de vue radicalement différent dans notre existence quotidienne, peut-être alors pourrons-nous affecter un monde plus vaste, dans l'extension de nos rapports avec autrui.

23 octobre

SI L'ESPRIT EST ABSORBÉ

Peu importe que le changement ait lieu au niveau conscient ou inconscient: cela revient au même. Tout changement conscient suppose un effort; et toute tentative inconsciente de changement suppose aussi un effort, une lutte. Tant qu'il y a lutte, conflit, le changement ne peut être que forcé, et il n'y a pas la moindre compréhension; et cela n'a plus rien à voir avec un changement. L'esprit est-il donc capable d'affronter le problème du changement — celui qui modifierait nos instincts d'acquisition, par exemple — mais sans faire d'effort, en voyant simplement de manière lucide tout ce qu'implique ce besoin d'acquérir? Parce qu'on ne peut pas voir le contenu total de ce besoin tant qu'on s'efforce de le faire changer. Le changement réel ne peut avoir lieu que lorsque l'esprit aborde le problème en toute fraîcheur — pas en traînant tous les souvenirs usés datant d'un millier d'hiers. De toute évidence, si votre esprit est absorbé, il vous est impossible de compter sur un esprit plein de fraîcheur et d'enthousiasme. Et l'esprit ne cesse d'être occupé que lorsqu'il voit dans toute sa vérité ce qui l'absorbe. Vous ne pourrez jamais voir la vérité si vous ne lui accordez pas votre pleine attention, ou si vous traduisez mes propos sous une forme qui vous agrée, ou si vous les traduisez en vos propres termes. Vous devez aborder l'inédit avec un esprit plein de fraîcheur, et l'esprit manque de fraîcheur quand il est occupé, consciemment ou inconsciemment.

24 octobre

LE SAVOIR EST UN OBSTACLE AU CHANGEMENT

Tout ce qui est évoqué ici exige une extrême lucidité de perception, et maints questionnements. N'acquiescez pas systématiquement, mais approfondissez, méditez, mettez impitoyablement votre esprit à l'épreuve afin de tirer au clair le vrai et le faux de tout cela. Le savoir, c'est-à-dire le connu, peut-il provoquer le changement ? J'ai besoin d'un savoir-faire pour construire un pont ; mais mon esprit doit-il savoir par avance en quoi va consister sa propre mutation ? Si je connais déjà l'état dans lequel sera l'esprit une fois qu'il aura changé, il ne s'agit plus de changement. Ce savoir préalable fait obstacle au changement, parce que cela devient un moyen de satisfaction, et tant qu'il existe un centre qui est à la recherche d'une satisfaction, d'une récompense, d'une sécurité, tout changement est exclu. Et tous nos efforts ont pour base ce centre autour duquel gravitent la récompense, le châtiment, le succès, le gain, ne croyez-vous pas ? C'est tout ce qui nous intéresse, la plupart du temps, et nous ne sommes prêts à changer que si cela nous permet de combler nos désirs ; or un tel changement est tout sauf un changement. Donc, l'esprit qui désire connaître cet état de changement fondamental, cet état de révolution, doit se libérer du connu. Il devient alors étonnamment tranquille, silencieux, et seul un esprit tel que celui-là vivra l'expérience de cette transformation radicale qui est tellement nécessaire.

25 octobre

LA VACUITÉ TOTALE

Pour que se produise cette mutation complète au sein de la conscience, il faut renoncer à toute analyse, à toute recherche, et ne plus être soumis à aucune influence — ce qui est une tâche extrêmement ardue. L'esprit, ayant perçu ce qui est faux, l'écarte complètement, sans pour autant savoir ce qu'est le vrai. Si vous savez d'avance ce qui est vrai, vous ne faites qu'échanger ce que vous estimez faux contre ce que vous croyez vrai. Il n'y a pas renoncement, si l'on sait d'avance ce qu'on va obtenir en échange. Le renoncement n'a lieu que lorsque vous lâchez une chose sans savoir ce qui va se passer. Cet état de « négation » est absolument nécessaire. Je vous en prie, suivez bien cela, car c'est là que vous vous apercevrez que dans cet état de négation on découvre la vérité ; la négation consiste en effet à vider la conscience de tout le connu. La conscience est fondée sur le savoir, l'expérience, l'héritage de l'espèce, la mémoire, ce dont on a fait l'expérience. Les expériences sont toujours de l'ordre du passé, qui agit sur le présent, est modifié par le présent, pour se prolonger ensuite dans le futur. La conscience, c'est tout cela, c'est cet immense entrepôt des siècles passés. Elle n'a d'utilité que pour les aspects mécaniques de la vie. Il serait absurde de renier tout le savoir scientifique accumulé de si longue date. Mais pour susciter cette mutation de la conscience, cette évolution touchant jusqu'à ses structures mêmes, il faut qu'il y ait vacuité totale. Et elle n'est possible que lorsque survient la découverte, la perception réelle de ce qui est faux. Alors vous verrez, si vous êtes arrivés jusqu'à ce point, que cette vacuité même suscite une révolution complète de la conscience — elle s'est enfin réalisée.

26 octobre

LA VÉRITABLE MUTATION NE SAURAIT ÊTRE DÉLIBÉRÉE

Il va de soi que toute mutation individuelle entraîne un changement collectif. L'individuel et le collectif ne sont pas deux pôles distincts et opposées, bien que certains groupes politiques essaient de les séparer, et de forcer ainsi l'individu à se conformer à une prétendue entité collective.

Si nous pouvions démêler ensemble tout ce problème du changement, déterminer comment effectuer une mutation au niveau individuel, et ce qu'implique un tel changement, alors peut-être, l'acte même d'écouter, de participer à l'enquête, pourrait susciter un changement qui ne soit pas l'effet d'une volonté délibérée. Pour moi, tout changement délibéré, tout changement lié à l'obligation, à la discipline, au conformisme, n'est en aucune manière un changement. Que ce soient la force, l'influence, une nouvelle invention quelconque, la propagande ou la peur qui vous contraignent au changement, il ne s'agit nullement là d'un changement. Et même si, intellectuellement, vous êtes tout disposé à être d'accord avec ce que je dis, je vous assure que c'est une chose tout à fait extraordinaire que de pénétrer la nature réelle de ce changement dénué de motif.

27 octobre

EN DEHORS DU CHAMP DE LA PENSÉE

Vous avez changé d'idées, de pensées, mais la pensée, elle, reste toujours conditionnée. Que cette pensée soit celle de Jésus, de Bouddha ou de X, c'est toujours la pensée, et donc une pensée peut s'opposer à une autre, et lorsqu'il y a opposition, conflit entre deux pensées, le résultat est une continuité modifiée de la pensée. Autrement dit, le changement est toujours limité au champ de la pensée, et un changement aussi restreint est tout sauf un changement. Il y a simplement eu substitution d'idées, passage d'un courant de pensée à un autre.

Ayant constaté ce processus, est-il possible de renoncer à la pensée, et de mettre en œuvre un changement qui se situe hors de son domaine ? Toute forme de conscience, qu'elle soit du passé, du présent ou du futur, reste évidemment inscrite dans le champ de la pensée ; et tout changement survenant dans ce champ, qui fixe les limites de l'esprit, n'est pas un changement véritable. Le changement radical ne peut avoir lieu qu'en dehors — pas à l'intérieur — du champ de la pensée, et l'esprit ne peut en sortir que s'il en voit les confins, les frontières, et s'il se rend compte que tout changement limité à ce champ n'a de changement que le nom. Voilà en quoi consiste la vraie méditation.

LE CHANGEMENT RÉEL

Le changement ne peut se faire qu'en partant du connu pour aller vers l'inconnu, et non en allant du connu vers le connu. Je vous invite à y réfléchir avec moi. Dans le changement qui s'effectue du connu au connu, il y a une conception hiérarchisée de la vie : d'un côté vous qui savez, et de l'autre moi qui ne sais pas. Donc, je vous vénère, je crée un système, je cherche un gourou, je vous suis parce que vous m'offrez ce que je veux savoir, vous me conférez, concernant la conduite de ma vie, une assurance qui ne peut me mener qu'à des résultats positifs, au succès. Le succès, c'est le connu. Je sais ce qu'est la réussite. Elle est l'objet de mon désir. Nous allons donc du connu au connu, et l'autorité intervient forcément : celle de la sanction, celle du chef, du gourou, de celui qui sait par rapport à celui qui ne sait pas — et celui qui sait doit me garantir le succès, garantir que mes efforts, que mon changement, seront couronnés de succès, afin que je sois heureux, que mes désirs soient satisfaits. N'est-ce pas, pour la plupart d'entre nous, le principal motif de changement ? Observez bien votre propre mode de pensée, et vous verrez le mécanisme qui régit votre propre vie, votre comportement... Tout bien considéré, est-ce cela, le changement ? Le changement, la révolution, procède du connu vers l'inconnu, où il n'y a nulle autorité, mais peut-être l'échec total. Mais si vous êtes assuré de réussir, d'arriver au but, d'être heureux, d'avoir la vie éternelle, alors il n'y a pas de problème. Alors vous poursuivez cette ligne d'action familière qui est celle où vous êtes toujours au centre de tout.

L'ÊTRE HUMAIN EST-IL CAPABLE
DE CHANGER ?

Je suis sûr que nul n'échappe à la question de savoir si l'on change jamais. Je sais que les circonstances extérieures de la vie sont changeantes : on se marie, on divorce, on a des enfants ; il y a la perspective de la mort, ou d'un meilleur emploi, et l'influence qu'exerce sur nous les nouvelles inventions, et ainsi de suite. À l'extérieur, c'est aussi la formidable révolution de la cybernétique et de l'automatisation. On s'est forcément demandé si un changement était possible pour nous, pas un changement concernant les événements extérieurs, ou qui ne soit qu'une pure répétition, ou une continuité modifiée du même état de choses, mais une révolution radicale, une mutation totale de l'esprit. Lorsqu'on s'aperçoit, comme on l'a forcément constaté en soi-même, que l'on ne change pas vraiment, on est terriblement déprimé, ou l'on cherche à s'évader de soi-même. Alors resurgit l'incontournable question : la possibilité d'un changement est-elle envisageable ? Nous repensons au passé, au temps de notre jeunesse, et la même question revient à nouveau : y a-t-il, chez les êtres humains, une possibilité de changement réel ? Vous, avez-vous changé en quoi que ce soit ? Il s'est peut-être produit chez vous des modifications périphériques, mais au plus profond de vous-même, y a-t-il eu un changement radical ? Peut-être ne voulons-nous pas changer parce que nous sommes en situation relativement confortable...

Moi, je veux changer. Je vois bien que je suis terriblement malheureux, déprimé, laid, violent, avec de temps à autre un éclair fugace d'autre chose que la simple satisfaction d'un mobile ; et je multiplie les efforts de volonté pour faire bouger les choses. Je me dis que je dois changer, que je dois en finir avec telle habitude ou telle autre ; que je dois penser différemment ; que je dois agir autrement ; que je dois être plus comme ceci, moins comme cela. C'est un immense déploiement d'efforts, pour se retrouver à la fin tout aussi bancal, déprimé, moche, brutal, sans le moindre sentiment de qualité. Alors, on se demande si la notion même de changement est possible. L'être humain est-il capable de changer ?

30 octobre

UNE TRANSFORMATION SANS MOTIF

Comment puis-je me transformer ? Je vois la vérité — ou tout au moins, j'en entrevois un pan : je vois que tout changement, toute transformation doit impérativement commencer à un niveau auquel l'esprit, sous forme de conscient ou d'inconscient, ne peut avoir accès, puisque c'est la totalité de ma conscience qui est conditionnée. Que faire, dans ce cas ? J'espère que j'ai clairement posé la question ? Qui peut, si vous me le permettez, être exprimée en d'autres termes : mon esprit — c'est-à-dire le conscient aussi bien que l'inconscient — peut-il se libérer de la société, laquelle est tout à la fois l'éducation, la culture, la norme, les valeurs, les principes établis ? Car sans cette liberté tout changement, quel qu'il soit, que l'esprit essaye d'introduire dans cet état conditionné reste toujours limité, et c'est pourquoi ce changement n'en est pas un.

Suis-je donc capable d'un regard dénué de mobile ? Mon esprit peut-il exister sans avoir la moindre visée, le moindre mobile l'incitant à changer ou ne pas changer ? Car tout mobile résulte de notre réaction à une culture donnée, il est le fruit d'un arrière-plan donné. Mon esprit peut-il donc se libérer de la culture spécifique dans laquelle j'ai été élevé? La question est capitale, parce que, si l'esprit ne se libère pas de la culture qui l'a nourri, formé, jamais l'individu ne pourra trouver la paix, la liberté. Ses dieux et ses mythes, ses symboles, ainsi que tous les efforts qu'il déploie, resteront limités, étant toujours enclos dans le champ de l'esprit conditionné. Quels que soient les efforts qu'il fait ou ne fait pas, dans cet espace limité, ces efforts sont vraiment les plus futiles qui soient. Les conditions d'enfermement peuvent être adoucies — prison moins sombre, plus de fenêtres, meilleurs repas —, cela n'en reste pas moins la prison d'une culture donnée.

31 octobre

UNE RÉVOLUTION PSYCHOLOGIQUE

Est-il possible que le penseur et la pensée, l'observateur et l'objet observé ne fassent qu'un? Vous ne le découvrirez jamais si vous ne jetez qu'un regard succinct au problème et me demandez quelques explications sommaires sur tel ou tel point. Le problème est évidemment le vôtre, et pas seulement le mien; vous n'êtes pas venu ici pour savoir comment *moi* je considère ce problème ou les problèmes universels. Ce conflit intérieur permanent, tellement destructeur et tellement nuisible — c'est à *vous* de le résoudre, ne croyez-vous pas? Et c'est aussi à vous qu'il appartient de découvrir comment susciter en vous-même un changement radical, au lieu de vous contenter de révolutions superficielles d'ordres divers — politique, économique, administratif. N'essayez pas de me comprendre ou de comprendre la façon dont j'envisage la vie. C'est vous-même qu'il faut essayer de comprendre, car ce sont vos problèmes auxquels vous devez faire face. En les considérant ensemble, ce qui est précisément ce que nous faisons au cours de ces causeries, nous pouvons peut-être nous aider mutuellement à en avoir une vision plus claire, plus distincte. Mais voir les choses lucidement, si l'on en reste au stade des mots, ne suffit pas, et cela n'entraîne pas le moindre changement psychologique créateur. Nous devons aller au-delà des mots, au-delà de tous les symboles et des sensations qui s'y associent...

Ces choses-là, nous devons les écarter et en venir au problème essentiel : comment dissoudre le « moi », qui nous lie au temps, et dans lequel il n'est ni amour ni compassion ? Il n'est possible d'en transcender les limites que lorsque l'esprit ne se scinde pas sous la double forme de penseur et de pensée. Ce n'est que lorsque le penseur et la pensée ne font qu'un que vient le silence, ce silence dans lequel plus aucune image ne se forme, et où toute expectation de nouvelles expériences a disparu. Dans ce silence, le sujet et l'objet de l'expérience se confondent ; et alors il est enfin une révolution psychologique — qui est créatrice.

Novembre

LA VIE

LA MORT

LA RENAISSANCE

L'AMOUR

1er novembre

ROMPRE AVEC SES HABITUDES

Nous devons donc chercher à comprendre tout ce processus d'instauration et d'abandon des habitudes. Nous pouvons prendre comme exemple le tabagisme et vous pouvez substituer à cet exemple une habitude, un problème qui vous est propre, et explorer directement votre problème de la même manière et en même temps que j'explore le problème lié au tabac, et qui n'en est un, qui n'en devient un, que lorsque j'ai envie d'arrêter de fumer. Tant que je suis satisfait de la situation, cela ne constitue pas un problème. Il ne se pose que lorsque je suis obligé d'agir sur une habitude particulière devenue gênante. Fumer m'occasionne une gêne, je veux donc me défaire de cette manie. Je veux cesser de fumer, je veux en finir avec cette habitude, m'en défaire, j'ai donc vis-à-vis du tabac une attitude de résistance ou de condamnation. Autrement dit, dès lors que je désire m'arrêter de fumer, j'ai tendance soit à refouler mon envie, soit à la condamner, soit à lui trouver un substitut — par exemple, au lieu de fumer, je mâche du chewing-gum. Puis-je donc avoir, sur ce problème de tabagisme, un regard sans la moindre trace de condamnation, de justification ou de répression, pas plus que de rejet ? Essayez d'en faire l'expérience maintenant, alors même que je vous parle, et vous verrez à quel point il est difficile de s'empêcher de rejeter ou d'admettre une situation. Car toute notre tradition, tout notre arrière-plan passé nous incitent à éluder la question, ou à trouver des justificatifs, plutôt que d'en être curieux. Au lieu de lui accorder une attention passive, l'esprit cherche en permanence à agir sur le problème.

2 novembre

VIVRE EN UN JOUR LES QUATRE SAISONS

N'est-il pas essentiel qu'il y ait, en permanence, un renouveau, une renaissance ? Si le présent est étouffé par l'expérience d'hier, aucun renouveau n'est possible. Le renouveau n'est pas l'action alternée de la naissance et de la mort ; il est au-delà des contraires ; seule la délivrance de toute cette accumulation des souvenirs peut susciter un renouveau, et il n'est de compréhension que dans le présent.

L'esprit ne peut comprendre le présent que s'il ne juge ni ne compare ; c'est le désir de modifier ou de condamner le présent sans le comprendre qui donne au passé sa pérennité. Ce n'est qu'en comprenant, sans distorsion, le reflet du passé dans le miroir du présent, que naît le renouveau...

Une expérience qui a été vécue de manière pleine et entière ne laisse derrière elle aucune trace — ne l'avez-vous pas vous-même constaté ? Seules les expériences inachevées laissent leur empreinte, donnant une continuité à la mémoire, qui s'identifie alors avec le moi. Nous considérons le présent comme moyen d'accès à une fin, ce qui lui ôte son immense signification. Le présent, c'est l'éternel. Mais comment un esprit fabriqué, créé de toutes pièces, peut-il comprendre ce qui n'est le fruit d'aucune création, qui est au-delà de toute valeur — l'éternel ?

À mesure que surgit chaque expérience, vivez-la aussi pleinement et aussi intensément que possible ; réfléchissez-y, vivez-la jusqu'au bout, dans toutes ses dimensions, toute sa profondeur; soyez conscient de tout ce qui s'y associe — le plaisir, la douleur, vos jugements et vos justifications. Ce n'est qu'une fois l'expérience achevée qu'il y a renouveau. Nous devons savoir vivre en un jour les quatre saisons, avoir une conscience aiguë de toutes nos expériences, les vivre et les comprendre — puis nous libérer de tout ce vécu engrangé chaque jour.

3 novembre

UNE CRÉATIVITÉ ANONYME

Avez-vous déjà songé à la question? Nous voulons la célébrité, en tant qu'écrivain, poète, peintre, politicien, chanteur, que sais-je encore. Pourquoi? Parce que nous n'aimons pas vraiment ce que nous faisons. Si vous aimiez chanter, ou peindre, ou écrire des poèmes — si vous aimiez vraiment cela —, vous ne vous inquiéteriez pas d'être célèbre ou non. Le désir de célébrité est une marque de mauvais goût, de trivialité, de stupidité, cela n'a aucun sens; mais, parce que nous n'aimons pas ce que nous faisons, la notoriété nous tient lieu de richesse. Notre éducation actuelle ne vaut rien du tout, car elle nous apprend à préférer le succès à ce que nous faisons. L'importance du résultat prend le pas sur celle de l'action.

C'est beau, pourtant, de garder secret l'éclat de son talent, d'être anonyme, d'aimer ce que l'on fait, sans ostentation. C'est bien d'être bon en taisant son nom. Cela ne fait pas de vous une célébrité dont la photo paraît dans les journaux. Les politiciens ne se pressent pas devant votre porte. Vous êtes simplement un être humain créatif, vivant de façon anonyme, et il y a en cela une grande richesse, une grande beauté.

DES TECHNIQUES CREUSES

Créativité et prouesse technique sont inconciliables. Vous pouvez jouer du piano à la perfection, et ne pas être créatif; vous pouvez être un brillant pianiste, et ne pas être musicien. Vous pouvez maîtriser les couleurs, peindre avec habileté, et ne pas être un peintre créatif. Vous pouvez faire jaillir de la pierre un visage, une image, parce que vous en avez appris la technique, et cependant ne pas être un maître créateur. La création précède la technique, et c'est pour cette raison que nous sommes malheureux tout au long de notre vie. Nous avons la technique — nous savons construire une maison, bâtir un pont, assembler un moteur, éduquer nos enfants selon un système — nous avons appris toutes ces techniques, mais nos cœurs et nos esprits sont vides. Nous sommes des machines de première classe; nous savons fonctionner à merveille, mais nous n'aimons pas la moindre chose au monde. Certes, vous pouvez être un bon ingénieur, un bon pianiste, écrire dans un style parfait l'anglais, le marathi, ou votre langue, quelle qu'elle soit, mais la créativité, elle, ne s'acquiert pas par une technique. Si l'on a quelque chose à dire, on crée son propre style; mais quand on n'a rien à dire, le style a beau être magnifique, c'est toujours la routine traditionnelle, la même vieille rengaine qui revient sous d'autres mots...

Et comme la chanson nous échappe, nous courons après le chanteur. Nous apprenons du chanteur la technique du chant, mais il n'y a pas de chanson; et moi, je dis que l'essentiel, c'est la chanson, que l'essentiel, c'est la joie de chanter. Quand la joie est là, la technique peut se construire à partir de rien; vous inventerez votre propre technique, vous n'aurez pas besoin d'étudier l'élocution ou le style. Quand on a la joie, les yeux s'ouvrent, et l'acte de voir la beauté est un art en soi.

SAVOIR QUAND S'ABSTENIR DE COOPÉRER

Les réformateurs — politiques, sociaux et religieux — n'apporteront à l'homme que souffrances accrues, à moins qu'il ne comprenne les agissements de son propre esprit. C'est grâce à cette compréhension du mécanisme intégral de l'esprit que naît une révolution intérieure radicale, et de cette révolution intérieure surgit une action de coopération vraie, qui n'est pas une coopération soumise à un modèle, à une autorité, à quelqu'un « qui sait ». Quand vous saurez coopérer, à cause justement de cette révolution intérieure, vous saurez aussi quand vous abstenir de coopérer — chose très importante, peut-être la plus importante de toutes. Nous coopérons actuellement avec toute personne proposant une réforme, un changement, ce qui n'a pour effet que de perpétuer le conflit et la misère, mais si nous réussissons à savoir en quoi consiste cet esprit de coopération né de la compréhension du mécanisme global de l'esprit, et au sein duquel on est libéré de l'ego, alors il devient possible de créer une civilisation nouvelle, un univers totalement différent, où il n'est plus de soif de possession, d'envie, ni de comparaison. Et il ne s'agit nullement de théories, d'une utopie, mais de l'état effectif qui est celui d'un esprit qui, sans relâche, s'interroge, et poursuit ce qui est sain et vrai.

LA CRIMINALITÉ, POURQUOI ?

De deux choses l'une : ou il y a une révolte qui reste intérieure au cadre des structures de la société, ou il y a une révolution complète, celle-ci étant extérieure à la société. La révolution complète, extérieure à la société, c'est ce que j'appelle la révolution religieuse. Toute révolution qui n'est pas religieuse reste limitée au contexte social ; ce n'est donc en aucun cas une révolution ; c'est la continuation, modifiée, des anciens schémas. Ce qui se passe à l'heure actuelle, dans le monde entier, c'est, je crois, une révolte qui reste intérieure à la société, et cette révolte prend souvent le visage de ce qu'on appelle la criminalité. Ce genre de révolte est inéluctable, tant que notre éducation ne se préoccupera, comme elle le fait aujourd'hui, que de préparer les jeunes à s'insérer dans la société, et se bornera donc à leur apprendre à trouver un emploi, à gagner de l'argent et aimer posséder, à vouloir toujours plus, à être conformiste.

Voilà quel but se donne partout, et comment fonctionne partout notre prétendue éducation : elle enseigne aux jeunes le conformisme religieux, moral, économique ; c'est pourquoi, naturellement, leur révolte n'a aucun sens — si ce n'est par rapport à la répression, aux réformes ou au contrôle ainsi rendus nécessaires. Ce type de révolte se restreint au cadre de la société, elle n'a donc rien de créatif. Mais, grâce à une éducation adéquate, nous pourrions peut-être faire éclore une compréhension différente, en contribuant à libérer l'esprit de tout conditionnement — c'est-à-dire en encourageant les jeunes à être attentifs aux multiples influences qui conditionnent l'esprit et l'asservissent au conformisme.

LE BUT DE LA VIE

Nombreux sont ceux qui prétendront vous montrer quel est le but de la vie et vous expliquer ce qu'en disent les écritures. Des gens habiles continueront à attribuer à l'existence des buts inventés de toutes pièces. Tel groupe politique se proposera un but, tel groupe religieux un autre, et ainsi de suite, à l'infini. Quel but peut bien avoir votre vie, alors que vous êtes vous-même en pleine confusion ? Lorsque je suis en proie à la confusion, si je vous demande : « Quel est le but de l'existence ? » c'est parce que j'espère qu'à travers toute cette confusion, je vais trouver une réponse. Comment puis-je trouver une réponse véridique alors même que je suis plongé dans la confusion ? Est-ce que vous comprenez ? Si je suis dans la confusion, la réponse que je reçois ne peut être elle-même que confuse. Si j'ai l'esprit confus, perturbé, si mon esprit manque d'harmonie, de tranquillité, toute réponse, quelle qu'elle soit, me parviendra à travers cet écran de confusion, d'angoisse et de peur ; par conséquent, la réponse sera pervertie. L'important n'est donc pas de demander : « Quel est le but de la vie, la finalité de l'existence ? », mais de dissiper la confusion qui est en vous. C'est comme un aveugle qui demanderait : « Qu'est-ce que la lumière ? » Si je lui explique ce qu'est la lumière, il écoutera en fonction de sa cécité, des ténèbres qui sont les siennes ; mais supposons qu'il puisse voir — dans ce cas, jamais il ne demandera : « Qu'est-ce que la lumière ? » puisque la lumière est là.

De même, si vous savez clarifier cette confusion qui est en vous, alors vous découvrirez quelle est la finalité de l'existence ; vous n'aurez plus besoin de demander, vous n'aurez plus besoin de la chercher ; la seule chose que vous ayez à faire, c'est vous libérer des causes qui sont responsables de la confusion.

VIVRE EN CE MONDE DE MANIÈRE ANONYME

N'est-il pas possible de vivre en ce monde, sans ambition, en étant simplement ce que vous êtes ? Si vous commencez à comprendre ce que vous êtes sans essayer d'y rien changer, alors ce que vous êtes fera l'objet d'une transformation. Je crois possible de vivre en ce monde de manière anonyme, en étant un parfait inconnu, ni célèbre, ni ambitieux, ni cruel. On peut mener une vie très heureuse quand on n'accorde aucune importance au moi, et cela participe aussi d'une éducation juste.

Le monde entier idolâtre le succès. On entend parler d'histoires comme celle du jeune homme pauvre qui, à force de nuits d'étude, a fini par devenir juge, ou celle du petit livreur de journaux devenu millionnaire. La glorification du succès est notre pain quotidien. L'obtention de tout succès important se double aussi d'une grande souffrance ; mais nous nous laissons le plus souvent happer par le désir de réussite, et le succès compte pour nous beaucoup plus que la compréhension et la dissolution de la souffrance.

9 novembre

PLUS QU'UNE HEURE À VIVRE

Si vous n'aviez plus qu'une heure à vivre, que feriez-vous ? Ne prendriez-vous pas les mesures nécessaires pour régler les choses extérieures, vos affaires, votre testament, et ainsi de suite ? Ne réuniriez-vous pas votre famille et vos amis pour leur demander pardon du mal que vous avez pu leur faire et leur pardonner le mal qu'ils auraient pu vous faire? Ne mourriez-vous pas totalement aux choses de l'esprit, aux désirs et à ce monde? Et si une telle chose est réalisable l'espace d'une heure, alors elle est également réalisable au fil des jours et des années qui restent peut-être encore... Essayez et vous trouverez.

10 novembre

MOURIR CHAQUE JOUR

Qu'est-ce que l'âge? Est-ce le nombre d'années que vous avez vécues? C'est en partie cela : vous êtes né en telle année, et vous avez à présent quinze, quarante ou soixante ans. Votre corps vieillit — votre esprit aussi lorsqu'il se laisse encombrer par toutes les expériences, les misères et la lassitude de l'existence; et un tel esprit ne peut jamais découvrir la vérité. L'esprit n'est capable de découverte que lorsqu'il est jeune, frais, innocent; mais l'innocence n'est pas une question d'âge. Il n'y a pas que l'enfant qui soit innocent (il peut d'ailleurs se faire qu'il ne le soit pas), c'est aussi le privilège de l'esprit qui sait vivre ses expériences sans en accumuler les sédiments. L'esprit doit faire des expériences, c'est inévitable. Il doit répondre à tout ce qui le sollicite — le fleuve, l'animal malade, le cadavre que l'on emporte au lieu de crémation, les pauvres villageois portant leurs lourdes charges tout le long de la route, les tortures et les misères de l'existence — sinon il est déjà mort; mais il doit être capable de répondre sans être figé par l'expérience. Ce sont la tradition, l'accumulation des expériences, les cendres de la mémoire, qui font que l'esprit vieillit. Mais l'esprit qui meurt chaque jour aux souvenirs d'hier, à toutes les joies et toutes les peines du passé — cet esprit-là est frais, innocent, il n'a pas d'âge; et sans cette innocence, que vous ayez dix ou soixante ans, jamais vous ne trouverez Dieu.

11 novembre

LA MORT PERÇUE EN TANT QU'ÉTAT

Nous avons tous peur de mourir. Pour que cesse cette peur, nous devons entrer en contact avec la mort — il ne s'agit pas d'un contact avec l'image que notre pensée se fait d'elle, mais d'une perception réelle de la mort en tant qu'état. Sinon la peur n'en finira jamais, car c'est le mot *mort* qui suscite la peur, et nous ne voulons même pas en parler. Nous est-il possible — alors que nous sommes en bonne santé, normaux, capables de raisonnement lucide, de pensée objective, d'observation — d'entrer en contact avec ce fait, de manière totale? L'organisme, en raison du traitement auquel il est soumis, et de la maladie, va finalement mourir un jour. Si nous sommes sains de corps et d'esprit, nous avons l'envie de découvrir ce que signifie la mort. Ce n'est pas un désir morbide, car c'est peut-être en mourant que nous comprendrons ce qu'est la vie. La vie, telle qu'elle est en ce moment, est un supplice, une tourmente incessante, un nœud de contradictions, donc une source de conflits, de malheur, de confusion. La routine quotidienne du bureau, la répétition du plaisir, avec les douleurs qui y sont liées, l'angoisse, les tâtonnements, l'incertitude — c'est ce que nous appelons vivre. Nous nous sommes accoutumés à ce genre de vie. Nous l'acceptons; nous vieillissons en vivant ainsi, et nous mourons.

Pour découvrir ce qu'est la vie, de même que pour découvrir ce qu'est la mort, il faut entrer en contact avec la mort, c'est-à-dire mettre fin chaque jour à tout ce que nous avons connu. Il faut mettre fin aux images que nous avons élaborées — celle que nous nous sommes créée de nous-même, de notre famille, de nos relations, l'image que nous avons édifiée à travers nos plaisirs, nos liens avec la société, nos liens avec toute chose. C'est précisément ce qui se passera à l'heure de notre mort.

12 novembre

PEUR DE LA MORT ?

Pourquoi avez-vous peur de la mort ? Est-ce parce que, peut-être, vous ne savez pas comment vivre ? Si vous viviez pleinement, auriez-vous peur de la mort ? Si vous aimiez les arbres, les couchers de soleil, les oiseaux, la feuille qui tombe, si vous étiez attentif aux hommes et aux femmes qui pleurent, aux pauvres, et si vous aviez vraiment de l'amour dans le cœur, auriez-vous peur de la mort ? Qu'en dites-vous ? Ne vous laissez pas persuader par moi. Réfléchissons-y ensemble. Vous ne vivez pas dans la joie, vous n'êtes pas heureux, vous n'êtes pas vitalement sensible aux choses. Est-ce pour cela que vous demandez ce qui va se passer après la mort ? La vie pour vous n'est que souffrance, alors la mort vous intéresse beaucoup plus. Vous avez le sentiment que, peut-être, le bonheur sera présent après la mort. Mais c'est un immense problème, et je ne sais pas si vous voulez réellement l'approfondir. Après tout, c'est la peur qui est à la base de tout cela — la peur de mourir, la peur de vivre, la peur de souffrir. Si vous ne pouvez pas comprendre l'origine de la peur, et vous en libérer, il importe peu que vous soyez vivant ou mort.

J'AI PEUR

Je vais maintenant examiner comment on peut se libérer de la peur du connu, c'est-à-dire la peur de perdre ma famille, ma réputation, mon caractère, mon compte en banque, mes appétits, et le reste. Vous pouvez dire que la peur est un phénomène de conscience; mais votre conscience est formée par votre conditionnement, par conséquent elle aussi est le résultat du connu. De quoi se compose le connu? D'idées, d'opinions diverses, de ce sens de la continuité que l'on a par rapport au connu, et c'est tout...

Il y a la peur de souffrir. La douleur physique est un réflexe nerveux; mais la douleur psychologique surgit lorsque je m'accroche à des choses qui me sont agréables, car je redoute alors tout ce qui pourrait m'en priver. Les accumulations psychologiques constituent un barrage à cette souffrance tant qu'elles ne sont pas menacées : je suis un paquet d'accumulations et d'expériences, qui s'opposent à tout ce qui pourrait les déranger, donc j'ai peur, et c'est du connu que j'ai peur, de ces accumulations physiques ou psychologiques dont je me suis entouré pour empêcher l'affliction de se produire... Les connaissances aussi ont pour but de l'éviter. De même que les connaissances médicales sont utiles contre la douleur physique, les croyances le sont contre la douleur psychologique, et c'est pour cela que j'ai peur de perdre mes croyances, bien que je sois imparfaitement renseigné à leur sujet et que je n'aie pas la preuve concrète de leur réalité.

SEUL CE QUI MEURT PEUT SE RENOUVELER

Lorsque nous parlons d'entité spirituelle, nous désignons par là ce quelque chose qui n'est évidemment pas enclos dans champ de l'esprit. Alors, le « je » est-il une entité spirituelle de ce type ? Si tel est le cas, il doit alors être au-delà même du temps ; il ne peut donc ni se perpétuer ni renaître. Si cette entité est inaccessible à la pensée — qui ne fonctionne qu'en termes de mesure de temps —, la pensée est liée à l'hier, elle est un mouvement continu, elle est l'écho du passé : la pensée est donc essentiellement un produit du temps. Si le « je » est accessible à la pensée, c'est qu'il fait partie du temps ; donc, ce « je » n'est pas affranchi du temps, et n'a donc rien de spirituel ; c'est évident. Par conséquent, le « je », le « vous » n'est qu'un processus de la pensée ; et vous voulez savoir si ce processus mental, se perpétuant isolément du corps, peut renaître, se réincarner sous une forme physique. Mais ce qui continue peut-il jamais découvrir le réel absolu, qui est au-delà du temps et de toute mesure ? Ce « je » — cette entité qui est un processus de pensée — peut-il jamais être quelque chose de neuf ? S'il ne le peut pas, alors il faut que la pensée s'achève. Tout ce qui se perpétue n'est-il pas destructif, de par sa nature même ? Ce qui a une continuité ne peut jamais se renouveler. Tant que la pensée se perpétue à travers la mémoire, le désir, l'expérience, tout renouveau lui sera toujours interdit ; donc, ce qui se perpétue ne peut en aucun cas connaître l'ultime réalité. Vous aurez beau passer par mille renaissances, jamais vous ne connaîtrez la réalité authentique, car seul ce qui meurt, qui cesse d'exister, est capable de renouveau.

MOURIR SANS DISCUSSION

Entrer en contact avec la mort, mourir sans discussion, savez-vous ce que cela veut dire ? Car la mort, lorsqu'elle vient, n'argumente pas avec vous. Pour lui faire face, vous devez, chaque jour, mourir à toute chose : à votre angoisse, à votre solitude, aux relations auxquelles vous vous accrochez ; vous devez mourir à vos pensées, mourir à vos habitudes, mourir à votre femme afin de la regarder avec des yeux neufs ; vous devez mourir à la société afin de pouvoir, en tant qu'être humain, être neuf, frais, jeune, et capable de la regarder avec ces yeux-là. Mais vous ne pourrez pas affronter la mort si vous ne mourez chaque jour. Ce n'est que lorsqu'on meurt que naît l'amour. L'esprit qui a peur est dénué d'amour — il a des habitudes, il a de la sollicitude, il peut se forcer à être bon et superficiellement attentionné. Mais la peur engendre la souffrance, et la souffrance, c'est le temps sous forme de pensée.

Donc, mettre fin à la souffrance, c'est entrer en contact avec la mort de votre vivant — en mourant à votre nom, à votre maison, à vos biens, à votre cause, de sorte que vous débordiez de fraîcheur, de jeunesse, de lucidité, et que vous puissiez voir les choses telles qu'elles sont, sans la moindre distorsion. C'est ce qui va se passer à l'heure de votre mort. Mais notre mort aux choses physiques est limitée. Nous admettons, en toute logique et en toute raison, que l'organisme cesse un jour de vivre. C'est pourquoi nous nous inventons une vie, tissée de tout notre vécu — tissée de nos angoisses quotidiennes, de notre insensibilité quotidienne, de nos problèmes toujours plus nombreux, de toutes ces stupidités de la vie ; cette vie que nous voudrions perpétuer, nous l'appelons l'« âme » — qui est, selon nous, ce qu'il y a de plus sacré, qui participe du divin, alors qu'elle fait toujours partie de votre pensée et n'a donc rien à voir avec la divinité. Telle est votre vie !

Il faut donc, chaque jour, vivre et mourir à la fois — car c'est en mourant qu'on est au contact de la vie.

DANS LA MORT EST L'IMMORTALITÉ

C'est, bien sûr, dans la disparition finale qu'est le renouveau, n'est-ce pas? Ce n'est que dans la mort qu'il naît quelque chose de neuf. Je ne cherche pas ici à vous rassurer. Ce que je vous dis en ce moment même n'a ni à être cru ni à être admis, car vous allez en faire une chose rassurante, de même que vous croyez actuellement à la réincarnation ou à la continuité dans l'au-delà, et ainsi de suite. Or le fait réel, c'est que toute chose qui perpétue ne peut connaître ni renaissance, ni renouveau. Donc, c'est en mourant chaque jour qu'il y a renouveau, qu'il y a renaissance. C'est cela, l'immortalité. C'est dans la mort qu'est l'immortalité — pas la mort dont vous avez peur, mais l'acte de mourir à toute conclusion, à tout souvenir, à toute expérience, à tout ce à quoi le « moi » s'identifie. C'est dans cette mort de chaque instant au « moi » qu'est l'éternité, qu'est l'immortalité, et qu'il est une chose dont il faut faire l'expérience — au lieu de lui consacrer maintes spéculations et conférences, comme vous le faites pour la réincarnation et autres choses du même genre...

Lorsque vous n'avez plus peur parce qu'à chaque minute il y a fin et renouveau, alors vous êtes ouvert à l'inconnu. La réalité, c'est l'inconnu. La mort aussi, c'est l'inconnu. Mais, entre autres absurdités, dire de la mort qu'elle est magnifique, qu'elle est merveilleuse, sous prétexte que nous allons nous perpétuer dans l'au-delà, est une attitude sans la moindre authenticité. Ce qui est authentique, c'est de voir la mort telle qu'elle est — une fin, une fin dans laquelle il y a renouveau, renaissance — pas une continuité. Car tout ce qui se perpétue finit par dépérir ; mais ce qui a le pouvoir de se renouveler est éternel.

17 novembre

LA RÉINCARNATION EST ESSENTIELLEMENT ÉGOÏSTE

Vous voulez que je vous donne l'assurance que vous allez vivre une seconde vie, mais il n'est en cela ni bonheur ni sagesse. La quête de l'immortalité par la réincarnation est essentiellement égoïste, et n'est donc pas conforme à la vérité. Votre quête d'immortalité n'est qu'un autre aspect du désir de pérenniser des réflexes d'autodéfense qui vont à l'encontre de la vie et de l'intelligence. Cette insatiable soif de durée ne peut mener qu'à l'illusion. Ce qui compte, ce n'est donc pas de savoir si la réincarnation existe, mais de réaliser l'accomplissement total dans le présent même. Et cela n'est possible que lorsque votre esprit et votre cœur cessent de se protéger contre la vie. L'esprit est habile, roué, dans ses stratégies d'auto-défense, et il lui appartient de discerner lui-même la nature illusoire de cette autoprotection. Cela signifie qu'il est impératif que vous pensiez et agissiez d'une manière totalement neuve. Vous devez vous libérer de la nasse des fausses valeurs que vous a imposées tout le milieu ambiant. Il faut qu'il y ait nudité totale. Alors est l'immortalité, la réalité.

QU'EST-CE QUE LA RÉINCARNATION ?

Essayons de découvrir ce que vous entendez par réincarnation — de voir quelle est la vérité en la matière, et non ce que quelqu'un d'autre vous a raconté, ou ce qu'en a dit votre maître. Ce qui libère, c'est évidemment la vérité, et non votre propre conclusion, votre propre opinion... Lorsque vous dites : « Je vais renaître », il faut savoir ce qu'est le « je »... Le « je » est-il une entité spirituelle, le « je » a-t-il une continuité, le « je » est-il quelque chose d'indépendant de la mémoire, de l'expérience, du savoir ? Ou bien le « je » est une entité spirituelle, ou bien il n'est qu'un processus de pensée. Ou bien c'est quelque chose d'extérieur au temps, que nous qualifions de spirituel, qui ne peut se mesurer en termes de temps, ou bien il est inclus dans le périmètre du temps, dans le champ de la mémoire, de la pensée. Ce ne peut être que ou l'un ou l'autre. Essayons de savoir s'il est au-delà de toute mesure de temps. J'espère que vous suivez tout ceci. Essayons de trouver si le « je » est en essence quelque chose de spirituel. Et par « spirituel » nous entendons, n'est-ce pas, quelque chose qui n'est pas susceptible d'être conditionné, qui n'est pas une projection de l'esprit humain, qui n'est pas dans le champ de la pensée, quelque chose qui ne meurt pas. Lorsque nous parlons d'entité spirituelle, nous désignons par là quelque chose qui ne se limite pas au champ de l'esprit, de toute évidence. Le « je » est-il une entité spirituelle correspondant à ces critères ? Si tel est le cas, il faut qu'il transcende toute notion de temps, et par conséquent il ne peut ni renaître ni perdurer... Toute chose dotée d'une continuité ne peut jamais se renouveler. Tant que la pensée se perpétue à travers la mémoire, à travers le désir, à travers l'expérience, elle ne peut jamais se renouveler ; et donc, ce qui perdure est inapte à connaître le réel.

L'ÂME EXISTE-T-ELLE ?

Pour comprendre cette question de la mort, nous devons donc nous débarrasser de la peur, qui invente toutes les diverses théories liées à l'immortalité ou à la réincarnation. Nous disons donc — les Orientaux disent — qu'il y a la réincarnation, une renaissance, un renouveau perpétuel, se poursuivant sans fin — qu'il y a l'âme, réelle ou prétendue. Maintenant, écoutez attentivement.

L'âme a-t-elle une existence réelle ? Nous nous plaisons à croire en ce quelque chose qui est l'âme, nous l'avons placée au-delà de la pensée, au-delà des mots — toujours au-delà. Ce quelque chose est éternel, spirituel ; il ne mourra jamais — voilà pourquoi la pensée s'y accroche. Mais existe-t-elle vraiment, cette âme — cette chose au-delà du temps, au-delà de la pensée, cette chose qui n'est pas une invention de l'homme, qui transcende la nature humaine, cette chose qui n'est pas une élaboration de l'esprit roué — existe-t-elle ? Car l'esprit ne voit dans la vie qu'incertitude et confusion immenses, et rien de permanent — rien. Vos liens avec votre femme ou votre mari, vos liens avec votre travail — rien n'a de permanence. Et c'est ainsi que l'esprit invente ce quelque chose, qui est permanent et qu'il appelle l'âme. Mais puisque celle-ci est concevable par l'esprit, concevable par la pensée, c'est, bien entendu, qu'elle reste toujours inscrite dans le périmètre du temps. Si je peux concevoir une chose, c'est qu'elle fait partie de ma pensée. Or ma pensée est le résultat du temps, de l'expérience, du savoir. L'âme reste donc confinée dans les limites du temps...

La notion de continuité d'une âme destinée à renaître, encore et sans fin, n'a donc pas le moindre sens, parce que ce n'est qu'une invention née d'un esprit qui a peur, qui veut perdurer, qui cherche dans la permanence un recours de durée, et qui a besoin de certitudes, parce qu'en elles est l'espérance.

QU'ENTEND-ON PAR « KARMA » ?

Le karma sous-entend, n'est-il pas vrai, la notion de cause et d'effet — l'action, fondée sur une cause, donnant lieu à un certain résultat, l'action née du conditionnement produisant de nouveaux effets. Le karma implique donc la loi de cause à effet. La cause et l'effet sont-ils donc statiques, définitivement figés ? L'effet ne devient-il pas à son tour une cause ? Il n'y a donc pas de causes fixes ni d'effets fixes. Aujourd'hui est le résultat d'hier, n'est-ce pas ? Aujourd'hui est la suite logique d'hier, tant chronologiquement que psychologiquement ; et aujourd'hui est la cause demain. La cause est donc effet, et l'effet devient cause — c'est un mouvement continu... sans cause fixe ni effet fixe. S'il y avait une cause fixe et un effet fixe, il y aurait une spécialisation, et la spécialisation n'est-elle pas la mort ? Toute espèce qui se spécialise finit par disparaître, c'est une évidence. La grandeur de l'homme, c'est qu'il ne peut pas se spécialiser. Certes, il peut se spécialiser techniquement, mais dans sa structure, c'est impossible. Un gland est une semence spécialisée — qui ne peut être rien d'autre que ce qu'elle est. Mais l'être humain n'est pas définitivement achevé. Il n'est pas limité par la spécialisation, par conséquent un renouvellement constant lui est possible. Tant que nous considérerons la cause, l'arrière-plan, le conditionnement, comme étant sans liens avec l'effet, il y aura forcément conflit entre la pensée et cet arrière-plan. Le problème est donc beaucoup plus complexe que celui de savoir s'il faut croire ou non à la réincarnation, car la question est de savoir comment agir, et non s'il faut croire à la réincarnation ou au karma — deux notions qui sont absolument hors de propos.

21 novembre

UNE ACTION FONDÉE SUR L'IDÉE

L'action peut-elle jamais nous libérer de cet enchaînement de causes et d'effets? J'ai fait certaines choses dans le passé; j'ai vécu des expériences, et tout cela conditionne évidemment mon mode de réponse actuel; or la réponse d'hier conditionne celle de demain. C'est tout le processus du karma : la cause et l'effet; et de toute évidence, ce mécanisme de causes et d'effets, même s'il est susceptible d'être une source momentanée de plaisir, mène en fin de compte à la douleur. Le véritable nœud de la question est le suivant : la pensée peut-elle être libre? Toute pensée, toute action vraiment libre n'est ni cause de douleur, ni source de conditionnement. Tel est le point crucial de toute cette question. Peut-il donc y avoir une action qui soit sans aucune connexion avec le passé? Peut-il y avoir une action qui ne soit pas fondée sur l'idée? L'idée, c'est la continuation d'hier sous une forme modifiée, et cette continuation va conditionner demain, ce qui signifie que toute action fondée sur l'idée ne peut jamais être libre. Tant que l'action aura pour fondement l'idée, elle engendrera inévitablement des conflits ultérieurs. Peut-il exister une action déconnectée du passé? Une action qui ne soit pas plombée par le fardeau de l'expérience, par le savoir d'hier? Tant que l'action est le fruit du passé, elle ne peut jamais être libre; or ce n'est que dans la liberté que l'on peut découvrir la vérité. Ce qui se passe, en fait, c'est que l'esprit, n'étant pas libre, ne peut pas agir : il ne peut que réagir, et c'est la réaction qui est la base de nos actions. Nos actions, loin d'être des actions, ne sont que le prolongement de réactions, car elles sont l'expression de la mémoire, de l'expérience, des réponses d'hier. La question qui se pose est donc celle-ci : l'esprit peut-il se libérer de son conditionnement ?

22 novembre

L'AMOUR N'EST PAS LE PLAISIR

Sans la compréhension du plaisir, jamais vous ne pourrez comprendre l'amour. L'amour n'est pas le plaisir. L'amour, c'est quelque chose de tout à fait différent. Et pour comprendre le plaisir, comme je l'ai dit, il faut apprendre à le connaître. À l'heure actuelle, pour la plupart d'entre nous, pour tous les êtres humains, la sexualité fait problème. Pourquoi ? Écoutez ceci très attentivement. C'est parce que vous n'arrivez pas à résoudre les problèmes liés au sexe que vous le fuyez. Le sannyasi le fuit en faisant vœu de célibat, en niant le sexe. Voyez bien ce qui arrive à un esprit tel que celui-là. En niant une chose qui fait partie intégrante de votre structure même — du système glandulaire, et ainsi de suite —, en la muselant, vous avez fait de l'homme que vous étiez un être aride, en proie à une lutte intérieure de tous les instants.

Ainsi que nous le disons, face à un problème, quel qu'il soit, il semble que nous n'envisagions qu'une alternative : réprimer ou fuir. Réprimer revient en réalité au même que de fuir. Et nous avons tout un faisceau très complexe d'échappatoires, tant intellectuelles qu'émotionnelles, outre les activités banales du quotidien. La fuite prend des formes très diverses, dans lesquelles nous n'entrerons pas pour le moment. Mais nous n'en sommes pas moins confrontés à ce problème. Le sannyasi l'élude à sa manière, sans pour autant l'avoir résolu ; il l'a réprimé en prononçant ses vœux, mais le problème, intact, bouillonne au fond de lui. Il a beau afficher sous le drapé de sa robe une simplicité de façade, le problème prend aussi pour lui une extraordinaire acuité, tout comme pour l'homme qui mène une vie ordinaire. Mais vous, comment résolvez-vous ce problème ?

23 novembre

L'AMOUR NE SE CULTIVE PAS

L'amour ne peut se cultiver. L'amour ne peut être divisé en amour divin et amour physique ; l'amour est simplement l'amour — la question n'est pas de savoir si l'on a plusieurs, ou un seul et unique objet d'amour. Autre exemple de question absurde : « Aimez-vous absolument tout ? » Une fleur qui exhale son parfum ne se préoccupe pas, bien sûr, de savoir qui vient la humer, ou qui choisit de lui tourner le dos. Il en va de même pour l'amour. L'amour n'est pas un souvenir. L'amour ne procède pas de l'esprit ou de l'intellect. Mais il éclôt naturellement, comme la compassion, lorsque l'ensemble du problème de l'existence — c'est-à-dire la peur, l'avidité, l'envie, l'espoir et le désespoir — a été compris et résolu. L'ambitieux est incapable d'amour. L'homme qui est attaché à sa famille est dénué d'amour. La jalousie n'a rien à voir non plus avec l'amour. Lorsque vous dites : « J'aime ma femme », vous n'êtes pas vraiment sincère, puisque l'instant d'après vous êtes jaloux d'elle.

L'amour suppose une grande liberté ; pas de faire tout ce qui nous plaît. Mais l'amour ne vient que lorsque l'esprit est très silencieux, désintéressé, sans égocentrisme. Ce ne sont pas là des notions idéales. Si vous n'avez pas d'amour en vous, vous aurez beau faire — courir après tous les dieux de la terre, déborder d'activité sociale, tenter des réformes en direction des pauvres, de la politique, écrire des livres, des poèmes — vous ne serez rien d'autre qu'un être mort. Et sans l'amour, vos problèmes ne feront que croître et se multiplier à l'infini. Mais avec l'amour, quoi que vous fassiez, il n'y a aucun risque; il n'y a aucun conflit. Alors l'amour est l'essence de la vertu. Et l'esprit qui n'est pas en état d'amour n'est en aucun cas un esprit religieux. Or seul l'esprit qui est religieux est délivré des problèmes, et connaît la beauté de l'amour et de la vérité.

24 novembre

L'AMOUR SANS MOTIF

Qu'est-ce que l'amour sans motif? Peut-il exister un amour sans stimulant, sans désir d'obtenir quelque chose pour soi-même? Peut-il exister sans le sentiment d'être blessé lorsqu'il n'est pas réciproque? Si je vous offre mon amitié et que vous la refusez, ne suis-je pas blessé? Cette blessure est-elle le produit de mon amitié, de ma générosité, de ma sympathie? Tant que je peux être blessé, tant que la peur est là, tant que je vous aide dans l'espoir d'une aide en retour — c'est ce qu'on appelle rendre service — il n'y a pas d'amour.

Si vous comprenez cela, la réponse est là.

L'AMOUR EST DANGEREUX

Comment l'homme peut-il vivre sans amour? Nous ne pouvons faire autrement qu'exister, et sans amour, l'existence n'est que contrainte, confusion et douleur — telle est le plus souvent la vie que nous créons. Pour exister, nous nous organisons, et nous admettons l'inévitabilité des conflits parce que notre existence n'est que soif perpétuelle de pouvoir. Bien sûr, lorsqu'on aime, l'organisation a son utilité, sa juste place; mais, sans amour, toute organisation devient un cauchemar, une simple machine efficace, comme l'armée; mais la société moderne étant fondée sur l'efficacité, nous sommes obligés d'avoir des armées — et la finalité d'une armée, c'est la guerre. Mais même en prétendu temps de paix, plus nous sommes intellectuellement efficients, plus nous devenons brutaux, insensibles, sans scrupules. Voilà la raison de toute cette confusion dans le monde, voilà pourquoi la bureaucratie est de plus en plus puissante, voilà pourquoi de plus en plus de gouvernements deviennent totalitaires. Nous nous soumettons à tout cela avec fatalisme, parce que nous vivons avec notre cerveau au lieu de vivre avec notre cœur, et il n'y a donc pas d'amour. L'amour est l'élément le plus dangereux et le plus incertain de la vie; et parce que nous refusons l'incertitude, parce que nous ne voulons pas être en danger, nous ne vivons que par l'esprit. Celui qui aime est un homme dangereux, et nous ne voulons pas vivre dangereusement; nous voulons vivre efficacement, nous voulons vivre encadrés par des organisations, parce que nous pensons que les organisations établies vont apporter l'ordre et la paix dans le monde. Jamais aucune organisation n'a apporté l'ordre et la paix. Seuls l'amour, la bienveillance, la miséricorde peuvent apporter l'ordre et la paix, en dernier recours, et donc maintenant.

QUELLE EST VOTRE RÉACTION?

Lorsque vous observez ces pauvres femmes qui portent leurs lourdes charges au marché, ou que vous regardez les petits paysans jouer dans la boue en n'ayant guère d'autre jouet qu'elle, en voyant ces enfants qui n'auront pas l'éducation dont vous bénéficiez, qui n'ont pas de vraie maison, qui sont sales, mal vêtus, mal nourris — lorsque vous observez tout cela, quelle est votre réaction? Il est très important de découvrir vous-même quelle réaction vous avez. Je vais vous dire ce que fut la mienne.

Ces enfants n'ont pas d'endroit convenable où dormir; le père et la mère sont occupés toute la journée, sans un jour de vacances; les enfants ignorent ce que c'est d'être aimés, choyés; jamais leurs parents ne s'assoient auprès d'eux pour leur raconter des histoires qui disent la beauté de la terre et des cieux. Comment qualifier une société qui a créé une telle situation — où certains sont immensément riches et ont tout ce qu'ils peuvent désirer, alors qu'en même temps des garçons et des filles sont démunis de tout? Comment qualifier une telle société, et comment est-elle née? Vous pouvez révolutionner tout le pays, casser les schémas de cette société, mais l'acte même par lequel on les brise en suscite de nouveaux, qui sont identiques sous des dehors différents — les commissaires du peuple avec leur résidence privée à la campagne, les privilèges, les uniformes, et ainsi de suite, cela n'en finit jamais. C'est ce qui s'est produit après chaque révolution — française, russe et chinoise. Est-il possible de créer une société dans laquelle cessent d'exister toute cette corruption et toute cette misère? Cette société ne pourra voir le jour que lorsque vous et moi en tant qu'individus nous arracherons à toute emprise collective, lorsque nous nous libérerons de toute ambition et que nous saurons ce qu'aimer veut dire. Voilà quelle fut alors ma réaction, jaillie tout entière en un éclair.

27 novembre

LA COMPASSION N'EST PAS LE MOT

La pensée ne peut, par aucun moyen qui soit, cultiver la compassion. Je n'emploie pas ce mot de *compassion* pour désigner le contraire de la violence, son antithèse. Mais, à moins que nous n'ayons tous ce sens profond de la compassion, nous deviendrons de plus en plus brutaux et inhumains les uns envers les autres. Nous aurons un esprit aussi mécanique qu'un ordinateur, un esprit qui a simplement été entraîné à remplir certaines fonctions. Nous continuerons à chercher la sécurité, tant physique que psychologique, et nous passerons à côté de la profondeur extraordinaire de l'existence, de toute sa beauté, et de tout son sens.

La compassion n'est pas pour moi une chose qui peut s'acquérir. La compassion, ce n'est pas le mot « compassion », qui, lui, appartient au passé ; mais c'est quelque chose qui est d'ordre présent, qui agit : c'est le verbe — pas le mot en tant que substantif ou nom. Il y a une différence entre le verbe et le nom. Le verbe appartient toujours au présent, il agit, alors que le nom, lui, appartient toujours au passé, et il est donc statique. On aura beau insuffler une vitalité, imprimer un mouvement au nom, au mot, ce ne sera jamais la même chose que le verbe, qui est activement présent...

La compassion n'est pas un sentiment ; elle n'a rien à voir avec cette sympathie ou cette empathie très approximatives. La compassion ne peut se cultiver par la pensée, la discipline, le contrôle ni le refoulement, pas plus qu'en étant bon, poli, gentil, et tout ce qui s'ensuit. La compassion naît lorsque la pensée, jusqu'à ses racines les plus profondes, a cessé d'exister.

LA COMPASSION ET LE BIEN

La compassion, cette perception du bien, du juste, ce sens de ce que la vie a de sacré, et dont nous avons parlé lors de notre dernière rencontre — ce sens peut-il s'éveiller de manière contrainte et forcée? Il va de soi que lorsqu'il y a contrainte sous quelque forme que ce soit, lorsqu'il y a propagande ou discours moralisateur, il n'y a pas de compassion, pas plus qu'il n'y a de compassion lorsque le changement n'est motivé que par la nécessitée flagrante de répondre à des défis technologiques, afin que les êtres humains continuent d'être des êtres humains et ne deviennent pas des machines. Le changement doit donc impérativement être dénué de causalité. Tout changement qui survient en raison d'une causalité n'est pas de l'ordre de la compassion; ce n'est qu'un produit marchand qui se vend ou s'achète. Voilà donc un premier problème.

Un autre problème se pose : si je change, comment la société va-t-elle en être affectée? Ou bien ne suis-je pas le moins du monde concerné par tout cela? Car dans l'immense majorité des cas on ne s'intéresse pas à ce dont nous parlons ici — et vous non plus, si vous n'écoutez que mû par la curiosité ou quelque autre impulsion, et ne faites que passer. Les machines font des progrès si rapides que les êtres humains n'avancent le plus souvent que sous la contrainte, et ne sont plus capables d'affronter la vie avec la richesse de l'amour, de la compassion, la plénitude de la pensée. Mais si je change, quel impact cela peut-il avoir sur la société, c'est-à-dire sur mes relations avec vous? La société n'est pas quelque entité mythique extraordinaire; la société, ce sont nos rapports mutuels, et si, parmi nous, deux ou trois individus changent, comment cela peut-il affecter le reste du monde? À moins qu'il n'y ait un moyen d'affecter globalement l'esprit humain?

Autrement dit, existe-t-il un processus grâce auquel l'individu qui est changé peut toucher l'inconscient humain?

29 novembre

TRANSMETTRE LA COMPASSION

Si je m'intéresse à la compassion... à l'amour, au sentiment réel du sacré, alors comment ce sentiment peut-il se transmettre? Suivez bien cela, je vous en prie. Si je le transmets par l'intermédiaire d'un microphone, par les rouages de la propagande, et parviens de la sorte à convaincre quelqu'un d'autre, son cœur restera pourtant toujours aussi vide. La flamme de l'idéologie agira, mais il ne fera que répéter, comme vous le faites tous, qu'il faut être bon, généreux, libre — toutes ces absurdités comme en débitent les politiciens, les socialistes et tous les autres. Ainsi, voyant que toute forme de contrainte, si subtile soit-elle, ne fait pas éclore cette beauté, cette floraison de justesse, de compassion, que peut faire l'individu?...

Quelle relation peut-il y avoir entre celui qui a ce sens de la compassion et l'homme qui reste terré au sein d'une collectivité, d'une tradition? Comment pouvons-nous découvrir, et ce, non pas en théorie, mais réellement, la relation qui lie ces deux êtres-là?...

Ce qui cherche à se conformer ne peut fleurir dans le bien, le juste. Pour cela, la liberté est nécessaire, et elle ne vient que lorsqu'on comprend dans toute son ampleur le problème de l'envie, de l'avidité, de l'ambition, et la soif de pouvoir. C'est en se libérant de tout cela que peut fleurir cette chose extraordinaire qui s'appelle le caractère. Un homme qui a ce caractère-là est plein de compassion, il sait ce qu'est aimer — contrairement à celui qui répète des flots de paroles moralisatrices.

Ce n'est pas au sein de la société qu'a lieu cette floraison du bon et du juste, car la société en elle-même est toujours corrompue. Seul celui qui comprend toutes les structures, tous les mécanismes de la société, et s'en libère, seul celui-là a du caractère, et lui seul peut s'épanouir dans le bien.

IL FAUT VENIR LES MAINS VIDES

La compassion n'est pas difficile lorsque le cœur n'est pas rempli des sournoiseries de l'esprit. C'est l'esprit, avec ses exigences et ses peurs, ses attachements et ses refus, ses déterminations et ses besoins, qui détruit l'amour. Et comme il est difficile de rester simple par rapport à tout cela ! Vous n'avez nul besoin de philosophies ni de doctrines pour être bon et doux. Ceux qui, dans le pays, ont l'efficacité et le pouvoir, feront en sorte que tous soient nourris et vêtus, aient un logement et reçoivent des soins médicaux. Cela est inévitable, compte tenu de l'accroissement rapide de la production ; c'est le rôle d'un gouvernement bien organisé et d'une société équilibrée. Mais aucune organisation ne donne la générosité du cœur et du geste. La générosité provient d'une source toute différente, une source au-delà de toute mesure. L'ambition et l'envie la détruisent aussi sûrement que le feu brûle. Il faut toucher cette source, mais on doit venir à elle les mains vides, sans prières et sans sacrifices. Aucun livre ne peut rien nous en apprendre, aucun gourou ne peut nous mener jusqu'à elle. On ne peut l'atteindre en cultivant la vertu, bien que la vertu soit nécessaire, ni grâce à ses capacités et à sa soumission. Lorsque l'esprit est serein, sans le moindre mouvement, elle est là. La sérénité n'a pas de motif, elle ignore la soif du plus.

Décembre

LA SOLITUDE

LA RELIGION

DIEU

LA MÉDITATION

1er décembre

IL Y A DE LA BEAUTÉ À ÊTRE SEUL

Je ne sais si vous avez déjà été seul ; vous réalisez soudain que vous n'êtes plus en relation avec personne, qu'il ne s'agit pas d'un constat intellectuel, mais de la constatation d'un fait réel... et vous êtes complètement isolé. Toute forme de pensée, d'émotion, est bloquée ; vous n'avez nulle part où aller, personne vers qui vous tourner ; les dieux, les anges, ont tous fui par-delà des nuages, et, comme les nuages, se sont évanouis. Vous avez un sentiment d'isolement total — je n'emploierai pas le mot solitude.

La solitude a une tout autre saveur : il y a de la beauté à être seul. Etre seul a un tout autre sens. Et il *faut* être seul. Quand l'homme se libère de l'expression sociale de son envie, de son ambition, de son arrogance, de sa réussite, de son statut — quand il se libère de tout cela, c'est alors qu'il est complètement seul. Et c'est tout autre chose. Alors est une immense beauté, alors est la sensation d'une immense énergie.

LA SOLITUDE N'EST PAS L'ISOLEMENT

Bien que nous soyons tous des êtres humains, nous avons érigé entre nous et nos voisins des murailles qui ont pour nom le nationalisme, les distinctions de race, de caste et de classe — et qui sont autant de sources d'isolement, de solitude.

Or, l'esprit qui est figé dans la solitude, dans cet état d'isolement, ne pourra jamais comprendre ce qu'est la religion. Certes, il peut croire, il peut avoir certaines théories, certains concepts ou formules, il peut essayer de s'identifier avec ce qu'il nomme Dieu ; mais il me semble que la religion n'a absolument rien à voir avec les croyances, les prêtres, les églises, les livres prétendument sacrés. L'état de cet esprit religieux ne peut être compris que lorsque nous commençons à saisir ce qu'est la beauté ; et l'approche de cette compréhension de la beauté ne peut que passer par la solitude totale. Ce n'est que lorsque l'esprit est complètement seul — et dans nul autre état — qu'il peut savoir ce qu'est la beauté.

La solitude n'est évidemment pas l'isolement, et ce n'est pas non plus l'unicité. Etre unique n'est rien d'autre, en un sens, que d'être exceptionnel, alors qu'être complètement seul demande une sensibilité, une intelligence, une compréhension hors du commun. Etre complètement seul suppose que l'esprit soit libre de toute espèce d'influence, et ne soit donc pas contaminé par la société ; et il faut que l'esprit soit seul pour pouvoir comprendre ce qu'est la religion — qui consiste à trouver par ses propres moyens s'il existe une chose qui soit immortelle, au-delà du temps.

CONNAÎTRE LA SOLITUDE

Le sentiment d'isolement est tout à fait différent de la solitude. Il faut dépasser ce sentiment pour pouvoir être seul. L'isolement ne peut être comparé à la solitude. L'homme qui connaît l'isolement ne peut jamais connaître cela même qu'est être seul. Êtes-vous dans cet état de solitude? Nous n'avons pas l'esprit suffisamment intégré pour être seuls. Le processus même de l'esprit est séparateur. Et tout ce qui sépare connaît l'isolement.

La solitude, en revanche, n'est pas séparatrice. C'est quelque chose qui n'est pas multiple, qui n'est pas influencé par ce qui est multiple, qui n'est pas le résultat de la multiplicité, qui n'est pas construit de toutes pièces, comme l'est l'esprit; car l'esprit est de l'ordre du multiple. L'esprit n'est pas une entité qui est seule, puisqu'il a été construit, élaboré, fabriqué au fil des siècles. L'esprit ne peut jamais être seul. Mais c'est dans la prise de conscience de l'isolement, dans les moments où l'esprit le subit, qu'éclôt cette solitude. Alors seulement peut être l'immesurable. Mais, malheureusement, nous sommes presque tous en quête de dépendance. Nous avons besoin de compagnons, d'amis, nous voulons vivre dans un état de séparation, un état qui donne lieu aux conflits. Tandis que cela même qui est seul ne peut jamais être en état de conflit. Mais notre esprit ne peut jamais percevoir cette chose, ne peut jamais la comprendre, il ne peut connaître que l'isolement.

4 décembre

C'EST DANS LA SOLITUDE
QU'EST L'INNOCENCE

La plupart d'entre nous ne sommes jamais seuls.
Vous pouvez vous retirer dans la montagne et mener
une vie recluse, mais, lorsque vous êtes physiquement isolé, vous gardez toujours avec vous vos idées,
vos expériences, vos traditions, la connaissance que
vous avez du passé. Le moine chrétien, dans sa cel-
lule, n'est pas seul; il est en compagnie de son
concept de Jésus, de sa théologie, des croyances et
des dogmes liés au conditionnement qui est le sien.
De même, le sannyasi en Inde, qui vit dans l'isolement, à l'écart du monde, n'est pas seul, car il vit, lui
aussi, avec ses souvenirs.

Je parle d'une solitude où l'esprit est totalement
libéré du passé, et seul un esprit tel que celui-là est
vertueux, car c'est dans cette solitude et elle seule
qu'est l'innocence. Vous allez peut-être dire : « C'est
trop demander. On ne peut pas vivre ainsi dans ce
monde chaotique, où il faut se rendre chaque jour au
bureau, gagner sa vie, mettre des enfants au monde,
endurer les chamailleries de sa femme ou de son
mari, et ainsi de suite. » Mais je pense que ce qui se
dit ici est en rapport direct avec les actions et la vie
quotidiennes; sinon, cela n'a aucune valeur. De cette
solitude naît une vertu virile qui nous confère un
sens extraordinaire de la pureté et de la délicatesse.
Si l'on commet des erreurs, cela n'a que peu d'importance. Ce qui compte, c'est d'avoir ce sentiment
d'être absolument seul, vierge de toute contamination, car seul un esprit tel que celui-là est apte à
connaître ou à percevoir cette chose qui est au-delà
du mot, au-delà du nom, au-delà de toutes les projections de l'imaginaire.

CELUI QUI EST SEUL EST INNOCENT

L'une des sources de la souffrance de l'homme est son immense solitude. Vous pouvez avoir des compagnons, des dieux, posséder des quantités de connaissances, vous pouvez être formidablement actif socialement, et bavarder sans fin de politique — d'ailleurs, la plupart des politiciens sont des bavards —, ce sentiment de solitude n'en demeure pas moins. C'est pourquoi l'homme cherche un sens à la vie et lui invente une signification, un sens. Mais la solitude demeure. Pouvez-vous donc regarder cette solitude, sans comparaison, la voir simplement telle qu'elle est, sans essayer de la fuir, sans chercher à la camoufler, ou à lui échapper? Alors vous verrez que la solitude devient quelque chose de tout à fait différent.

Nous ne sommes pas seuls. Nous sommes le résultat de mille influences et conditionnements, de mille héritages psychologiques, de mille formes de propagande et de culture. Nous ne sommes pas seuls, nous sommes donc des êtres humains de seconde main. Lorsqu'on est seul, totalement seul, qu'on n'appartient à aucune famille, bien qu'on puisse en avoir une, à aucune patrie, à aucune culture, qu'on n'est lié par aucun engagement particulier, surgit alors cette impression d'être un étranger — étranger à toute forme de pensée, d'action, de famille, de patrie. Et n'est innocent que celui qui est complètement seul. C'est cette innocence qui libère l'esprit de la souffrance.

CRÉER UN MONDE NOUVEAU

Si vous devez créer un monde nouveau, une civilisation nouvelle, un art neuf, un univers où tout soit neuf, où rien ne soit contaminé par la tradition, par la peur, par les ambitions, si vous devez créer quelque chose d'anonyme qui appartienne à vous et à moi, une nouvelle société dans laquelle il n'y ait plus ni vous ni moi, mais un « tout-nôtre », l'esprit ne doit-il pas être complètement anonyme, et par là même seul ? Cela suppose, n'est-ce pas, une nécessaire révolte contre le conformisme, contre la respectabilité, car tout homme respectable est un homme médiocre, puisqu'il a des besoins : il dépend, pour être heureux, de certaines influences, il est dépendant de l'opinion de ses voisins, de ce que pense son gourou, ou de ce disent la Bhagavad-Gîtâ, les Upanishads, la Bible ou le Christ. Son esprit n'est jamais seul. Jamais il ne va seul, il a toujours un compagnon de marche, la compagnie de ses propres idées.

N'est-il pas capital de découvrir, de voir toute la portée de ces interférences, de ces influences, de voir comment s'instaure le « moi », qui est la contradiction de l'anonyme ? En constatant tout cela, n'est-il pas inévitable que l'on veuille savoir s'il est possible de susciter un tel état d'esprit — un esprit qui ne soit influencé ni par ses propres expériences ni par celles des autres — un esprit incorruptible et seul ? Alors, et alors seulement, existe une possibilité de créer un monde différent, une culture différente, une société différente, où le bonheur est possible.

UNE SOLITUDE TOTALEMENT DÉNUÉE
DE PEUR

Ce n'est que lorsque l'esprit est capable de se dépouiller de toutes les influences, de toutes les interférences, capable d'être complètement seul... que s'exprime la créativité.

Partout dans le monde, la technique se développe de plus en plus — technique des moyens d'influencer les populations, par l'intermédiaire de la propagande, de la contrainte, de l'imitation... Il existe d'innombrables ouvrages qui vous apprennent comment faire telle ou telle chose, comment penser efficacement, comment construire une maison, monter une machine; de sorte que nous perdons peu à peu notre initiative, l'initiative de conceptions originales qui nous soient propres. Dans notre éducation, dans nos rapports avec nos gouvernements, on nous incite, par divers moyens, au conformisme et à l'imitation. Et lorsque nous nous laissons persuader, en cédant à une influence parmi d'autres, d'adopter une certaine attitude ou d'effectuer une action particulière, cela crée naturellement en nous une résistance aux autres influences. Ce processus de résistance à une autre influence n'est-il pas une façon, « en négatif », de succomber à celle-ci ?

Ne faudrait-il pas que l'esprit soit constamment en révolte, afin de comprendre ces influences qui ne cessent d'empiéter, d'intervenir sur lui, de le réprimer, de le façonner ? L'un des traits de l'esprit médiocre n'est-il pas d'avoir toujours peur, et, compte tenu de l'état de confusion où il se trouve, d'avoir envie d'ordre, de logique, d'être à la recherche d'une forme, d'une structure susceptible de le guider et de le maîtriser ? Et pourtant ces formes, ces influences diverses ne suscitent en l'individu que contradictions et confusion... Tout choix entre diverses influences est évidemment toujours révélateur d'un état de médiocrité.

... L'esprit ne doit-il pas être capable de découvrir — au lieu d'imiter et d'être façonné — et d'être sans peur ? Ne faut-il pas pour cela que l'esprit soit seul, et par là même créatif ? Cet état de création n'appartient ni à vous ni à moi : il est anonyme.

8 décembre

C'EST ICI QU'IL FAUT COMMENCER

L'homme religieux ne cherche pas Dieu. L'homme religieux se sent concerné par la transformation de la société, c'est-à-dire de lui-même. L'homme religieux n'est pas celui qui observe d'innombrables rituels, qui se plie aux traditions, qui vit une culture morte, dépassée, qui explique sempiternellement la Gîtâ ou la Bible, qui psalmodie interminablement, ou qui mène la vie de sannyasi — cet homme-là n'est pas religieux, il fuit la réalité des faits. L'homme religieux s'implique totalement, complètement, dans une démarche de compréhension de la société, qui n'est autre que lui-même. Il n'est pas distinct de la société. Susciter en lui-même une complète et totale mutation signifie pour lui la cessation complète de toute avidité, de toute envie, de toute ambition ; il n'est plus dépendant des conditions alentour, bien qu'il soit le produit de tout ce qui l'environne — de la nourriture qu'il consomme, des livres qu'il lit, des cinémas qu'il fréquente, des dogmes religieux, des croyances, des rituels, et tout ce genre d'affaires — il n'est plus dépendant de cet environnement. L'homme religieux est responsable, il doit par conséquent se comprendre lui-même, lui qui est le produit d'une société qu'il a lui-même engendrée. Donc, dans sa quête de réalité, c'est ici même qu'il doit commencer, et pas dans un temple, et pas par une image — qu'elle ait été ciselée par la main ou

l'esprit. Sinon, comment pourrait-il rencontrer l'inédit total, un nouvel état ?

L'ESPRIT RELIGIEUX EST EXPLOSIF

Pouvons-nous découvrir par nous-mêmes ce qu'est
l'esprit religieux ? Le scientifique, lorsqu'il est dans
son laboratoire, est un scientifique à part entière : il
n'est pas influencé par le nationalisme, par ses
peurs, par ses vanités, ses ambitions et les contin-
gences locales ; il ne fait rien d'autre en ce lieu que de
la recherche. Mais en dehors du laboratoire, c'est un
homme comme les autres, avec ses préjugés, ses
ambitions, son identité nationale, ses vanités, ses
jalousies, et tout le reste. Un tel esprit n'est pas
capable d'aborder l'esprit religieux. L'esprit religieux
ne fonctionne pas à partir d'un centre d'autorité,
qu'il consiste dans le savoir accumulé sous forme de
tradition, ou dans l'expérience — qui n'est autre, en
fait, qu'un prolongement de la tradition, du conditionnement. L'esprit religieux ne pense pas en
termes de temps, de résultats immédiats, de réformes immédiates allant dans le sens des schémas
de la société... L'esprit religieux, nous l'avons déjà
dit, n'est pas ritualiste ; il n'est inféodé à aucune
église, à aucun groupe, à aucun système de pensée.
L'esprit religieux, c'est celui qui a pénétré au cœur de
l'inconnu, et l'on ne peut qu'y plonger d'un seul bond
— toute pénétration prudente et calculée dans
l'inconnu est exclue. L'esprit religieux est le véritable
esprit révolutionnaire, et l'esprit révolutionnaire
n'est pas une réaction par rapport au passé. L'esprit
religieux est véritablement explosif, créatif — pas au
sens que l'on donne généralement au mot *créatif* tel
qu'il s'applique à un poème, un décor, un édifice, ou

à l'architecture, la musique, la poésie — il est en état de création.

10 décembre

LA PRIÈRE EST UNE AFFAIRE COMPLEXE

Comme tous les problèmes humains fondamentaux, la prière est une affaire complexe à ne pas aborder précipitamment ; il faut l'explorer avec patience, avec précaution et tolérance ; et sans exiger de conclusions et de décisions définitives. S'il ne se comprend pas lui-même, celui qui prie peut, par sa prière même, se mentir à lui-même. On entend parfois certaines personnes dire, et plusieurs me l'ont raconté, que, lorsqu'elles prient pour obtenir de Dieu des bienfaits matériels, leurs prières sont souvent exaucées. Si ces gens ont la foi, et en fonction de l'intensité de leur prière, ce qu'ils veulent obtenir — santé, confort, biens terrestres —, ils l'obtiennent finalement. Si l'on s'adonne à la prière de supplication, elle est récompensée en conséquence ; ce que l'on demande nous est souvent accordé, mais cela ne fait que renforcer nos demandes. Vient ensuite le cas où l'on ne prie ni pour quelqu'un, ni pour quelque chose, mais pour obtenir de faire l'expérience de l'ultime réalité, de Dieu, et cette prière est, elle aussi, souvent exaucée ; il existe encore d'autres formes de prières de demande, plus subtiles et plus tortueuses, mais où néanmoins on demande, on supplie, on fait des offrandes. Chacune de ces prières a sa propre récompense, chacune est une expérience spécifique, mais ces prières mènent-elles à la réalisation de la réalité ultime ?

Ne sommes-nous pas le résultat du passé, et ne sommes-nous pas, pour cette raison même, connectés à cet immense réservoir d'avidité et de haine, dans lequel baignent aussi leurs contraires? Bien sûr, lorsque nous lançons un appel de détresse, ou que nous faisons une prière de demande, nous sollicitons ce réservoir où s'est accumulée l'avidité — et le reste. La récompense est en rapport, de même que le prix à payer... Des supplications adressées à un autre, à quelque chose d'extérieur, peuvent-elles susciter une compréhension de la vérité?

11 décembre

LA RÉPONSE À LA PRIÈRE

La prière, qui est une requête, une supplication, ne peut jamais rencontrer cette réalité qui n'est pas le résultat d'une demande. Nous ne demandons, nous ne prions, nous ne supplions que lorsque nous sommes en proie à la confusion, à la souffrance; et c'est parce que nous ne comprenons pas cette confusion et cette souffrance que nous nous tournons vers quelqu'un d'autre. La réponse à la prière n'est autre que notre propre projection; d'une manière ou d'une autre, elle est toujours satisfaisante, gratifiante, sinon nous la rejetterions. Donc, lorsqu'on a compris l'artifice grâce auquel on apaise l'esprit par la récitation répétitive, on conserve cette habitude, mais la réponse à une requête doit, c'est évident, être adaptée au désir de celui qui l'exprime.

Donc, aucune prière, requête ou supplication ne pourra jamais découvrir cette chose qui n'est pas une projection de l'esprit. Pour découvrir cette chose qui n'est pas une élaboration de l'esprit, celui-ci doit être silencieux — mais sans que ce silence soit induit par la répétition de mots par lesquels nous nous hypnotisons nous-mêmes, ni par d'autres procédés, quels qu'ils soient, destinés à rendre l'esprit silencieux, tranquille.

Une tranquillité induite, forcée, n'a rien à voir avec la vraie tranquillité. C'est comme si l'on mettait un enfant au piquet — en apparence il a l'air tranquille, mais intérieurement, il bout. L'esprit dont la tranquillité est induite par la discipline n'est jamais véritablement tranquille, et une tranquillité provoquée ne permet jamais de découvrir cet état créatif dans lequel la réalité voit le jour.

12 décembre

LA RELIGION EST-ELLE AFFAIRE DE CROYANCE ?

La religion, telle que nous la connaissons ou la reconnaissons en général, est une gamme de croyances, de rituels, de superstitions, de cultes rendus à des idoles, de fétiches et de gourous, destinés à vous mener à ce qui représente selon vous le but ultime. L'ultime vérité, c'est une projection de vos propres désirs, c'est ce qui va vous rendre heureux, vous donnera l'assurance d'un état qui échappe à la mort. L'esprit, ainsi empêtré dans tous ces problèmes, crée une religion, une religion de dogmes, de mainmise des prêtres, de superstitions et de culte idolâtre — vous êtes happé par tout cela, et votre esprit stagne. S'agit-il là de religion ? La religion est-elle affaire de croyance, de connaissances, est-elle le fait des expériences et des assertions d'autrui ? Ou bien consiste-t-elle simplement à se soumettre à une morale ? Vous savez qu'il est relativement facile d'avoir de la morale — de faire ceci mais pas cela. Parce que c'est facile, vous êtes capable de copier un code moral. Derrière cette moralité se tapit sournoisement l'ego, qui grandit et s'enfle, agressif et dominateur. Mais cela est-il la religion ?

Nous devons trouver ce qu'est la vérité parce que

c'est la seule chose qui compte — et non d'être riche ou pauvre, d'avoir fait un mariage heureux et d'avoir des enfants, parce que tout cela s'achève un jour — et la mort est toujours là. C'est donc sans l'appui d'aucune croyance qu'il vous faut trouver; vous devez avoir assez de vigueur, de confiance en vous, d'initiative, pour arriver à savoir par vos propres moyens ce qu'est la vérité, ce qu'est Dieu. Nulle croyance ne vous sera d'aucun secours, car elle ne fait que corrompre, asservir, obscurcir. L'esprit ne peut être libre que si l'on fait preuve de vigueur, de confiance en soi.

13 décembre

Y A-T-IL UNE PART DE VÉRITÉ DANS LES RELIGIONS ?

La question est celle-ci : n'y a-t-il pas une part de vérité dans les religions, dans les théories, les idéaux, les croyances ? Examinons-la. Qu'entendons-nous par « religion » ? Certainement pas la religion organisée, certainement pas l'hindouisme, le bouddhisme ou le christianisme — qui sont autant de croyances organisées, avec leur propagande, leurs conversions, leur prosélytisme, leur coercition, et ainsi de suite. Y a-t-il la moindre part de vérité dans la religion établie ? Elle peut engloutir la vérité, l'emprisonner dans ses filets, mais la religion organisée elle-même n'est pas authentique. Par conséquent, la religion établie est fausse, elle divise les hommes. Je suis musulman, vous êtes hindou, tel autre est chrétien ou bouddhiste — et nous nous querellons, nous nous massacrons. Où est la vérité dans tout cela ? Nous ne discutons pas ici de la religion en tant que recherche de la vérité, nous essayons de déterminer si les religions organisées sont détentrices d'une quelconque vérité. Elles nous ont tellement persuadés qu'elles détenaient la vérité que nous en sommes arrivés à croire qu'il suffit de se parer du nom d'hindou pour être quelqu'un, ou pour rencontrer Dieu. Quelle absurdité! Pour rencontrer Dieu, pour trouver la réalité, ce qu'il faut, c'est la vertu. La vertu, c'est la liberté, et ce n'est qu'à travers la liberté que la vérité peut être trouvée — et pas lorsqu'on est aux mains d'une religion institutionnelle, avec toutes ses croyances. La vérité est-elle dans les théories, les idéaux, les croyances ? Pourquoi croyez-vous ? De toute évidence, c'est parce que les croyances sont pour vous une source de sécurité et de réconfort, un guide. Tout au fond de vous, vous avez peur, vous avez besoin d'une protection, d'un appui, c'est pour toutes ces raisons que vous créez l'idéal, qui vous empêche de comprendre *ce qui est*. L'idéal devient donc un obstacle à l'action.

14 décembre

DÉBUTER MODESTEMENT POUR POUVOIR ALLER LOIN

Les organisations religieuses finissent par devenir aussi figées et rigides que la pensée de ceux qui en sont les membres. La vie est perpétuel changement, perpétuel devenir, révolution continuelle, et nulle organisation n'étant jamais souple, elle fait obstacle au changement, elle devient réactionnaire pour se protéger. La recherche de la vérité se fait individuellement, pas au sein d'une collectivité. Pour communier avec la réalité, la solitude est nécessaire ; pas l'isolement, mais la liberté par rapport à toute influence, à toute opinion. Toutes les structures d'organisation de la pensée deviennent inévitablement des entraves à la pensée.

Comme vous le constatez vous-mêmes, la soif de pouvoir est quasi inextinguible dans toute organisation soi-disant spirituelle; on la camoufle sous toutes sortes de mots suaves et d'allure très officielle, mais la gangrène de l'avarice, de l'orgueil et de l'inimitié fait des ravages persistants et répandus, qui ne font qu'accroître les conflits, l'intolérance, le sectarisme, et bien d'autres formes d'expression de la laideur.

Ne serait-il pas plus sage d'avoir des groupes de vingt ou vingt-cinq personnes informées — sans collecte ou cotisation pour les participants — qui se réuniraient dans un lieu approprié, pour discuter avec mesure des approches de la réalité? Afin d'empêcher qu'aucun groupe ne devienne exclusif, chaque membre pourrait de temps en temps animer et peut-être rejoindre un autre petit groupe; ainsi, le groupe serait vaste et ouvert, sans étroitesse ni esprit de clocher.

Pour arriver loin, il faut commencer modestement. À partir de ces modestes débuts, il est possible de contribuer à la création d'un monde équilibré et heureux.

15 décembre

VOS DIEUX QUI VOUS DIVISENT

Que se passe-t-il actuellement dans le monde? On a un Dieu chrétien, des dieux hindous, outre la conception de Dieu propre aux musulmans — chaque petite secte a sa vérité propre. Et toutes ces vérités deviennent peu à peu comme autant de maladies dans le monde, et elles séparent les hommes. Ces vérités, entre les mains d'une minorité, se transforment actuellement en moyen d'exploitation. Vous allez vers chacune d'elles, l'une après l'autre, vous les goûtez toutes, parce que vous commencez à perdre toute notion de discrimination, parce que vous souffrez et que vous avez besoin d'un remède, et vous acceptez n'importe quel remède, proposé par n'importe quelle secte, chrétienne, hindoue ou autre. Que se passe-t-il donc ? Vos dieux vous divisent, vos croyances en Dieu vous divisent, et pourtant vous parlez de fraternité entre les hommes, d'unité en Dieu, et en même temps vous reniez cela même que vous voulez trouver, parce que vous vous accrochez à ces croyances comme si elles étaient le moyen le plus puissant d'abolir toute limitation, alors qu'elles ne font que les renforcer. Tout cela est d'une telle évidence.

16 décembre

LA VRAIE RELIGION

Savez-vous ce qu'est la religion ? Elle n'est pas dans les psalmodies, ni dans l'observance d'un rituel, qu'il soit hindou ou autre, ni dans le culte qu'on rend à des dieux de métal ou de pierre, ni dans les temples ou les églises, ni dans la lecture de la Bible ou de la Gîtâ, ni dans la répétition du nom sacré, ni dans la soumission à l'une ou l'autre des superstitions inventées par les hommes. La religion n'est rien de tout cela.

La religion, c'est la perception de ce qui est bon et juste, c'est cet amour qui est comme le fleuve, éternellement vivant, éternellement en mouvement. Dans cet état, vous découvrirez qu'il arrive un moment où cesse toute quête, et la fin de cette quête est le commencement de quelque chose de totalement différent. La recherche de Dieu, de la vérité, le sentiment d'être d'une bonté sans limites — qui n'a rien à voir avec une bonté, une humilité cultivées, mais qui est la recherche de quelque chose qui est au-delà des inventions et des supercheries de l'esprit, ce qui signifie que l'on est sensible à cette chose, que l'on vit en elle, que l'on est cette chose —, c'est cela, la vraie religion. Mais cela, vous n'en serez capable que lorsque vous quitterez la mare stagnante que vous avez creusée de vos propres mains, pour plonger dans le fleuve de la vie. Alors, la vie prend soin de vous à un point étonnant, parce que ce n'est plus à vous de le faire. La vie vous porte là où elle veut, car vous en faites partie; alors la sécurité n'est plus un problème, alors peu importe ce qu'on peut bien dire ou ne pas dire — et c'est cela, la beauté de la vie.

17 décembre

UNE MERVEILLEUSE ÉCHAPPATOIRE

Quel est cet élan qui pousse à chercher Dieu, et cette quête est-elle bien réelle? Pour la plupart d'entre nous, elle n'est qu'une fuite face à la réalité des faits. Nous devons donc déterminer très clairement si cette quête de Dieu est une forme de fuite, ou si c'est une recherche de la vérité dans tous les domaines — vérité dans nos relations, vérité dans la valeur accordée aux choses, vérité dans les idées. Si nous cherchons Dieu uniquement parce que nous sommes fatigués de ce monde et de ses malheurs, alors c'est une fuite. Alors nous créons Dieu de toutes pièces, et donc ce n'est pas Dieu. Le Dieu des temples, des livres saints n'a rien à voir avec Dieu, bien évidemment — c'est une merveilleuse échappatoire. Mais si nous essayons de trouver la vérité, non pas exclusivement à travers une série d'actions, mais dans toutes nos actions, toutes nos idées et toutes nos relations, si nous cherchons la juste mesure même en matière d'alimentation, de vêtements, d'habitat, alors, parce que notre esprit sera devenu capable de clarté et de compréhension, alors, quand nous chercherons la réalité ultime, nous la trouverons. Et ce ne sera plus dans ce cas une fuite. Mais si, à l'égard des choses de ce monde — nourriture, vêtements, habitat, relations, idées —, notre attitude reste confuse, comment pouvons-nous espérer rencontrer la réalité ? Nous ne pouvons que l'inventer. Ainsi donc, Dieu — la vérité, ou la réalité — ne peut pas être connu par un esprit confus, conditionné, limité. Comment pareil esprit pourrait-il concevoir la réalité, concevoir Dieu ? Il doit d'abord se déconditionner. Il doit s'affranchir de ses propres limites, et ce n'est qu'ensuite qu'il pourra savoir ce qu'est Dieu, et évidemment pas avant. La réalité, c'est l'inconnu, et le connu n'est pas le réel.

18 décembre

VOTRE DIEU N'EST PAS DIEU

Celui qui croit en Dieu ne pourra jamais le rencontrer. Si vous êtes ouvert à la réalité, il faut exclure toute croyance. Si vous êtes ouvert à l'inconnu, il est hors de question d'y croire. La croyance, en dernière analyse, est une forme d'autoprotection, et seul un petit esprit peut croire en Dieu. Regardez comment croyaient les aviateurs pendant la guerre : ils disaient que Dieu était à leurs côtés, alors même qu'ils lâchaient leurs bombes ! Vous croyez en Dieu, alors même que vous tuez, que vous exploitez autrui. Vous vénérez Dieu, et vous continuez, sans le moindre scrupule, à extorquer de l'argent, à soutenir l'armée — tout en disant croire en la mansuétude, la compassion, la bonté... Tant qu'existent les croyances, l'inconnu ne peut jamais être ; votre pensée ne peut ni le concevoir ni le mesurer. L'esprit est le produit du passé, le résultat d'hier ; pareil esprit peut-il être ouvert à l'inconnu ? Il ne peut que projeter une image, mais cette image n'est pas réelle, donc *votre* Dieu n'est pas Dieu — c'est une image de votre fabrication, un reflet de votre propre satisfaction. La réalité ne peut être que lorsque l'esprit comprend l'ensemble du processus dont il est fait, et cesse d'exister. C'est lorsque l'esprit est complètement vide, et alors seulement, qu'il est capable de recevoir l'inconnu. L'esprit n'est pas assaini tant qu'il ne comprend pas le contenu de toute relation — sa relation à la propriété, sa relation aux autres — tant qu'il n'a pas établi de relation juste avec toute chose. Tant qu'il ne comprendra pas dans son intégralité le processus de conflit inhérent à toute relation, l'esprit ne peut pas être libre. Ce n'est que lorsque l'esprit est parfaitement immobile et silencieux, totalement inactif, qu'il ne projette rien, ne cherche rien, et qu'il est absolument silencieux — ce n'est qu'alors que survient cette chose éternelle, cette chose hors du temps.

19 décembre

L'HOMME RELIGIEUX

Quel est l'état de l'esprit qui dit : « Je ne sais pas si Dieu existe, si l'amour existe », c'est-à-dire lorsqu'il n'y a pas réponse de la mémoire ? Je vous en prie, ne vous trouvez pas immédiatement une réponse à la question, parce que, dans ce cas, votre réponse ne consistera qu'à reconnaître ce que, d'après vous, la réponse devrait être ou ne pas être. Si vous dites : « C'est un état de négation », vous êtes en train de le comparer à quelque chose que vous connaissez déjà ; par conséquent, cet état dans lequel vous dites : « Je ne sais pas » n'existe pas...

Donc, l'esprit qui est capable de dire : « Je ne sais pas » est dans l'unique état où il nous soit possible de découvrir quoi que ce soit. Mais celui qui dit : « Je sais », celui qui a infiniment bien étudié toutes les diversités de l'expérience humaine et dont l'esprit est encombré d'informations, de connaissances encyclopédiques, peut-il jamais faire l'expérience de cette chose qui ne peut pas être thésaurisée ? Il s'apercevra que l'entreprise est extrêmement ardue. Lorsque l'esprit s'écarte complètement de tout le savoir qu'il a accumulé, que pour lui il n'y a plus ni Bouddha, ni Christ, ni Maîtres, ni dispensateurs de savoir, ni religions, ni citations ; quand l'esprit est complètement seul, exempt de toute contamination, ce qui signifie que le mouvement du connu a cessé — alors seulement deviennent possibles une formidable révolution, un changement fondamental... L'homme religieux, c'est celui qui n'appartient à aucune religion, à aucune nation, à aucune race, qui est, à l'intérieur de lui-même, complètement seul, dans un état de non-savoir, et c'est pour lui qu'advient la bénédiction du sacré.

20 décembre

JE NE SAIS PAS

Si l'on peut vraiment arriver jusqu'à cet état où l'on dit : « Je ne sais pas », c'est le signe d'un sens de l'humilité extraordinaire : c'en est fini de l'arrogance du savoir, des réponses pleines d'assurance destinées à impressionner. Quand vous êtes véritablement capable de dire : « Je ne sais pas », chose que très peu d'entre nous savent faire, alors dans cet état-là cesse toute peur, parce qu'on ne cherche plus à reconnaître, on ne fouille plus dans sa mémoire, on n'explore plus le champ du connu. Alors advient la chose extraordinaire. Si vous avez bien suivi jusqu'ici ce dont je parle, et pas uniquement au niveau verbal, mais si vous vivez vraiment l'expérience en ce moment même, vous vous apercevrez que lorsque vous dites : « Je ne sais pas », tout conditionnement a cessé. Et quel est donc alors l'état de l'esprit ?...

Nous sommes à la recherche de quelque chose de permanent — permanent en termes de temps —, de quelque chose de durable, d'éternel. Nous constatons qu'autour de nous, tout est transitoire et fluctuant, que tout naît, se fane et meurt, et nous cherchons sans cesse à créer quelque chose qui perdure tout en restant dans le champ du connu. Mais le véritable sacré transcende toute mesure de temps ; il ne peut se trouver dans le champ étroit du connu. Le connu n'agit que par l'intermédiaire de la pensée, qui est la réponse que la mémoire donne aux défis rencontrés. Voyant cela, si je veux savoir comment faire cesser la pensée, que dois-je faire ? Je dois, bien entendu, grâce à la connaissance que j'ai de moi-même, prendre conscience de tout le processus de ma pensée, je dois voir que toute pensée, si subtile, si élevée, ou si ignoble, si stupide soit-elle, est enracinée dans le connu, dans la mémoire. Si je vois tout cela très clairement, alors l'esprit, lorsqu'il est confronté à un vaste problème, est capable de dire : « Je ne sais pas », parce qu'il n'a pas la réponse.

21 décembre

AU-DELÀ DES LIMITATIONS DES CROYANCES

Il est à mes yeux tout aussi absurde d'être théiste que d'être athée. Si vous saviez ce qu'est la vérité, ce qu'est Dieu, vous ne seriez ni théiste ni athée, car dans cette conscience lucide la croyance n'est plus nécessaire. Mais l'homme qui n'a pas cette conscience-là ne fait qu'espérer, supputer et chercher un soutien dans la croyance ou le refus de croire, qui lui montrent la ligne d'action particulière à suivre.

Pourtant, si vous optez pour une tout autre approche, vous découvrirez vous-mêmes, à titre individuel, quelque chose de réel qui transcende les limitations des croyances, qui est au-delà de l'illusion des mots. Mais il faut pour cela — pour cette découverte de la vérité, de Dieu — une grande intelligence, qui ne consiste pas à conforter sa croyance ou son refus de croire, mais à reconnaître les obstacles que suscite notre manque d'intelligence. Et donc, pour découvrir Dieu ou la vérité — et je dis qu'une telle chose existe ; je l'ai réalisée —, pour reconnaître cela, pour le réaliser, l'esprit doit être libéré de tous les obstacles qui se sont créés au fil des siècles sur fond de désir de sécurité et de protection. Vous ne pouvez pas vous libérer de la sécurité en vous contentant de dire que vous êtes libre. Pour franchir le rempart que forment ces obstacles, l'intellect ne suffit pas : il vous faut beaucoup d'intelligence. L'intelligence, pour moi, c'est la pleine harmonie du cœur et de l'esprit ; et vous découvrirez alors par vos propres moyens, sans rien demander à personne, ce qu'est la réalité.

22 décembre

LIBÉRÉ DES FILETS DU TEMPS

Sans méditation, point de connaissance de soi ; sans connaissance de soi, point de méditation. Vous devez donc d'abord savoir ce que vous êtes. Vous ne pouvez pas aller très loin si vous ne commencez pas au plus près, si vous ne comprenez pas le processus quotidien de vos pensées, de vos sentiments, de vos actions. En d'autres termes, vous devez en comprendre le fonctionnement, et lorsque vous vous regarderez agir, vous constaterez que la pensée part du connu pour aller vers le connu. Vous ne pouvez pas concevoir l'inconnu. Ce que vous connaissez n'est pas réel parce tout ce que vous connaissez reste inscrit dans le temps. L'essentiel, c'est de vous libérer des filets du temps, et non de vous préoccuper de concevoir l'inconnu, parce que cela vous est impossible. Les réponses à vos prières sont de l'ordre du connu. Pour pouvoir recevoir l'inconnu, il faut que l'esprit soit lui-même l'inconnu. Or, l'esprit est le résultat du processus de la pensée, le résultat du temps, et ce processus de pensée doit nécessairement prendre fin. L'esprit ne peut pas concevoir ce qui est éternel — atemporel ; il faut donc qu'il se libère du temps ; le processus temporel de l'esprit doit être dissous. Ce n'est que lorsque l'esprit est totalement libéré d'hier, et n'utilise donc plus le présent comme moyen d'accès au futur, qu'il est capable de recevoir l'éternel... Notre souci principal dans la méditation est donc de nous connaître nous-mêmes, non seulement au niveau superficiel, mais au niveau profond, secret, de l'ensemble de notre conscience. À défaut d'avoir cette connaissance, et de vous libérer de votre conditionnement, il vous sera absolument impossible de franchir les limites de l'esprit. C'est pourquoi le processus de pensée doit cesser, et pour que cette abolition de la pensée ait lieu, la connaissance de soi est indispensable. La méditation est donc le commencement de la sagesse, c'est-à-dire la connaissance de son propre cœur et son propre esprit.

23 décembre

LA MÉDITATION

Je vais examiner pas à pas ce qu'est la méditation. Mais ne restez pas là à attendre dans l'espoir d'avoir à la fin le descriptif complet d'une méthode de méditation. Ce que nous faisons en ce moment même fait partie de la méditation.

Ce qu'il faut tout d'abord, c'est avoir conscience du penseur, et ne pas essayer de résoudre la contradiction et de provoquer une forme d'intégration entre le penseur et la pensée. Le penseur, c'est l'entité psychologique qui a accumulé une certaine expérience sous forme de savoir ; il est ce centre, tributaire du temps, qui est le résultat de l'influence perpétuellement fluctuante de tout ce qui l'environne, et c'est à partir de ce centre qu'il regarde, écoute, vit des expériences. Tant qu'on n'a pas compris la structure et l'anatomie de ce centre, les conflits sont inévitables, et un esprit qui est en proie aux conflits est dans l'incapacité totale de comprendre la méditation dans toute sa profondeur et sa beauté.

Dans la méditation, il ne doit pas y avoir de penseur, ce qui signifie que la pensée doit cesser d'exister — la pensée qui jaillit sous l'impulsion du désir d'accéder à un résultat. Il ne s'agit pas de respirer d'une certaine façon, de loucher sur votre nez, ou d'activer en vous le pouvoir d'accomplir certaines prouesses spectaculaires, ou toute autre stupidité puérile du même genre... La méditation n'est pas isolée de la vie. Quand vous êtes au volant, ou dans un autobus, quand vous bavardez sans but particulier, quand vous marchez seul dans un bois, ou quand vous regardez un papillon porté par le souffle du vent — prêter à toutes ces choses une attention sans choix fait partie de la méditation.

CONNAÎTRE TOUT LE CONTENU
D'UNE PENSÉE

N'être rien est le commencement de la liberté. Donc, si vous êtes capable de percevoir, d'approfondir cela, vous vous apercevrez, à mesure que votre conscience s'affine, que vous n'êtes pas libre, que vous êtes lié à une multitude de choses diverses, et qu'en même temps votre esprit nourrit l'espoir d'être libre. Et vous constaterez que ces deux tendances sont contradictoires. Il faut donc que l'esprit examine pourquoi il s'accroche aux choses. Et c'est une rude tâche. C'est bien plus difficile que d'aller au bureau, plus dur que n'importe quel effort physique, plus ardu que toutes les sciences réunies. Car l'esprit qui est humble, intelligent s'intéresse à lui-même sans être égocentrique ; il est donc forcément extraordinairement alerte, attentif, et cela suppose un réel travail, de chaque jour, chaque heure, chaque minute... Cela exige tout un labeur persévérant, car la liberté n'est pas aisée à obtenir. Tout lui fait obstacle : votre femme, votre mari, votre fils, votre voisin, vos dieux, vos religions, votre tradition. Tout cela vous entrave, mais c'est vous qui en êtes responsable, car vous voulez la sécurité. Et l'esprit qui cherche la sécurité ne la trouvera jamais. Si vous avez quelque peu observé le monde, vous savez bien que la sécurité n'existe pas. Le mari vient à mourir, ou la femme, ou le fils — il arrive toujours quelque chose. La vie n'est pas statique, car toute vie est mouvement. C'est une chose qu'il faut bien saisir, une vérité qu'il faut bien voir, bien ressentir, ce n'est pas un sujet de débat. Alors vous verrez, à mesure que vous commencez à explorer, que cela est réellement un processus de méditation.

Mais ne vous laissez pas hypnotiser par ce mot. Avoir conscience de chaque pensée, savoir quelle en est la source, et quel en est le but — voilà ce qu'est la méditation. Et connaître une seule pensée dans tout son contenu suffit à dévoiler l'ensemble du mécanisme de l'esprit.

25 décembre

ALLUMER LA FLAMME DE LA CONSCIENCE DE SOI

Si vous trouvez difficile d'être conscient des choses, alors faites l'expérience de noter chaque pensée, chaque sentiment qui naît en vous tout au long de la journée; notez vos réactions de jalousie, d'envie, de vanité, de sensualité, les intentions cachées derrière les mots, et ainsi de suite.

Prenez le temps de les noter avant le petit déjeuner — ce qui suppose, éventuellement, de vous coucher plus tôt et de renoncer à certaines de vos activités sociales. Si vous notez ces choses chaque fois que vous pouvez, et que le soir, avant de dormir, vous relisez les notes de la journée, en étudiant les faits, en les examinant sans jugement ni condamnation, vous commencerez à découvrir les racines cachées de vos pensées, de vos sentiments, de vos désirs, de vos paroles...

L'important dans tout cela est d'étudier, à la lumière d'une intelligence libre, tout ce que vous avez noté, et c'est en étudiant ce contenu que vous prendrez conscience de votre propre état. Dans cette flamme de la conscience de soi, de la connaissance de soi, les raisons des conflits se révèlent et se consument. Il faut noter vos pensées et vos sentiments, vos intentions et vos réactions, non seulement une ou deux fois, mais en continu, sur une très longue période, jusqu'à ce que votre prise de conscience devienne instantanée...

La méditation, c'est non seulement la conscience

de soi permanente, mais aussi l'abandon permanent de l'ego. La méditation naît de la pensée juste, d'où découle à son tour la tranquillité de la sagesse ; et c'est dans cette sérénité qu'est enfin perçue la réalité suprême.

Le fait de noter ce que l'on pense et ressent, ses désirs, ses réactions, fait éclore une conscience intérieure, donne lieu à une coopération entre conscient et inconscient, et tout cela devient à son tour un facteur d'intégration et de compréhension.

26 décembre

LE PROCESSUS DE LA MÉDITATION

La vérité est-elle une chose absolue, fixe, définitive ? Nous la voudrions absolue parce que nous pourrions alors y trouver refuge. Nous la voudrions permanente parce que alors nous pourrions nous y accrocher, y trouver le bonheur. Mais la vérité est-elle absolue, continue, l'expérience qu'on en fait est-elle destinée à se répéter indéfiniment ? La répétition d'une expérience, ce n'est rien d'autre qu'une réactivation de la mémoire, n'est-il pas vrai ? Dans les moments de calme, il peut m'arriver de faire l'expérience d'une certaine vérité, mais si je m'accroche à cette expérience par le biais de la mémoire, et que je la fige sous une forme absolue — est-ce encore la vérité ? La vérité consiste-t-elle à perpétuer, à cultiver les souvenirs ? Ou ne la trouve-t-on que lorsque l'esprit est parfaitement tranquille ? Lorsque mon esprit n'est pas empêtré dans les souvenirs, qu'il ne cultive pas la mémoire en tant que centre d'origine des identifications, mais qu'il est conscient de tout ce que je dis, de tout ce que je fais au sein de mes relations, de mes activités, le fait de voir la vérité de toute chose, telle qu'elle apparaît d'instant en instant

— c'est évidemment cela, la méditation, n'est-ce pas? Il n'y a de compréhension que lorsque l'esprit est tranquille, silencieux, et il ne peut pas l'être tant qu'il s'ignore lui-même. Cette ignorance ne peut être dissipée par aucune discipline, aucun recours à une autorité quelconque, passée ou présente. La croyance ne fait que créer des résistances, causer l'isolement, et là où il y a isolement, toute tranquillité est impossible. La tranquillité ne vient que lorsque je comprends tout le mécanisme dont je suis fait — les diverses entités conflictuelles qui composent le « moi ». Comme la tâche est malaisée, nous demandons à d'autres de nous enseigner divers tours d'astuce que nous qualifions de méditation. Mais les tours que se joue l'esprit ne sont pas la méditation. La méditation est le commencement de la connaissance de soi, et sans la méditation, il n'est point de connaissance de soi.

27 décembre

L'ESPRIT EN ÉTAT DE CRÉATION

La méditation consiste à vider l'esprit de toutes les choses qu'il a lui-même élaborées. Si vous faites cela — peut-être ne le ferez-vous pas, mais peu importe, écoutez simplement —, vous vous apercevrez qu'il y a dans l'esprit un espace extraordinaire, et cet espace, c'est la liberté. Vous devez donc exiger la liberté dès le début, au lieu d'attendre, dans l'espoir de l'avoir à la fin. Vous devez vous interroger sur le sens de la liberté, dans votre travail, dans vos relations, dans tout ce que vous faites. Alors, vous découvrirez que la méditation, c'est la création.

La création est un mot que nous employons si facilement, si à la légère. Un peintre applique quelques touches de couleur sur une toile, et il en est tout excité. C'est son moyen d'expression, de réalisation ; c'est le marché grâce auquel il peut gagner sa vie, voire une réputation — et il nomme cela « création ». Chaque écrivain « crée », et il existe des écoles d'écriture « créative », pourtant rien de tout cela n'a à voir avec la création. Ce n'est que la réponse conditionnée d'un esprit vivant au sein d'une société donnée.

La création dont je parle est tout autre chose. C'est un esprit en état de création. Lorsqu'il l'atteint, l'esprit peut l'exprimer ou non. L'expression n'a guère de valeur. Cet état de création est dénué de cause, donc l'esprit qui est dans cet état est, à chaque instant, en train de mourir et de vivre, en train d'aimer et d'être. Et c'est tout cela, la méditation.

28 décembre

UNE ACTION DE FOND INSTANTANÉE

L'esprit qui est immobile, tranquille, n'est à la recherche d'aucune sorte d'expérience. Et s'il ne cherche rien, et qu'il est ainsi parfaitement tranquille, sans aucun mouvement du passé, et qu'il est donc libéré du connu, vous découvrirez alors, si vous êtes parvenu jusque-là, qu'il est un mouvement de l'inconnu qui n'est ni reconnu ni traduisible, qui ne peut être mis en mots — vous découvrirez alors qu'il est un mouvement de l'inconnu qui est de l'ordre de l'immensité. Ce mouvement est atemporel parce qu'il n'est en cette chose-là ni de temps ni d'espace, il n'est rien qui puisse faire l'objet d'une expérience, rien à gagner, rien à atteindre. C'est cet esprit-là qui sait ce qu'est la création — pas la création du peintre, du poète, de celui qui met en mots ; mais cette création qui n'a pas de motif, qui n'a pas d'expression. Cette création est amour et mort.

La méditation, c'est tout ce parcours du début à la

fin. Celui qui veut méditer doit se comprendre lui-même. À moins de vous connaître, vous n'irez pas loin, quelle qu'en soit votre envie, car vous ne pourrez pas franchir les limites de vos propres projections ; et leur envergure étant très courte, très restreinte, elles ne vous mèneront nulle part. La méditation est ce processus dont l'action de fond est immédiate, instantanée, et qui suscite — de façon naturelle, sans effort — cet état de tranquillité. Alors seulement peut-il y avoir un esprit qui transcende le temps, l'expérience et le savoir.

29 décembre

TROUVER LE SILENCE

Si vous avez suivi cet examen approfondi de ce qu'est la méditation et si vous avez compris l'ensemble du mécanisme de la pensée, vous vous apercevrez que l'esprit est dès lors parfaitement tranquille. Dans cette tranquillité totale de l'esprit, il n'y a pas d'observateur, pas de guetteur, et donc l'expérience n'a plus de sujet ; il n'y a pas d'entité qui engrange l'expérience, ce qui est l'activité de l'esprit égocentrique. Ne dites pas : « C'est l'état de *samadhi* » — ce qui est totalement absurde, parce ce que vous ne le connaissez qu'à travers vos lectures, mais sans l'avoir jamais découvert par vous-même. Il y a une énorme différence entre le mot et la chose. Le mot n'est pas la chose : le mot *porte* n'est pas la porte.

Méditer, c'est donc purger l'esprit de son activité égocentrique. Et si vous avez atteint ce stade de la méditation, vous découvrirez qu'il n'y a plus que le silence, le vide total. L'esprit cesse d'être contaminé par la société ; il n'est plus soumis à aucune influence, ni pressé par aucun désir. Il est absolument seul, et parce qu'il est seul et intact, il est innocent. C'est ainsi que devient possible l'avènement de cette chose hors du temps, éternelle.

L'ensemble de tout ce processus, c'est la méditation.

30 décembre

LA MÉDITATION COMMENCE AVEC LA GÉNÉROSITÉ

Nous allons aborder une question qui requiert un esprit capable d'une grande pénétration. Il faut commencer par des choses toutes proches, car nous n'irons pas bien loin si nous ne savons pas commencer au plus près, si nous ne savons pas faire le premier pas. La méditation fleurit dans la bonté, et la méditation commence avec la générosité du cœur. Nous avons parlé d'une multitude d'aspects de la vie : l'autorité, l'ambition, la peur, l'avidité, l'envie, la mort, le temps ; nous avons abordé quantité de sujets. Si vous observez, si vous avez approfondi, si vous avez bien écouté, ce sont toutes ces choses-là qui constituent le fondement essentiel pour tout esprit capable de méditer. Vous ne pouvez pas méditer, si vous êtes ambitieux — mais vous pouvez jouer avec l'idée de méditation. Si votre esprit est tyrannisé par l'autorité, ligoté par la tradition, soumis, moutonnier, vous ne saurez jamais ce que c'est que de méditer sur cette beauté extraordinaire...

L'esprit cherche à s'accomplir par l'intermédiaire du temps, et c'est cette quête qui empêche toute générosité. Et il vous faut un esprit généreux — pas seulement un esprit large, un esprit débordant d'espace, mais aussi un cœur qui donne sans même y penser, sans motif, et sans attendre de récompense en retour. Mais pour donner — quels que soient les moyens, grands ou petits, dont on dispose — cette qualité de spontanéité du don, sans restriction, sans retenue, est nécessaire. Il ne peut y avoir de méditation sans générosité, sans bonté — autrement dit, libérez-vous de tout orgueil, ne grimpez jamais à l'échelle du succès, ne cherchez jamais à connaître la célébrité ; autrement dit, sachez mourir à toute chose, dès qu'elle est accomplie, et ce, à chaque instant de la journée. Ce n'est que dans un tel terreau fertile que peut croître et fleurir cette bonté-là. Et la méditation, c'est la floraison de la bonté.

31 décembre

LA MÉDITATION EST ESSENTIELLE À LA VIE

Comprendre tout le problème de l'influence, celle de l'expérience, celle du savoir, celle des motivations intérieures et extérieures — découvrir ce qui est vrai et ce qui et faux et voir la vérité dans ce qui est prétendument faux — tout cela suppose une formidable lucidité de vision, une compréhension profonde des choses telles qu'elles sont, ne croyez-vous pas ? C'est, sans nul doute, dans tout ce processus qu'est la voie de la méditation. La méditation est essentielle dans la vie, dans notre existence quotidienne, au même titre que la beauté. La perception de la beauté, la sensibilité aux choses, laides ou belles, sont essentielles — voir un bel arbre, contempler le magnifique ciel du soir, voir le vaste horizon où s'amassent les nuages au coucher du soleil. Tout cela est également nécessaire : la perception de la beauté comme la compréhension du processus de la méditation, car c'est tout cela, la vie, et c'est aussi le bureau où l'on va chaque jour, les querelles, les malheurs, l'angoisse et le stress perpétuels, les peurs profondes, et l'amour, et la famine. Comprendre dans sa totalité ce

processus de l'existence — les influences, les chagrins, les tensions quotidiennes, les attitudes auto-
ritaires, les actes politiques, et ainsi de suite, c'est
tout cela, la vie; et la méditation, c'est le processus
qui amène à comprendre tout cela, et à libérer
l'esprit. Si l'on saisit pleinement ce qu'est cette existence, alors le processus méditatif, le processus
contemplatif, ne s'interrompt jamais — mais ce n'est
pas *sur* quelque chose que l'on médite. Avoir
conscience de tout ce processus de l'existence,
l'observer, s'y immerger sans céder à la passion, puis
s'en libérer, c'est cela, la méditation.

Nous remercions les Éditions Buchet/Chastel, Adyar, Delachaux et Niestlé et Le Courrier du Livre, qui nous ont permis de reproduire les extraits cités dans l'index bibliographique.

ABRÉVIATIONS DES TITRES CITÉS DANS L'INDEX BIBLIOGRAPHIQUE

Ouvrages traduits en français :

PDL *Première et Dernière Liberté*, Éditions Stock, Paris, 1955

CSV *Commentaires sur la vie*, tomes I, II et III Buchet/Chastel, Paris, 1957, 1973, 1974

DE *De l'éducation*, Delachaux et Niestlé, Lausanne, 1967

FAV *Face à la vie*, Adyar, Paris, 1964

DCS *De la connaissance de soi*, Le Courrier du Livre, Paris, 1967

Ouvrages inédits en français :

CW *Collected Works of Krishnamurti*, 17 volumes. Kendal/Hunt Publishing, Dubuque, Iowa, USA, 1991, 1992 (sauf « De la connaissance de soi », v. ci-dessus)

JKI Krishnamurti *Interviews* # 1-92. Krishnamurti Foundation of America Archives, Ojai, California, USA

TTT *Think on These Things*, Harper Perennial, New York, 1964

INDEX BIBLIOGRAPHIQUE

1ᵉʳ janvier – TTT, pp. 27-28
2 janvier – CW, vol. VII, pp. 213
3 janvier – CSV, tome 1, p. 183-184
4 janvier – CW, vol. XIV, p. 234
5 janvier – CSV, vol. 2, pp. 213-214-215
6 janvier – FAV, pp. 114-115
7 janvier – CW, vol. XV, p. 239
8 janvier – CW, vol. XI, pp. 108-109
9 janvier – PDL, p. 164
10 janvier – CW, vol. XVI, pp. 213-214
11 janvier – FAV, pp. 10-11
12 janvier – CW, vol. XIV, p. 238
13 janvier – CW, vol. XV, p. 173
14 janvier – CW, vol. XIV, p. 170
15 janvier – CW, vol. XII, pp. 296-97
16 janvier – CW, vol. XVII, p. 34
17 janvier – CW, vol. XIV, p. 15
18 janvier – DE, p. 57
19 janvier – CW, vol. IV, p. 46
20 janvier – CW, vol. IV, p. 44
21 janvier – CSV, tome l, pp. 99-100
22 janvier – CW, vol. VII pp. 52-53
23 janvier – CW, vol. V, pp. 334-35
24 janvier – PDL, pp. 48-49
25 janvier – CSV, tome 1, pp. 97-98
26 janvier – PDL, p. 51
27 janvier – CW, vol. VII, p. 325
28 janvier – CW, vol. XIV, p. 107

29 janvier – CW, vol. VII, p. 55
30 janvier – CW, vol. IV, p. 1
31 janvier – CW, vol. IX, p. 137
1er février – PDL, p. 55
2 février – CSV, tome 1, pp. 211-212
3 février – TTT, p. 14
4 février – CSV, tome 1, pp. 98-99
5 février – CW, vol. VI, pp. 274-75
6 février – CW, vol. VI, pp. 272-73
7 février – CW, vol. VI, p. 276
8 février – CW, vol. V, p. 49
9 février – CW, vol. XVI, p. 254
10 février – CW, vol. VI, pp. 140-41
11 février – CW, vol. VII, p. 130
12 février – CW, vol. VI, pp. 140-41
13 février – PDL, pp. 61-62
14 février – PDL, pp. 62-63
15 février – CW, vol. XIII, p. 33
16 février – PDL, p. 60
17 février – CW, vol. VI, p. 260
18 février – PDL, pp. 56-57
19 février – CW, vol. VI, p. 79
20 février – PDL, p. 58
21 février – CW, vol. VI, pp. 261-62
22 février – CW, vol. VIII, p. 318
23 février – CW, vol. III, pp. 212-13
24 février – PDL, pp. 153-154
25 février – CW, vol. IX, pp. 228-29
26 février – CW, vol. VII, p. 49
27 février – CW, vol. VII, pp. 232-33
28 février – CW, vol. VII, pp. 153-54
1er mars – CW, vol. XIII, pp. 110-11
2 mars – CW, vol. IX, pp. 61-62
3 mars – CW, vol. IX, pp. 61-62
4 mars – JKI # 6
5 mars – CW, vol. VI, p. 80
6 mars – CSV, tome 1, pp. 173-74
7 mars – CSV, tome 1, p. 98
8 mars – CW, vol. XI, p. 293
9 mars – CSV, vol. 1, p. 119
10 mars – CW, vol. XVI, pp. 120-21

11 mars – CSV, tome 2, p. 13
12 mars – CW, vol. XII, p. 40
13 mars – JKI # 109
14 mars – CW, vol. XIII, p. 251
15 mars – CW, vol. V, p. 335
16 mars – JKI # 49
17 mars – CW, vol. XVII, pp. 112-13
18 mars – CW, vol. V, p. 297
19 mars – CW, vol. V, p. 96
20 mars – PDL, p. 46
21 mars – JKI # 75
22 mars – CW, vol. XIII, p. 247
23 mars – CW, vol. XII, pp. 58-59
24 mars – CW, vol. XII, p. 62
25 mars – CW, vol. VII, pp. 132-33
26 mars – PDL, pp. 193-194
27 mars – CW, vol. XIV, p. 251
28 mars – PDL, pp. 91-92
29 mars – CW, vol. XV, pp. 158-59
30 mars – CW, vol. XII, pp. 61-62
31 mars – CW, vol. III, p. 225
1er avril – CSV, tome 1, p. 110
2 avril – CW, vol. XII, p. 244
3 avril – CW, vol. XII, p. 244
4 avril – CW, vol. XII, p. 245
5 avril – CW, vol. XV, p. 164
6 avril – CW, vol. XVI, p. 88
7 avril – CW, vol. XI, p. 78
8 avril – CW, vol. V, p. 216
9 avril – CW, vol. VI, pp. 129-30
10 avril – CW, vol. VI, p. 129
11 avril – CW, vol. IV, p. 209
12 avril – CW, vol. VI, p. 132
13 avril – CW, vol. V, p. 88
14 avril – CW, vol. VI, pp. 132-33
15 avril – CW, vol. IV, p. 145
16 avril – CW, vol. V, pp. 217-18
17 avril – CW, vol. V, p. 99
18 avril – CW, vol. XV, pp. 89-90
19 avril – DCS, p. 131
20 avril – CSV, tome 2, pp. 86-87

21 avril – CW, vol. VI, pp. 56-57
22 avril – CW, vol. XI, p. 205
23 avril – CW, vol. XIII, p. 251
24 avril – CW, vol. XII, p. 245
25 avril – CW, vol. XIV, p. 95
26 avril – CW, vol. XI, p. 251
27 avril – CW, vol. XI, p. 97
28 avril – CW, vol. XI, pp. 97-98
29 avril – CW, vol. XIV, p. 97
30 avril – CW, vol. XIII, p. 251
1er mai – CW, vol. XIV, pp. 142-43
2 mai – CW, vol. XVII, p. 115
3 mai – CW, vol. II, p. 98
4 mai – CW, vol. I, pp. 115-16
5 mai – CW, vol. XVII, p. 203
6 mai – CW, vol. XIII, p. 189
7 mai – CW, vol. XV, pp. 6-7
8 mai – CW, vol. XV, p. 144
9 mai – CW, vol. XII, pp. 57-58
10 mai – CW, vol. XIII, pp. 236-37
11 mai – CW, vol. XVII, p. 115
12 mai – CW, vol. IV, p. 184
13 mai – PDL, pp. 257-258-259
14 mai – CSV, tome 3, pp. 275-276
15 mai – CW, vol. XII, pp. 84-85
16 mai – CW, vol. XII, pp. 85-86
17 mai – CW, vol. XII, p. 85
18 mai – CW, vol. IX, pp. 249, 252
19 mai – CW, vol. XVII, p. 156
20 mai – CW, vol. XII, p. 86
21 mai – CW, vol. V, p. 214
22 mai – CW, vol. XI, p. 338
23 mai – CW, vol. XI, p. 34
24 mai – CW vol. IX, p. 35
25 mai – CSV, tome 3, pp. 48, 50
26 mai – CW, vol. XIII, p. 326
27 mai – CW, vol. IX, p. 35
28 mai – CW, vol. X, pp. 158-59
29 mai – CW, vol. XIV, p. 190
30 mai – PDL, pp 229-230, 231
31 mai – CW, vol. XIII, p. 240

22 août – PDL, p. 271
23 août – CW, vol. XVII, p. 12
24 août – PDL, p. 49
25 août – PDL, p. 50
26 août – CSV, tome 1, pp. 234-235
27 août – CW, vol. VII, pp. 211-12
28 août – CW, vol. IV, p. 117
29 août – CW, vol. VII, p. 212
30 août – CW, vol. VII, p. 212
31 août – CW, vol. VII, pp. 212-13
1er septembre – CW, vol. XV, p. 118
2 septembre – CW, vol. XVII, p. 26
3 septembre – CW, vol. I, p. 115
4 septembre – CW, vol. XI, pp. 261-62
5 septembre – CW, vol. XI, pp. 42-43
6 septembre – CW, vol. V, p. 214
7 septembre – CW, vol. III, p. 125
8 septembre – DCS, p. 59
9 septembre – PDL, p. 229
10 septembre – JKI # 71
11 septembre – JKI # 71
12 septembre – CW, vol. XI p. 337
13 septembre – DCS, p. 63-64
14 septembre – CW, vol. XI, pp. 217-18
15 septembre – PDL, p. 50
16 septembre – PDL, pp. 163-164
17 septembre – DE, p. 62
18 septembre – CW, vol. XI, pp. 216-17
19 septembre – CW, vol. XI, p. 217
20 septembre – CW, vol. XI, pp. 337-38
21 septembre – CW, vol. XIII, p. 245
22 septembre – CW, vol. XI, pp. 167-68
23 septembre – CSV, tome 2, p. 145
24 septembre – CW, vol. XI, p. 168
25 septembre – CSV, tome 2, pp. 146-47-48
26 septembre – CW, vol. VIII, p. 250
27 septembre – PDL, p. 228
28 septembre – CW, vol. XI, pp. 169-70
29 septembre – CW, vol. XIII, p. 276
30 septembre – CW, vol. XII, p. 270
1er octobre – CW, vol. XV, pp. 117-18

12 novembre – FAV, pp. 56-57
13 novembre – PDL, pp. 89-90
14 novembre – CW, vol. VI, p. 68
15 novembre – CW, vol. XV, p. 33
16 novembre – CW, vol. V, p. 355
17 novembre – CW, vol. II, p. 227
18 novembre – CW, vol. VI, p. 68
19 novembre – CW, vol. XV, p. 319
20 novembre – CW, vol. VI, pp 68-69
21 novembre – CW, vol. VI, p. 69
22 novembre – CW, vol. XV, pp. 71-72
23 novembre – CW, vol. XV, p. 74
24 novembre – FAV, p. 132
25 novembre – CW, vol. V, pp. 101-102
26 novembre – TTT, pp. 152-53
27 novembre – CW, vol. XIII, pp. 296-97
28 novembre – CW, vol. X, pp. 191-92
29 novembre – CW, vol. X, p. 192-93, 196
30 novembre – CSV, tome 2, p. 318
1er décembre – CW, vol. XV, p. 32
2 décembre – CW, vol. XIV, p. 220
3 décembre – CW, vol. VI, p. 312
4 décembre – CW, vol. XIII, p. 228
5 décembre – CW, vol. XVII, p. 184
6 décembre – CW, vol. VII, p. 221
7 décembre – CW, vol. VII, pp. 219-20
8 décembre – CW, vol. XV, pp. 90-91
9 décembre – CW, vol. XII, pp. 81-82
10 décembre – JKI # 48
11 décembre – CW, vol. VI, pp. 204-5
12 décembre – CW, vol. VII, p. 131
13 décembre – CW, vol. V, pp. 48, 49
14 décembre – JKI # 95
15 décembre – CW, vol. II, p. 34
16 décembre – TTT, pp. 142-43
17 décembre – CW, vol. V, p. 4
18 décembre – CW, vol. VI, pp. 140-41
19 décembre – CW, vol. IX, pp. 112, 113
20 décembre – CW, vol. IX, p. 112
21 décembre – CW, vol. II, p. 34
22 décembre – CW, vol. V, pp 165-66

DU MÊME AUTEUR

Aux Éditions Stock

SE LIBÉRER DU CONNU
LA RÉVOLUTION DU SILENCE
PREMIÈRE ET DERNIÈRE LIBERTÉ
AUX ÉTUDIANTS
L'ÉVEIL DE L'INTELLIGENCE
TRADITION ET RÉVOLUTION

Aux Éditions Buchet Chastel

COMMENTAIRES SUR LA VIE, 1re série
COMMENTAIRES SUR LA VIE, 2e série
COMMENTAIRES SUR LA VIE, 3e série
LE JOURNAL DE KRISHNAMURTI

Aux Éditions Delachaux & Niestlé

LE VOL DE L'AIGLE
DE L'ÉDUCATION
L'IMPOSSIBLE QUESTION
LE CHANGEMENT CRÉATEUR

Aux Éditions du Rocher

QUESTIONS ET RÉPONSES
LA FLAMME DE L'ATTENTION
LE TEMPS ABOLI
CARNETS
PLÉNITUDE DE LA VIE
LA VÉRITÉ ET L'ÉVÉNEMENT
DE L'ENVIRONNEMENT
DE LA VIE ET DE LA MORT
DE LA LIBERTÉ

Association culturelle Krishnamurti

LETTRES AUX ÉCOLES, VOL. 1 & 2

Composition réalisée par EURONUMERIQUE

Imprimé en France sur Presse Offset par

BRODARD & TAUPIN

GROUPE CPI

La Flèche (Sarthe).
N° d'imprimeur : 6341 – Dépôt légal Edit. 10255 – 03/2001
LIBRAIRIE GÉNÉRALE FRANÇAISE – 43, quai de Grenelle – 75015 Paris.

ISBN : 2 - 253 - 14752 - 4